2011年ICT深度观察

CATR Insight on ICT-2011

工业和信息化部电信研究院　编

人民邮电出版社
北京

图书在版编目（ＣＩＰ）数据

2011年ICT深度观察 / 工业和信息化部电信研究院编. -- 北京 : 人民邮电出版社, 2011.5
ISBN 978-7-115-25354-5

Ⅰ. ①2… Ⅱ. ①工… Ⅲ. ①信息工业—经济发展—研究报告—中国 Ⅳ. ①F49

中国版本图书馆CIP数据核字(2011)第079540号

内 容 提 要

本书主要内容为工业和信息化部电信研究院在行业发展、法律法规、产业与政策、通信监管、互联网、3G及宽带无线、下一代网络、网络与信息安全等八大软科学研究领域的深度观察报告，具有较高的时效性、权威性和实用性。

本书的主要读者对象为各级政府和行业主管部门、国内外电信运营商、设备制造商、增值服务提供商及相关行业协会、研究机构的相关人员。

2011 年 ICT 深度观察

◆ 编　　工业和信息化部电信研究院
　责任编辑　梁　凝
◆ 人民邮电出版社出版发行　北京市崇文区夕照寺街 14 号
　邮编　100061　电子邮件　315@ptpress.com.cn
　网址　http://www.ptpress.com.cn
　北京鑫正大印刷有限公司印刷
◆ 开本：880×1230　1/16
　印张：12.5　2011 年 5 月第 1 版
　字数：327 千字　2011 年 5 月北京第 1 次印刷

ISBN 978-7-115-25354-5

定价：98.00 元

读者服务热线：(010)67129264　印装质量热线：(010)67129223
反盗版热线：(010)67171154

编委会

作　者

行业发展篇　余晓晖　鲁春丛　刘默　肖荣美　毛骏　覃庆玲　许立东　韦柳融　张悦　彭志艺　石立娜　卢玥　王远桂　石友康　杨子真　罗雨泽

法律法规篇　续俊旗　李海英　王融　杨扬　沈玲　丁道勤　蔡雄山　文彩霞

产业与政策篇　辛勇飞　胡珊　史德年　曹蓟光　郝也　司先秀　王跃　王远桂　张媛媛　文海燕　彭征波

通信监管篇　陈金桥　徐玉　马源　李冬　何伟　王珂　石立娜　董秀海　郑放　肖云

互联网篇　何宝宏　姜华　刘越　覃庆玲　高巍　魏凯　李洁　周兰　郭丰　彭志艺　王亮　王雪飞

3G及宽带无线篇　王志勤　胡坚波　李珊　吴丽凤　许志远　林辉　罗振东　石中金　杨天一　宋颖

下一代网络篇　续合元　王爱华　杨然　张海懿　李海花　杨葆莉　王锋　李洁　周旗　吴京文　胡昌军　刘谦　李芳　罗松　王晓燕　门汝静　毕然　乔亲旺

网络与信息安全篇　魏亮　程学东　马志刚　谢玮　门汝静　落红卫　柳青

序

工业和信息化部电信研究院秉承支撑政府服务行业的宗旨，肩负为政府相关部门提供信息通信领域战略规划、技术标准、监管政策、测试验证等咨询服务工作的使命。近年来，我院一直探索对国内外ICT领域进行战略性、前瞻性和系统性研究，积极拓展创新，不断完善研究体系，已经形成了行业发展、3G及宽带无线、互联网、下一代网络、通信监管、法律法规、产业与政策、网络与信息安全八大软科学研究领域，并培养了一批学科带头人和研究团队，为支撑政府重大公共决策和指导行业发展方向奠定了坚实基础。

《2011年ICT深度观察》是我院连续三年、每年撰写一部的覆盖广泛、研究深入、视野独到的年度综合研究报告，旨在对上一年信息通信行业的发展进行系统深入地分析，并对新一年的发展进行分析和研判。希望本书的出版对于指导行业发展和支撑政府决策起到积极作用。

本书中的内容凝聚了电信研究院八大研究领域的系统化研究成果，立足ICT产业，聚焦通信和互联网，回顾过去并展望未来。书中针对行业发展总体特征及深层次矛盾，中国3G及无线宽带产业的最新进展，电信市场竞争格局的演进变化，通信法制建设进展与监管政策完善，互联网发展创新与管理，网络和信息安全的状况与挑战，物联网、云计算、移动互联网等技术产业热点进行全面总结和深度分析。

回顾过去的2010年，展望已经开启的2011年，ICT领域有很多热点和重大发展趋势。**一是宽带发展**。国际社会高度重视宽带的发展，已经有近百个国家出台了宽带计划，我国2011年十一届人大四次会议通过的政府工作报告和国务院发布的“十二五”规划建议中都强调了宽带发展的重要性。作为国家重要基础设施，宽带网络的建设和铁路、公路、机场建设同等重要。**二是移动宽带和移动互联网**。移动通信和互联网的迅猛发展加速了通信和计算机的融合发展，移动互联网正在改变计算机产业格局、移动通信产业格局及商业模式，同时也在变革互联网的发展模式。**三是互联网及网络与信息安全**。互联网的经济、产业和文化等多重属性，推动了全社会的信息化和劳动生产率的提高，同时互联网的大发展也带来了网络与信息安全、个人隐私保护和公平竞争等问题。2010 年所发生的维基解密、伊朗核电站病毒以及我国备受关注的 3Q 事件等就是这方面的典型反映。**四是物联网和云计算**。物联网将加速信息通信技术和各行各业的融合发展。云计算正在催生新的服务方式和新业态的产生，并将对 ICT 产业格局带来巨大变革。**五是传统电信业的智能化转型**。智能化转型包括智能管道、智能化的网络等多个方面，是对传统电信业和电信运营商在新的融合形势下新的定位和发展模式的研究与探讨。**六是 ICT 服务国家发展方式转变和建设创新型国家**。在十一届人大四次会议通过的政府工作报告和国家“十二五”规划中，对新一代信息技术给予了高度重视，将它位列于七大战略性新兴产业之首，新一代移动通信、下一代互联网、三网融合、物联网、云计算等都是其中重要的组成部分。

本书是我院八个领域近百名专家的集体智慧的结晶，内容翔实，数据丰富，观点清晰，层次鲜明，相信这些研究成果将会引发大家的深入思考，激发业内外朋友的共鸣。

最后感谢八个领域的主席、副主席以及参与深度观察报告讨论和编写的所有专家。

2011 年 5 月于北京

目 录

行业发展篇

导　读

2010年，全球金融危机对电信业的影响基本消除，全球电信市场初现复苏态势。技术业务创新强劲，移动互联网成为拉动行业增长的重要力量，物联网、云计算开始起步，三网融合业务创新加快。我国电信业逐渐走出低谷，呈现良好发展态势，业务收入实现恢复性增长，移动和宽带用户发展再创新高，3G和移动互联网发展加速，物联网和云计算的探索积极展开，电信业对经济社会支撑引领的重要性更加凸显。

全球宽带国家建设迅猛推进，已有90多个国家发布宽带国家战略或计划，并综合利用各项政策系统支持宽带发展。我国宽带保持快速增长，但与发达国家差距逐步拉大，根本原因是各国为推动经济社会发展和应对国际竞争，通过宽带国家战略或计划实施，集全社会之力超常规推进宽带发展，我国则完全依靠市场机制。当前亟需统一认识、强化国家意志，将宽带发展纳入国家整体战略布局，引导和激励全社会力量加快推进宽带发展，以便在激烈的竞争中迎头赶上。

当前，电信业面临移动互联网等创新带来的深刻挑战，传统电信企业在移动通信领域仅存的业务创新和用户感知优势被颠覆，固定互联网发生的流量激增和资源紧缺延伸到移动互联网，电信业进入资源全面短缺的阶段，流量、收入、成本的高度不适配成为发展常态。面对新的挑战，电信业必须加快以智能化为核心的产业变革，寻找新的智能化发展道路：一是发展智能化管道，形成智能感知的综合管道优势；二是发挥网络和平台优势，建立开放的业务创新生态体系。

我国增值业务规模迅速扩大，成为电信业发展的重要引擎。互联网服务成为的主导力量，是增值业务市场中增长最快、影响最广的领域。生产性互联网应用增长加速，收入规模首次超过娱乐性服务，有力推动了互联网服务结构优化。互联网企业跃变性成长，形成了一批有一定国际影响力的骨干企业，市值已接近基础电信企业。

2011年，产业技术变革将快速推进，不断创造新的发展空间。全球电信业将继续复苏发展，我国电信业也将继续稳步增长。2011年是“十二五”开局之年，我国将迎来战略性新兴产业发展和城镇化加速的重大机遇；“十二五”期间电信业将保持平稳较快增长，业务市场结构将继续深化，增值业务将成为最主要的发展动力。

本篇作者：

余晓晖　鲁春丛　刘默　肖荣美　毛骏　覃庆玲　许立东　韦柳融　张悦　彭志艺　石立娜　卢玥　王远桂　石有康　杨子真　罗雨泽

一、2010 年电信业发展综述

（一）全球电信业走出低谷

伴随全球经济复苏，金融危机对电信业产生的不利影响正在逐渐消除。根据 IMF 数据，2010 年全球经济增长 4.8%，逐渐走出低谷。在经济增长的拉动下，2010 年全球电信市场收入达 1.69 万亿美元，同比增长 2.8%，在经历 2009 年 1.6% 的负增长后，初现复苏态势。

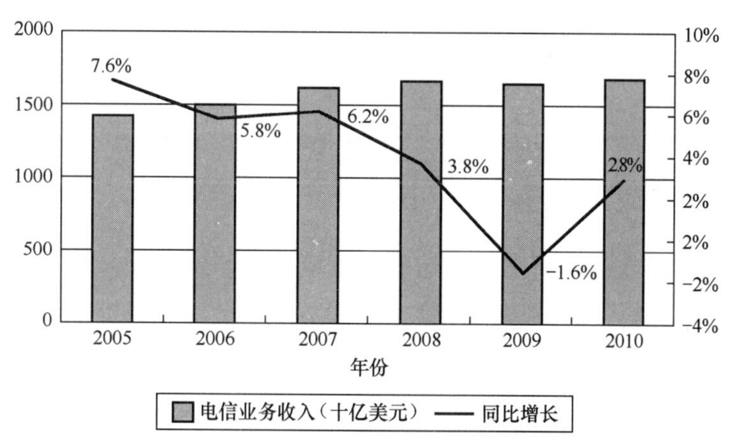

图 1　全球电信运营业收入增长与经济增长对比（数据来源：ITU、IMF）

与此同时，电信设备投资也出现回升趋势。根据 Gartner 的分析，2010 年全球电信运营商的设备投资总额达到 824 亿美元，同比增长 2.5%。与 2009 年相比，电信设备投资的下滑趋势已经初步得到遏制，但设备投资总额回升到金融危机前的水平还需要一定时间。

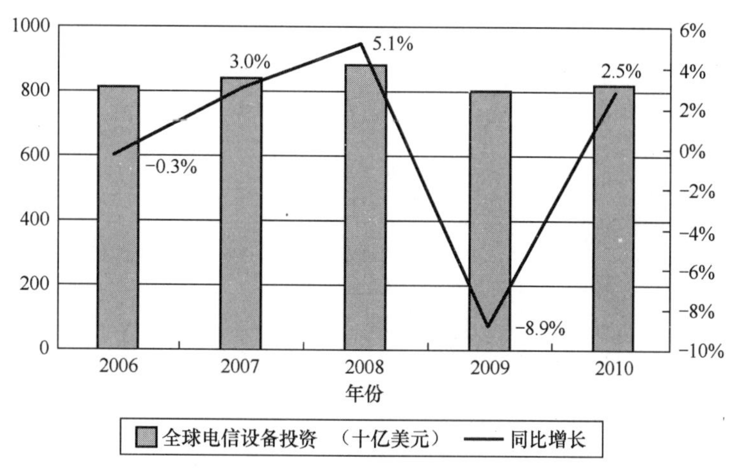

图 2　全球电信设备投资及增长率（数据来源：Gartner）

（二）我国电信业强劲复苏

基础电信业收入规模持续扩张，增速基本恢复到危机前水平。2010 年，在我国宏观经济整体持续向好的大背景下，电信行业总体呈现良好发展态势，量收规模继续扩大，增速持续回升。2010 年，电信行业实现电信业务总量 30955 亿元，同比增长 20.5%，增速再次回归到 20% 以上；完成电信业务收入 8988 亿元，同比增长 6.4%，增速较 2009 年提高 2.5 个百分点。2010 年，无论是电信业务总量还是业务收入，均已基本达到 2008 年的增长水平，呈现显著复苏态势。

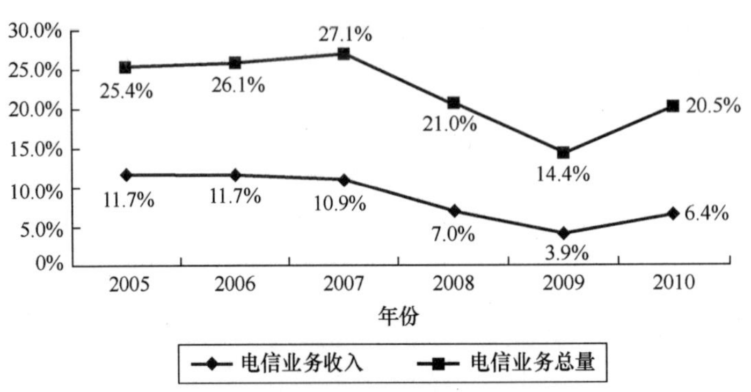

图 3　2005–2010 年电信业务收入及业务总量增长情况（数据来源：工业和信息化部）

移动和宽带用户发展再创历史新高，通信普及水平进一步提升。2010 年，我国的移动用户和宽带用户继续呈现快速扩张态势，新增用户规模分别达到 11179 万户和 2236 万户，再次刷新年度新增记录。此外，在 3G 的拉动下，移动互联网正在成为互联网发展的新方向，新增用户规模达到 13811 万户，在全部移动用户中的渗透率提高至 60%。随着用户规模的持续扩张，拉动移动电话普及率从 2009 年的 56.3% 提高到 64.4%，宽带普及率从 2009 年的 7.9% 提高到 9.5%，移动互联网普及率从 2009 年的 28.4% 提高到 38.7%，移动和宽带领域的普及水平均有明显提升。

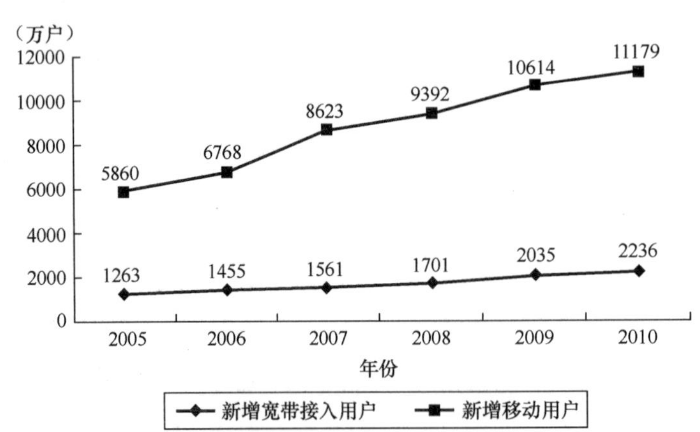

图 4　2005–2010 年新增移动和宽带接入用户（数据来源：工业和信息化部）

（三）业务结构调整深入推进，3G发展加速

非话业务对收入的贡献持续提高，数据及互联网业务成为主要拉动力量。2010 年，伴随新兴业务市场拓展力度加大、行业应用规模推进以及移动互联网应用不断推陈出新，行业收入结构进一步优化。从固移结构看，移动化趋势进一步增强，移动通信对收入总额的贡献达到 70%，对收入增长的贡

献达到 117%；从话音和非话结构看，非话业务收入占比持续提升，基础电信市场达到 42.3%，包括增值企业在内的通信市场中，非话业务占比达到 49%；从非话业务内部结构看，数据及互联网业务（固定 + 移动）对收入增长的拉动作用进一步增强，对收入总额的贡献达到 14.5%，对收入增长的贡献达到 47.9%，分别比 2009 年提高 2.1 和 4.9 个百分点。

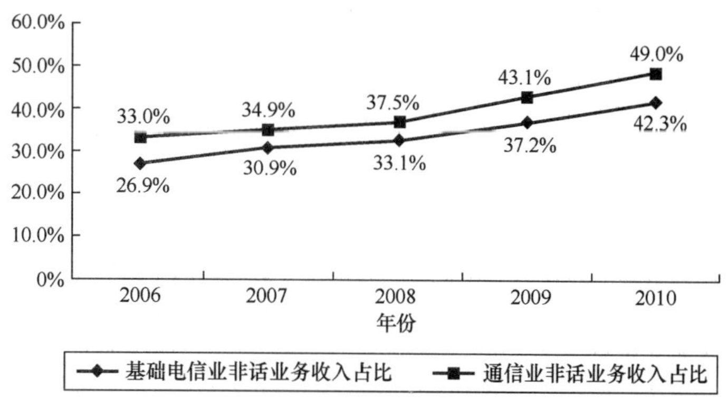

图 5　非话业务收入占比变化情况（数据来源：工业和信息化部）

3G 发展加速，对行业发展的推动作用初步显现。2010 年，网页浏览、移动视频、音乐下载 / 流媒体、电子邮件和手机电视等移动互联网业务需求的日趋增加，驱动了 3G 业务发展加速。全行业新增 3G 用户 3473 万户，在新增移动用户中的占比提高至 31.1%，累计用户规模达到 4705 万户，已占移动用户总数的 5.5%。 3G 已成为运营商重要的收入来源，电信和联通有 20% 和 15% 的移动收入来自 3G，对各自总收入的贡献分别达到 4.4% 和 7.1%。3G 对市场格局的影响力日益增强，电信、移动和联通新增 3G 用户份额分布为 23.7%、43.7% 和 32.6%，基本形成三分天下局面，有力拉动新增移动用户格局继续走向优化。

（四）电信业区域差距缩小，宽带接入与互联网新兴服务区域差距拉大

中西部行业地位稳定缓慢提升，农村电话水平继续提高。2010 年，中西部电信业务收入占比、电信利润占比和投资占比均比上年同期有不同程度的提高，显示中西部电信业正在以更快的速度发展，对行业增长的贡献正在逐渐提升。此外，在行政村通和自然村通工程的推动下，实现 100% 行政村通电话、100% 乡镇通互联网（其中 98% 的乡镇通宽带），94% 的 20 户以上自然村通电话，农村电话和互联网接入水平均有一定程度的提升。

表 1–1　　东、中、西部电信业务收入、利润、投资分布

	电信业务收入		电 信 利 润		电 信 势 将	
	2009	2010	2009	2010	2009	2010
东部	58.8%	58.6%	72.1%	68.9%	51.0%	50.1%
中西部	41.3%	43.3%	27.9%	31.1%	49.0%	49.9%

区域和城乡宽带接入及新兴应用服务差距呈扩大趋势。由于经济发展水平差距以及相应支付能力和使用能力的差距，使得以互联网等新兴应用差距呈现持续扩大趋势。截至2010年年底，中、西部与东部宽带接入人口普及率差距分别扩大到6.5和7.3个百分点，城乡互联网普及率差距则扩大到33.2个百分点；互联网新兴服务和增值服务产业的区域差异更是显著，如网络广告、网络游戏、WAP等企业绝大部分均在东部地区。

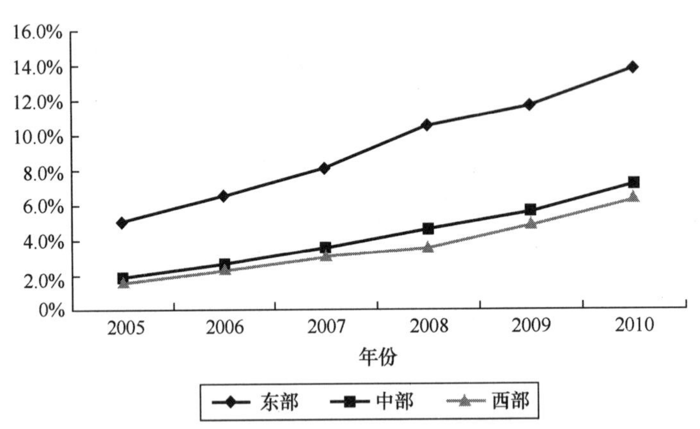

图6　东、中、西部地区宽带接入人口普及率比较（数据来源：工业和信息化部）

（五）国际三网融合创新活跃，我国三网融合艰难起航

全球三网融合业务继续保持稳定增长势头，创新步伐明显加快。至2010年第2季度，全球IPTV用户已经接近4000万户，并以每年超过1000万用户的速度继续保持增长。与此同时，2010年全球三网融合创新明显加快，并呈现出多样化发展特征：一是电信运营商为主导的IPTV业务已经成为其重要的收入拉动力量，如美国运营商Verizon的FiOS业务（85%为FiOS电视业务）ARPU值高达146美元，业务收入占消费者固定业务收入的53%，并保持27%的增长速度；二是内容集成商主导的三网融合业务凭借其内容优势快速占领市场，2010年，美国视频租赁提供商Netflix的网络视频服务用户增长了770万户，总用户规模超过2000万，接近美国最大的有线电视提供商Comcast；三是互联网企业主导的网络视频服务开始全面进入市场，Google TV、Yahoo Connected TV等业务将带来更加开放的业务平台和更为灵活的内容应用提供模式为，从而有望帮助互联网企业实现对用户电视平台的渗透和掌控。

我国三网融合在艰难中缓慢推进。2010年1月我国开始启动三网融合，但受种种因素影响，三网融合试点工作迟滞，融合市场未取得预期成果，但其对网络的刺激效应开始初显。一方面，IPTV和手机电视等融合业务虽未出现全面增长但仍在推进中，在电视厂商的大力推动下互联网功能已成为某些品牌42英寸以上彩电的标配。另一方面，三网融合刺激了宽带发展，广电和电信两网的宽带化改造均加快推进。

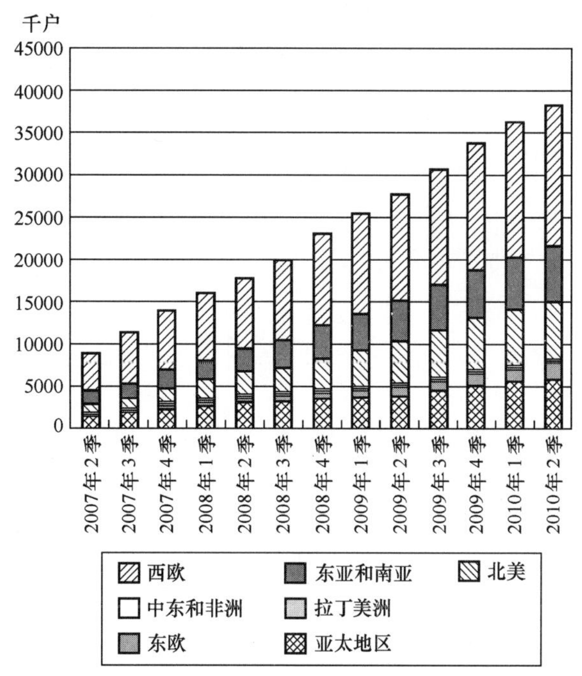

图 7　全球 IPTV 用户增长及区域构成（数据来源：Point-Topic）

（六）物联网、云计算等新兴业态探索积极展开

国际上以 M2M 为代表的物联网业务开启新的发展空间。M2M 市场加速增长，2010 年全球 M2M 接入设备达到 8140 万个，同比增长 46%，已经进入快速发展阶段。传统运营商 M2M 业务增长加快，实现规模化发展，如法国电信的 M2M 物流业务年增长 40% 以上，成为法国第三大物流管理企业。专业化的 M2M 运营商逐渐兴起，如 Jasper 与 AT&T、KPN 等运营商合作在全球提供 M2M 业务，已经实现对 80 余个国家的覆盖；Wyless 与 120 个国家的 200 多个运营商合作，为其提供 M2M 服务。

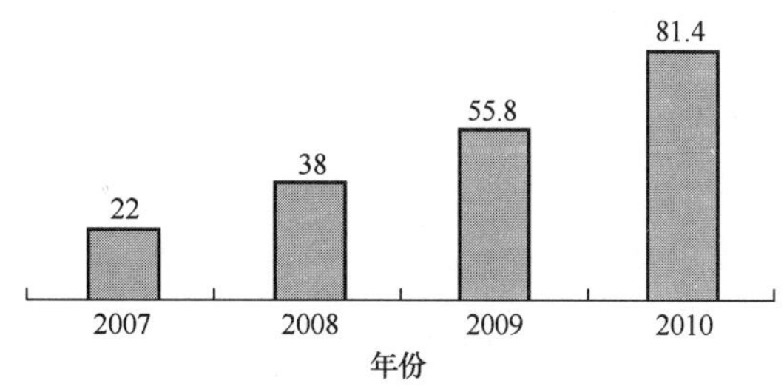

图 8　全球 M2M 接入设备发展情况（百万个）（数据来源：Berg Insight）

我国电信运营商以 M2M 为切入点，积极布局物联网业务。为适应 M2M 业务规模发展，我国的电信运营商在资源配置方面积极筹备，同时纷纷加紧建设，搭建 M2M 管理平台并进行网络改造，加快推进 M2M 应用。目前，我国电信企业 M2M 终端已经近 1000 万个，ARPU 值平均 20 元左右。

国际云计算市场初步形成，商业服务尚需完善。云计算在 2010 年仍然主要处于探索和建设的阶段，根据 Gartner 分析，2010 年全球云计算市场规模为 683 亿美元，同比增长 17%。但现阶段，云计算的商业模式的尚不成熟，云计算市场收入主要来自相关设备销售，应用服务收入占比仍较低。此外，云计算带来了产业的深度融合，电信运营商当前在稳固 IAAS 领域优势同时，也在积极向 PAAS 领域拓展。

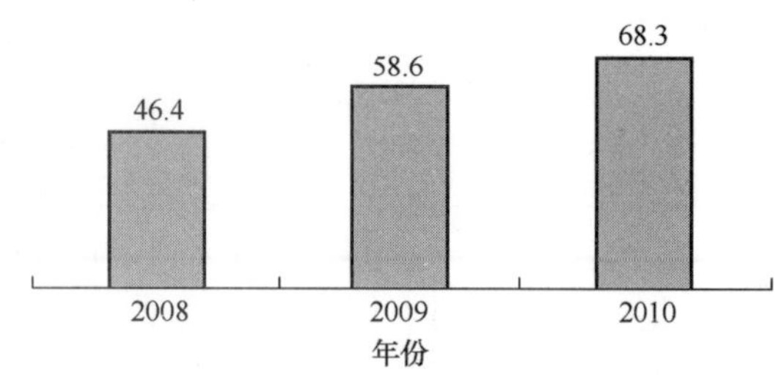

图 9　全球云计算市场收入（十亿美元）(数据来源：Gartner)

我国云计算应用尚处于探索阶段。在云计算领域，大规模的商用云计算时机尚未成熟，电信企业、互联网企业等均积极开展私有云和云计算相关研发的探索。

（七）电信业对经济社会的引领支撑作用凸显

对经济增长的直接贡献有所下降但间接贡献持续扩大。2010 年，全行业完成增加值 5010 亿元，同比增长 3.5%，对 GDP 的直接贡献为 1.3% 左右。间接贡献持续提高，在提升生产效率、提供交易和生产平台、降低交易成本、推动经济结构转型升级、拓展社会就业平台创造就业岗位等方面发挥着越来越重要的作用。

3G 拉动作用更加显著。3G 的快速推进，在直接推动网络、设备升级换代的同时，还带动了国产设备的高端化和终端结构改善，并推动国内芯片及相关软件实现突破发展。仅从对智能终端的拉动看，由于今年 3G 用户同比增长 2.8 倍，拉动 3G 手机销售数量增长 2.6 倍，在全部手机中的占比从 13.3% 上升到 17.5%。从对行业外部的影响看，随着 3G 自身发展进程的加快，对 GDP、投资、消费和就业的带动作用进一步增强。据测算，2010 年 3G 直接和间接合计拉动 GDP2379 亿元、拉动投资 6665 亿元、拉动消费 1709 亿元、带动就业 119 万人次。

推动资费水平持续下降，促进消费者福利提升。2010 年，通过推动移动长话一费制，推动移动长途资费下降和通话量上涨；通过调整固定通话区间通话费上限标准，使 22 个省（市）将区间通话费上限标准从 0.3 元 / 分钟左右下调到 0.2 元 / 分钟以下。不仅为消费者节约支出上百亿元，还推动全行业综合资费水平下降 12%，超额完成全年资费下降 9% 的目标。

积极推动经济社会绿色发展。电信行业减少重复建设和保护资源环境效果明显。截至 2010 年底，共累计减少新建基站站址及配套环境（含铁塔）超过 9.9 万个，减少传输线路（含杆路）超过 18.3 万公里，节约投资超过 200 亿元，2010 年电信行业综合耗电增速降低 14.7 个百分点，单位业务总量综合能耗同比下降 4.38%。此外，随着通信网络技术和业务应用向各领域渗透的加强，有效地改善了资源和能源利用效率，减少其他行业的排放，成为整个经济社会实现节能减排和绿色发展的关键手段和现实路径。

二、2010 年电信业发展热点

（一）国家宽带建设的全球浪潮迅猛推进，我国与发达国家的差距逐步拉大

1. 全球国家宽带建设加速推进

国家宽带计划成为各国加速宽带发展的战略指南。宽带成为各国加速经济社会发展转型、应对危机后激烈国际竞争的关键基石和先导领域，目前形成了全面建设宽带国家、加快构建下一代信息网络的全球性浪潮。2010 年美国发布《国家宽带计划》，明确了 6 个长期目标，提出实现 2015 年 1 亿家庭下行速率 50Mbit/s、2020 年 100Mbit/s 以上宽带接入；欧盟 5 月份发布了《欧洲数字议程》，提出了宽带普遍服务和高速宽带计划，提出 2020 年所有欧洲家庭接入 30Mbit/s 以上宽带，至少一半欧洲家庭接入 100Mbit/s 以上宽带；巴西在 5 月份启动了国家宽带计划，目标是到 2014 年发展 4600 万宽带用户，为 75% 的家庭和所有公共机构提供宽带接入；印度在 12 月份颁布国家宽带计划，目标是到 2013 年建设一个连接所有 500 人以上聚居地的国家宽带网络，到 2014 年完成 1600 万户宽带接入，63 个大城市每家庭固定宽带接入下载速率达 10Mbit/s，352 个中小城市家庭达到 4Mbit/s，城镇家庭达到 2Mbit/s。

系统设计和强化政策保障以全面支持宽带发展。各国在推进宽带的发展中，为确保宽带计划目标顺利实现，加强了统筹设计，综合利用各类政策工具和配套措施系统支持宽带发展，如下表所示，涉及资源保障、财政税收支持、普遍服务、应用促进、竞争激励等各个方面。其中，美国为确保宽带发展所需频谱资源得到切实保障，已于 2011 年 2 月 10 日发布了《无线宽带计划》，制定了明确的行动计划和时间表，提出 5 年内将美国公民当前 95% 的 3G 接入范围扩大到至少 98% 的 4G 接入，政府预算中一次性拿出 50 亿美元支持 4G 在农村地区的部署，并设立 30 亿美元无线创新基金。

政　　策	具 体 情 况
资源保障	**频谱资源保障**：美国计划在 10 年内为宽带新增加 500MHz 频谱资源；欧盟制定频谱政策方案，协调实现宽带发展目标所需频率；巴西拍卖频谱以支持无线宽带、3G 的发展；印度评估现有频谱使用情况，并发放新频谱
	路权使用、电力接入保障：印度政府确定、公布路权使用费，并保证路权能优先按时获得；美国通过价格政策和指导规范，保证服务提供者有效接入电线杆、管道、楼顶站点和路权等资源
财税支持	**普遍服务**：美国计划未来 10 年从现有 USF 中划拨 155 亿美元来支持宽带发展，并给低收入使用宽带予以补助；欧盟启动针对部分网络设施落后地区的资金援助；巴西政府投资近 32 亿雷亚尔建设全国光纤骨干网，出资约 130 亿雷亚尔降低网络使用费用；印度实现宽带目标所需 60000 亿卢比资金将通过普遍服务基金与中央政府担保贷款的方式筹集
	税收减免：巴西降低宽带网络设备以及宽带建设项目的税收；印度允许宽带网络中使用的调制解调器和路由器在第一年全部折旧完毕
	信贷支持：巴西国家发展银行为宽带项目和数字城市项目提供 75 亿雷亚尔的信贷支持

续表

政　策	具体情况
应用促进	**促进宽带应用**：美国通过政府项目要求、政府制定标准等措施，促进宽带在健康医疗、教育、清洁能源、公共服务、公共安全和国土安全等领域的应用；印度要求信息技术部门发起提高居民对宽带应用认知的运动，建议进行数字文献库建设和开展培训活动
竞争促进	美国重塑竞争规则，允许州和本地机构在辖区提供宽带服务；欧盟鼓励私营部门投资建设宽带网络，推进设施共享，降低私营部门的投资成本；巴西制定政策降低进入障碍，防止宽带服务与其他电信服务的捆绑销售，取消对有线电视运营商的数量限制

国家宽带战略成效初显。在国家宽带战略的指引和各项配套政策的刺激下，各国宽带建设有序快速推进。如美国经济刺激计划中曾设置 72 亿美元用于宽带，目前成效初显。其中，由 NTIA 组织实施的宽带技术机遇项目 BTOP 已完成 233 个项目近 40 亿美元投资，已实现 19 万公里宽带升级，改善了 24000 个社区机构的宽带接入水平，为 4 千万家庭和 4 百万企业提供中等距离宽带传输网络，建设超过 3500 个公共计算机中心；其农业部组织实施的边远设施服务项目 RUS，已为 280 万家庭、36.4 万企业和 3.2 万社区机构提供宽带接入，连接 31 个边远部落和 125 个贫困地区。

2. 我国宽带发展水平快速提升，但与发达国家的差距拉大

宽带业务持续快速增长。近年来，我国宽带接入用户一直保持快速增长态势，2010 年新增用户规模达到 2236 万户，用户总数跃升至 1.26 亿户，稳居世界首位。宽带接入收入规模同样呈现扩张趋势，2010 年超过 900 亿元，对行业整体收入的贡献超过 10%，在固话收入持续萎缩情况下，已成为拉动行业增长的主要动力。

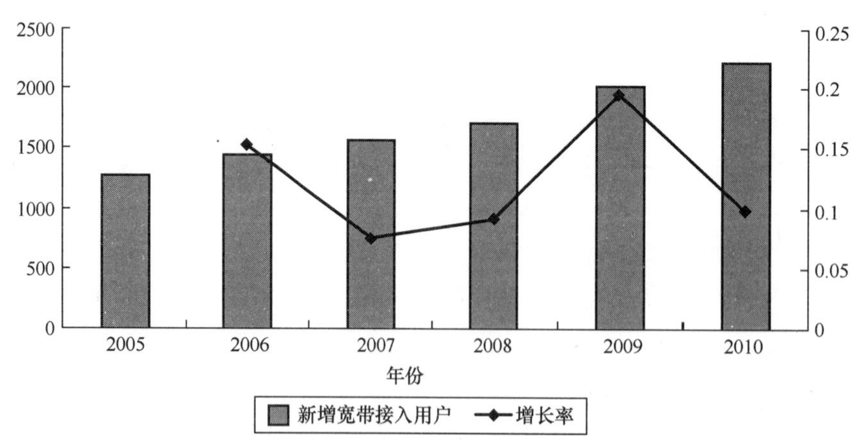

图 1　2005-2010 年新增宽带接入用户（数据来源：工业和信息化部）

宽带 ARPU 稳中有升，市场需求和动力强劲。与话音业务相反，宽带接入的 ARPU 和 MOU 均呈现增长态势。2010 年固定互联网宽带接入 MOU 平均为 20.9G，呈不断提升态势；ARPU 平均为

65.7 元，同比增长 2.4%。宽带户均消费量和消费支出双双提高，说明宽带市场仍处上升通道，仍具有广阔的发展空间和动力。

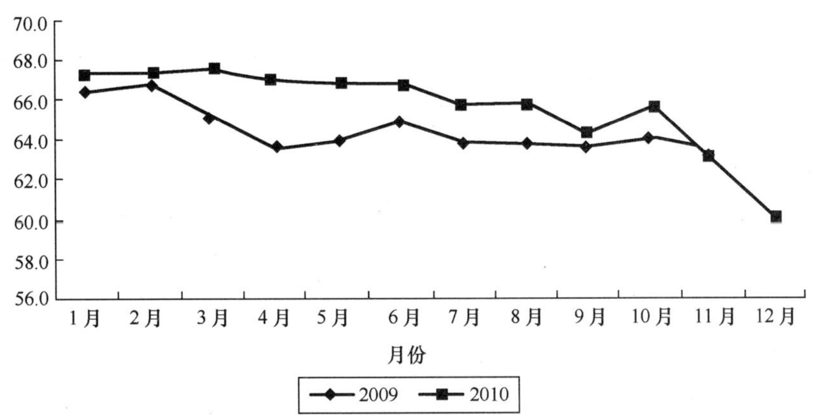

图 2　2009–2010 年固定互联网宽带接入 ARPU（数据来源：工业和信息化部）

投资强度不断加大，宽带接入能力持续增强。中国电信和中国联通每年在宽带方面的投资均保持在较高水平，且近两年投资强度有加大趋势，如中国电信上市公司上半年宽带投资占到其投资总额的 64%，中国联通也达到 35.6%，均大大高于以前年度投资比重，有力推进了宽带普及和提速。

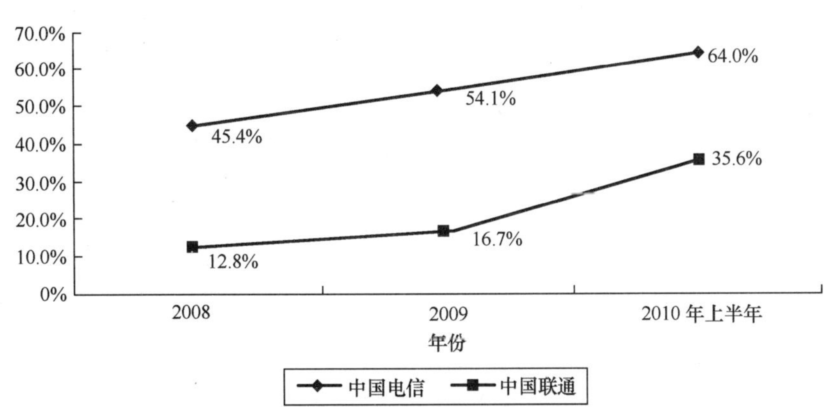

图 3　中国电信和中国联通宽带投资情况（数据来源：上市公司财报）

与发达国家的发展差距持续扩大。尽管我国宽带的需求和供给均保持快速和良性态势，宽带用户也保持多年快速增长，但与发达国家相比，我国在宽带发展的差距呈持续扩大趋势。普及率看，截至 2010 年 6 月，我国固定互联网宽带接入普及率为 8.6%，OECD 国家为 24.2%，差距从 2005 年的 10 个百分点扩大到 15.6 个百分点；接入速率看，我国固定互联网宽带接入速率在 3.15Mbit/s 左右，仅为 OECD 平均水平 9.77Mbit/s 的 32.2%。这一现象不仅出现在我国，全球发展中国家和发达国家的宽带差距也在急剧扩大，从 2000 年的 0.8 个百分点扩大到 2010 年的 20.2 个百分点。

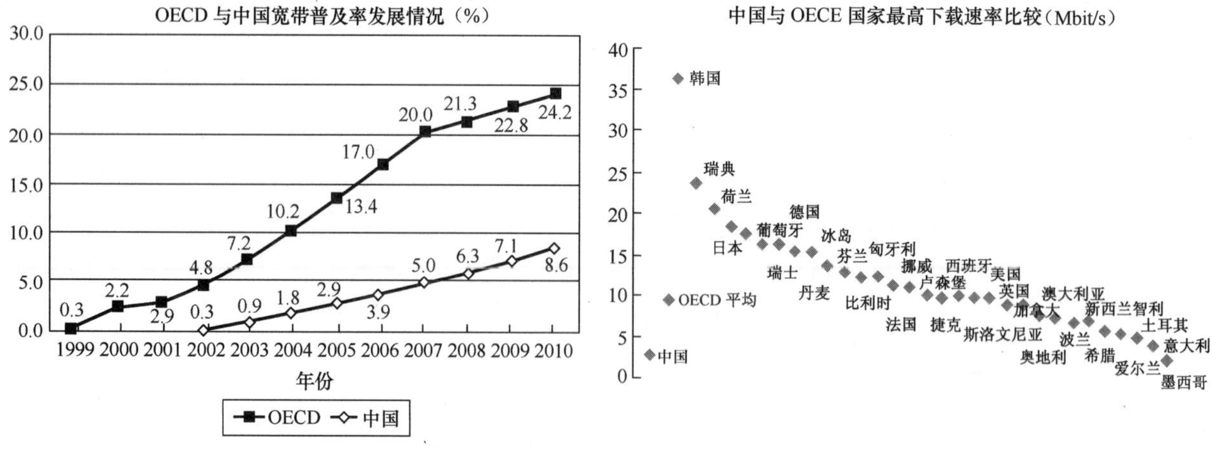

图 4　中国与 OECD 国家宽带普及率和宽带接入速率比较（数据来源：speednet）

3. 强化国家战略设计、系统推进宽带发展是当前之关键

我国和发展中国家在保持宽带快速增长同时与发达国家差距却不断拉大的事实背后有两个关键原因，一是发达国家对宽带和数字竞争力的重视远高于发展中国家，其宽带的国家战略导向和政策设计从 2002 年左右即已开始，这一时间远早于发展中国家。二是宽带竞争中，发达国家展现了其超强的信息优势和综合国力优势，这一优势与其国家意志和战略相结合，形成了高速发展和领先局面。

当前，国际社会对宽带在经济社会发展和国际竞争中的作用已形成共识，各国宽带国家战略或计划的实施，实际上是采用了一种超常规的方式，集全社会之力并采取多种措施从供应和需求两端激励和推进宽带发展，这也是 20 世纪 90 年代电信改革以来，国际社会首次普遍性地通过政府干预推进通信业发展。我国则是完全依靠市场机制发展宽带，虽然也取得了很大进步，但仍然落后于发达国家的步伐。

当前，我国正处于一个关键的历史关口，面对围绕信息网络激烈的国际竞争和建设宽带、融合、安全的下一代信息基础设施的国家要求，必须在经济社会发展的大背景、大格局下重新审视宽带的定位和作用，进一步统一认识、强化国家意志，将宽带发展纳入国家整体战略布局，明确国家目标和路线图，从政策、体制机制等各个方面引导和激励全社会力量加快推进宽带发展，力争在激烈的竞争中迎头赶上。

（二）跨越危机，寻求智能化发展道路

1. 电信业面临前所未有的冲击

进入本世纪以来，电信业一直面临来自互联网等新技术新业务带来的需求结构和商业模式挑战，电信业转型之路在不断探索中取得了一定的成果和经验。然而，过去几年来移动互联网的急速发展和创新带来更为深远的挑战和影响。

业务创新模式发生巨大变化，运营企业在移动通信领域仅存的业务创新优势和用户感知优势

被颠覆。多年来，虽面临互联网的冲击，移动通信一直保持了围墙花园的模式，以 I-Mode 等为代表，电信企业建立了以移动网络为中心的封闭花园模式，在为用户提供业务服务和理解用户感知方面牢牢占据主导权。随着苹果 iPhone、谷歌 Android 的发展，特别是智能终端与应用程序商店有效结合产生的巨大爆炸性发展效应，移动互联网乃至移动通信的业务创新模式被极大改变，“云 +(传输) 管道 + 端”的三大关键环节中，终端和云的作用急剧扩大，互联网及计算机等非传统企业掌握了当前移动互联网发展的制高点，电信企业原有的云端优势被大大削弱，而管道优势不能充分发挥，终端亦非其核心竞争力所在，因而在移动互联网这一高速发展的领域面临被旁路和边缘化的危险。截止到 2011 年 1 月，App Store 全球下载量已经突破 100 亿次大关，2010 年 App Store 带来的收入预计达 30 亿美元；调查表明，运营商、OEM 出厂预装等传统的应用销售主流渠道，在目前移动应用销售中只占不到 5% 的贡献，用户更倾向于从本终端的应用商店购买，或从其指定的网站下载。

电信业进入全面资源短缺的时代。移动互联网用户和应用服务的急剧扩张，使多年来固定互联网发生的流量激增和资源紧缺延伸到移动互联网，根本上改变了 3G 缺乏业务需求的状况，带动了移动网络流量的爆炸性增长，导致无线网络资源加速消耗和服务质量的急剧下降，也使整个电信业从需求不足进入资源全面短缺的阶段。如 AT&T 引入 iPhone 以来，移动数据流量增长了 50 倍；根据 Cisco 的预测，2010 年，全球移动数据流量同比增长 159%，2010-2015 年全球移动数据流量复合增长率将达 92%。由于无线资源的稀缺性和无线环境的突变性，移动应用使用激增导致的网络带宽不足和网络性能下降之间的矛盾将更加尖锐和长远，掉话、短消息延误、下载速度缓慢等现象明显增加，无线网络资源能力面临更为严峻的挑战。仍以 AT&T 为例，2008 年以及 2009 年前三个月其向无线基础设施投资了大约 190 亿美元用于提升网络能力和质量，但掉话率年均维持在 3% 以上，并呈逐渐提高趋势。

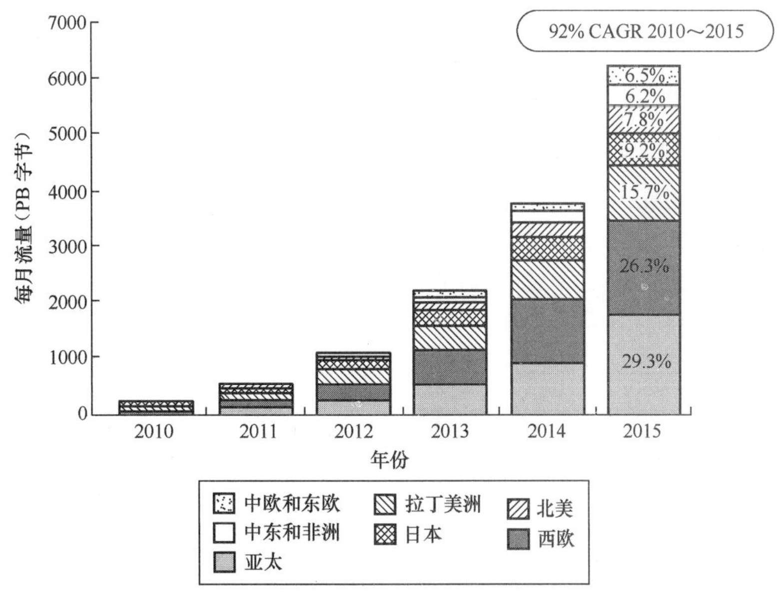

图 5　2010-2015 年移动数据流量预测（资料来源：Cisco VNI Mobile,2011）

流量、收入、成本的高度不适配成为发展常态。德国电信提供的数据显示，互联网流量每年递增约 50%，流量成本每年降低约为每兆比特 15%，每兆比特的流量收入下降 22%，收入下降幅度明显超过成本下降幅度。英国 Vodafone 的移动数据流量占比接近全网的 100%，但移动数据收入占比只占 40%。

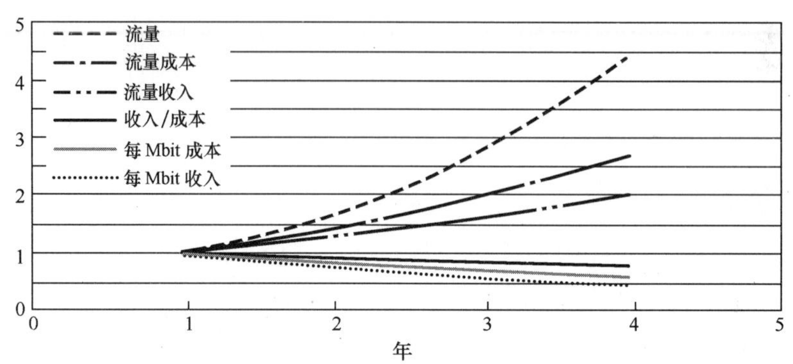

图 6 流量、收入、成本的相对规模（资料来源：Deutsche Telekom）

2. 电信业转型取得进展的同时也面临困境

全球电信业的转型转型探索取得一定效果，但面临更大挑战。迄今为止，国际电信企业转型探索取得了一定效果，成功应对了宏观经济波动和技术产业变革带来的冲击。如图 7 所示，2006-2009 年间，全球 500 强企业中电信企业利润率保持了较好的稳定性，相比于整个 500 强企业更好地经受了金融危机的冲击，显示了电信业发展的可持续性。然而，最近两年移动互联网发生的剧烈变革直接冲击了电信业中规模最大、发展最快、效益最好的移动通信业务，这可能将从根本上动摇电信业的发展模式，而全球电信业尚未证明能够成功地应对这一挑战。

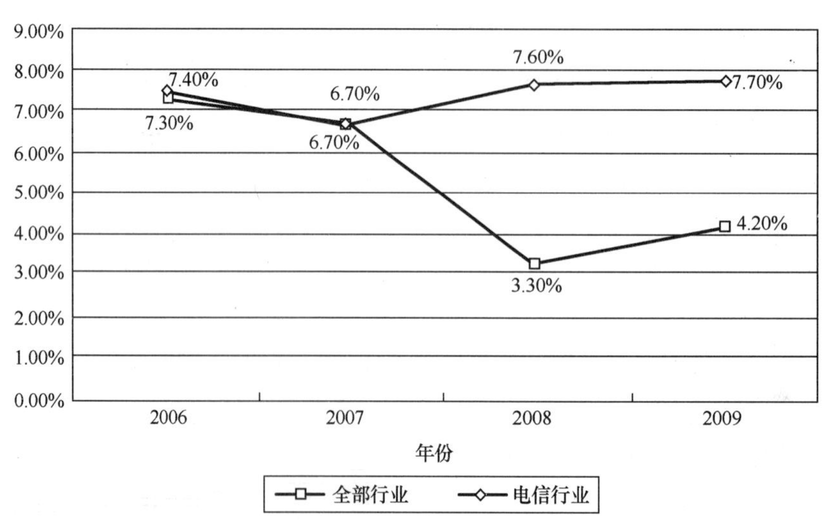

图 7 财富 500 强企业利润率和 500 强中电信企业利润率对比

我国电信业积极应对技术业务新变革，但道路尚不清晰。我国电信运营商加大研发创新力度，成立产品创新基地以加快业务创新，同时不断进行运营方式创新探索，在终端软件平台、应用程序商店、应用平台和网络能力开放等方面进行了部署，加大了对 M2M、手机支付、手机电视、移动电子商务等新兴业务的培育力度。目前，我国电信业的转型取得积极进展，非话业务收入贡献持续提升，增值业务和数据及互联网业务对收入的贡献明显增强，2010 年电信、移动和联通分别达到 50.6%、39.6% 和 37.1%，分别比上年提高 5.9、4.6 和 3.2 个百分点。另外一方面，与国际上相似，我国在面对移动互联网等新挑战方面尚未探索出清晰的道路，在“云←（传输）管道→端”的运营模式中尚未找到准确定位，业务发展尚在起步。2010 年，移动互联网数据及业务收入增长达 96%，但对移动通信收入和整体收入的贡献仅占 7.7% 和 5.3%，移动互联网 ARPU 仍处较低水平，仅为 9 元左右。

3. 探索智能化的发展道路

为应对新技术、新业务、新模式的挑战，电信业必须主动调整，加快以智能化为核心的产业变革，寻找新的智能化的发展道路，建立可持续发展的新优势。如图 8 所示，智能化发展要抓住两大关键：智能化管道和智能化运营。

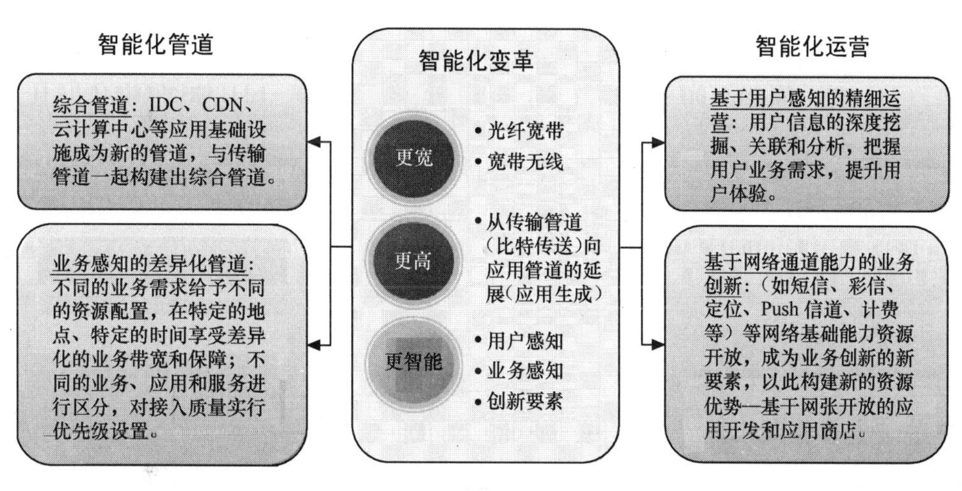

图 8　智能化变革的核心思路

智能化管道：一是构建多种资源的综合管道，大力发展 IDC、CDN、云计算中心等应用基础设施，与传统的通信传输通道一起构建出综合管道，将纯粹的传输管道的比特传送功能扩大到计算、存储、分发等各种资源的网络调度功能，形成综合资源优势。二是建立具有差异化业务感知、精细化用户感知的智能管道，通过对不同业务、应用、服务需求给予不同的资源配置，实现差异化管道服务，增强管道控制力，保障和提升用户体验。国际电信企业已开展差异化管道服务探索，如芬兰运营商 Elisa 实现了按带宽计费，Vodafone（西班牙）在企业级移动宽带市场实现了按带宽计费，T-Mobile 的“三朵云”服务针对各种应用的要求特点提供不同的网络服务，Telenor 则通过 PCC 对网络资源进行调配，如图 9 所示。

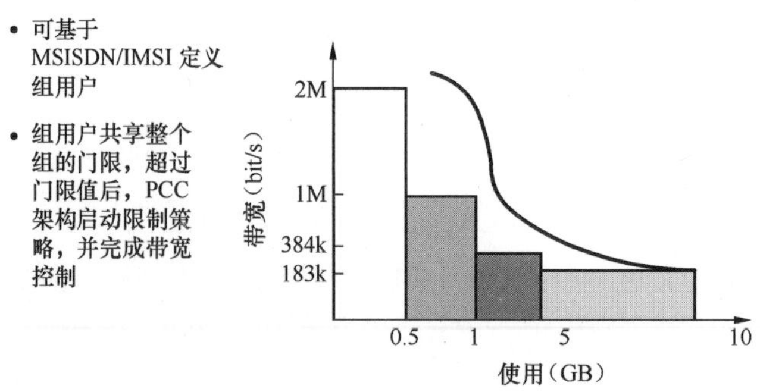

图 9 Telenor 通过 PCC 调配网络资源

智能化运营：关键是发挥自身优势的业务创新和业务生态体系建设，如图 10 所示。

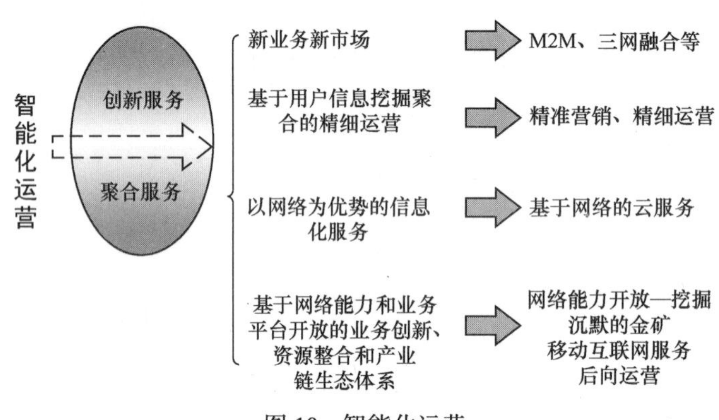

图 10 智能化运营

一是发展 M2M、三网融合等新业务、新市场；二是基于用户信息开展精准营销和精细运营；三是以网络优势为基础的信息化服务，如网络化综合 ICT 解决方案、SaaS 等云服务等；四是基于自身网络、业务平台进行开放，实现产业链和资源整合，创造业务创新的生态体系。目前，电信企业的智能化运营也已进行了积极探索，如 Vodafone 构建 Betavine，组织合作伙伴、开发者、客户一起进行业务开发与互动；目前，Vodafone、Verizon、Orange、Telefonica、Sprint 等均探索开放短消息、彩信、位置、在线状态等网络能力，在网络 API 基础上开发第三方应用。SKT、KT、AT&T、Orange、NTT Docomo 等全球 24 家通信商共同组建 WAC 应用软件联盟，力图创建共享的移动应用平台。

（三）增值业务成为电信业发展的新图景，互联网成为增值业务的主导力量

1. 增值业务规模迅速扩大，成为电信业发展的重要引擎

2010 年，我国电信业增值业务整体实现收入规模 3256 亿元左右，同比增长 16.9%，高出基础业务收入增速 13.3 个百分点。其中，基础企业的增值业务收入和增值企业的合计收入增速分别达到 11.8% 和 28.8%，二者的快速增长带动增值业务对行业收入增长的贡献快速提升。2010 年全行业[1]8.4% 的增长中，基础企业的增值业务贡献了 29.4%，增值企业贡献了 30.8%，二者合计达到 60.2%（提升了 21.3 个百分点），即全行业收入增长中约有 5.1 个百分点是依靠增值业务实现的。基础企业基础业务、基础企业增值业务、增值企业增值业务不同的增长态势表明，推动产业发展的新兴动力正

1 按包含基础电信企业与增值电信企业收入在内的全口径计算

加速向增值业务转移，增值企业对行业发展的影响正不断增强。

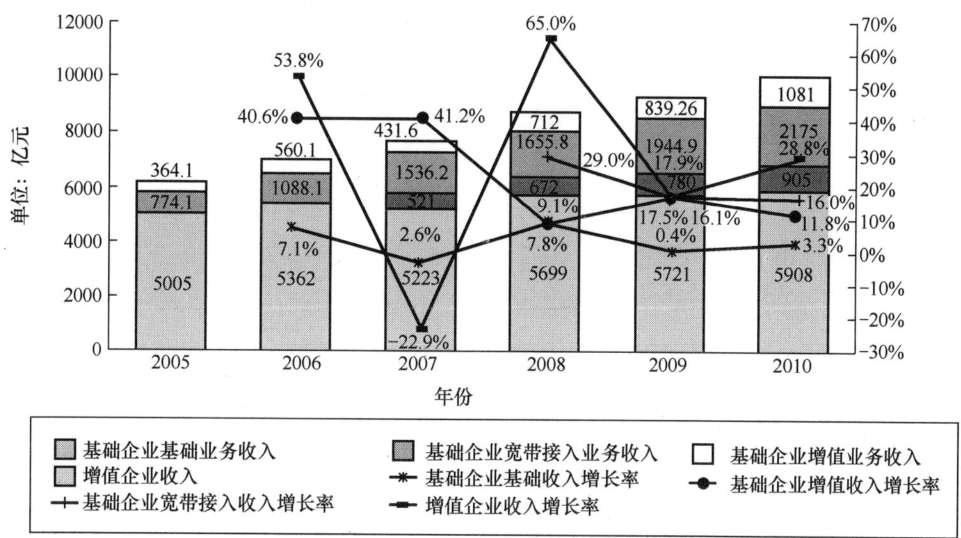

图 11　2005–2010 年基础企业和增值企业收入变化[1]（数据来源：工业和信息化部）

2. 互联网服务成为增值业务的主导力量

2010 年，我国电信业仅增值企业提供的互联网信息服务收入规模就达到 667 亿元，相比 2007 年增长超过 4 倍，在增值业务总收入中的占比提高到 68.7%，上升近 13 个百分点。互联网不仅成为增值业务市场中增长最快、影响最广的业务领域，也拉动通信行业价值加速从以话音价值为主向以互联网价值为主转移。

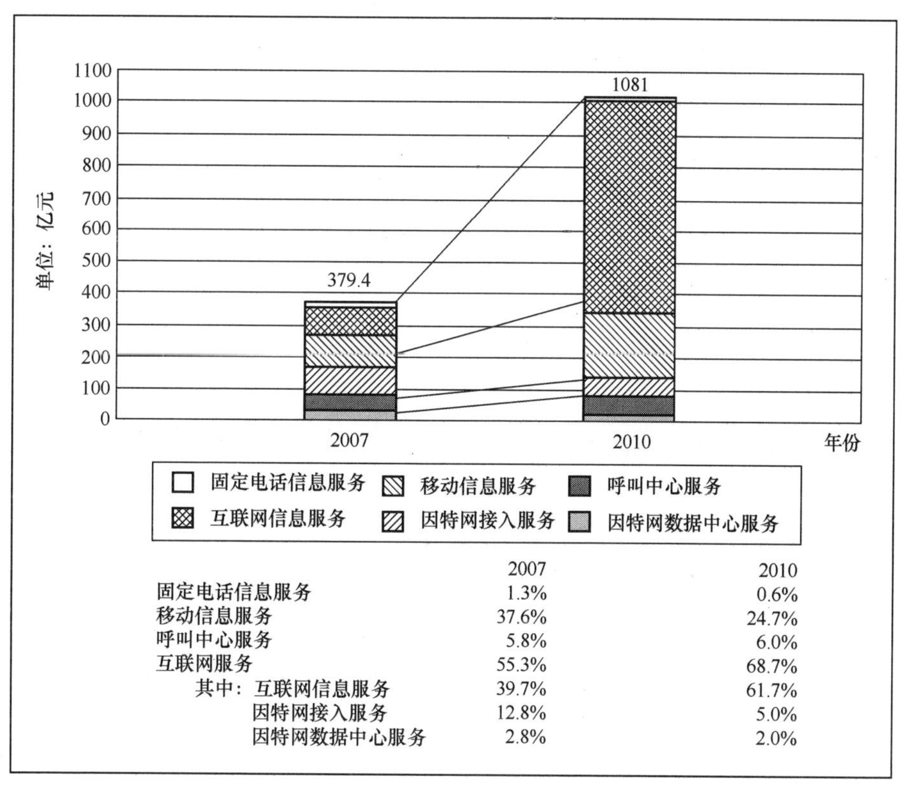

	2007	2010
固定电话信息服务	1.3%	0.6%
移动信息服务	37.6%	24.7%
呼叫中心服务	5.8%	6.0%
互联网服务	55.3%	68.7%
其中：互联网信息服务	39.7%	61.7%
因特网接入服务	12.8%	5.0%
因特网数据中心服务	2.8%	2.0%

图 12　2007–2010 年增值企业收入变化（数据来源：工业和信息化部）

[1] 2007 年前基础企业中增值业务收入无法拆分因特网接入服务收入；2010 年基础企业收入为实际值，增值企业收入为预测值。

3. 生产性互联网服务发展加速，有效改善业务结构

2010年，我国搜索引擎、网上购物、网上银行、网上支付等生产性互联网应用使用率较往年进一步提高，而网络游戏、网络音乐、网络视频等典型娱乐性互联网应用则呈现下降趋势。生产性服务收入增长的加速推动了互联网业务市场结构的进一步优化。2010年第三季度，主要互联网企业的生产性应用收入占到全部收入的41.7%，同期娱乐性应用收入占比为40.2%，在互联网领域生产型应用服务的收入贡献第一次超跃了娱乐性应用。由于互联网领域业务结构的改善，也使整个增值业务市场中生产型应用收入份额提高到38%，娱乐性应用收入下降到42%，生产性与娱乐性应用服务收入基本形成平分秋色局面。

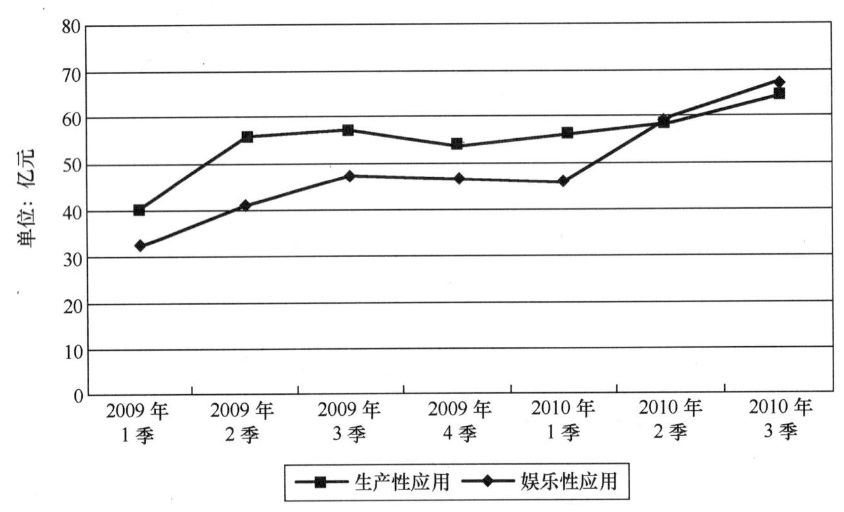

图13　2009–2010年主要互联网企业分项业务收入状况[1]（数据来源：企业财报）

4. 互联网企业跃变式成长

我国已成长起来一批有一定国际影响力的互联网企业，市场规模不断扩大。截至2010年，腾讯、百度、阿里巴巴的市值规模均超百亿美元，另有12家企业市值超过十亿美元，所有32家互联网上市公司合计总市值已经超过万亿人民币。与同期的基础电信企业相比，互联网企业呈现出更快的成长性，互联网上市公司合计总市值已接近中国移动市值，腾讯和百度的市值已超过或接近中国联通港股市值。从未来增长潜力看，虽然互联网企业的PE明显高于基础企业，但从PEG[2]指标来看，基础企业要高于互联网企业，互联网未来增长前景依然看好。

1　生产性应用主要包括门户广告、电子商务、搜索引擎等互联网应用，娱乐性应用则指网络游戏、音乐、社交等应用。

2　PE（市盈率）和PEG（市盈增长比率），反映投资价值的指标，投资时通常选市盈率较低，同时增长速度又比较高的公司，这些公司有一个典型特点就是PEG会非常低。

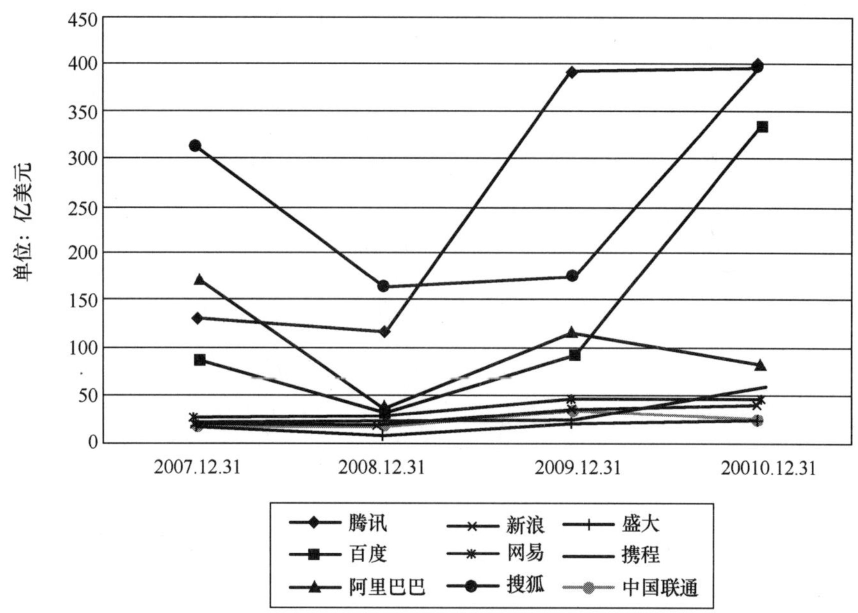

图 14　基础企业与互联网企业市值规模对比（数据来源：企业财报）

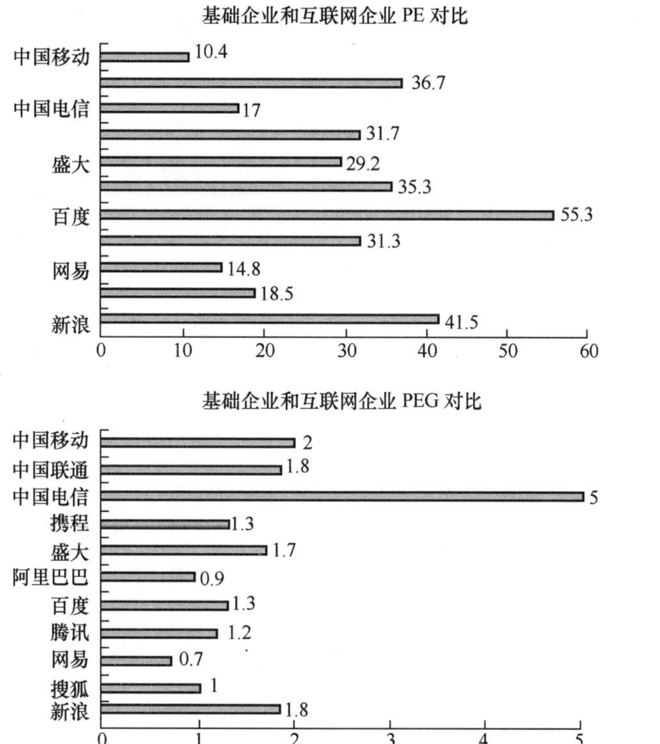

图 15　基础企业和互联网企业 PE 和 PEG[1]对比（数据来源：企业财报）

1　PEG 是衡量公司市盈率相对于其利润增速的指标，其计算方法为 PEG=PE/EPS(每股盈利)；由彼得.林奇创立，用来对比不同类型公司估值；PEG=1 较为合理；PEG 越大，公司越贵，反之越便宜。

三、2011 年电信业发展走向

（一）产业技术变革不断创造发展新空间

宽带计划迈向深入实施阶段。在各国宽带计划的激励下，光纤网络建设速度和规模都将出现较大提升，预计 2011 年全球 FTTx 用户将接近 7000 万。同时，由于大部分电信运营商选择 2011–2012 年投入建设 LTE 网络，因此 LTE 用户将在 2012 年以后开始增长，至 2015 年将达到 3.7 亿。

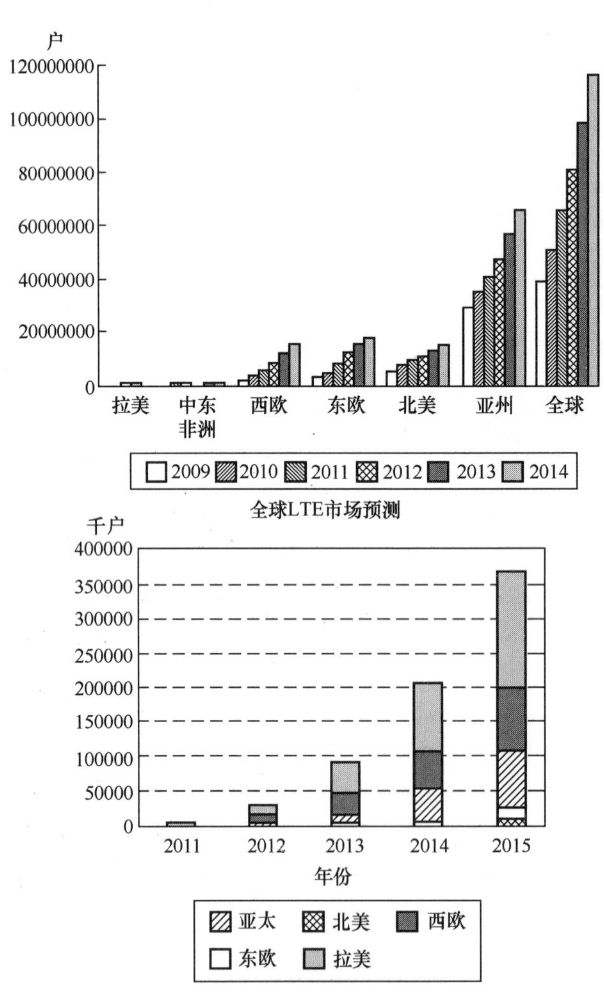

图 1 全球 FTTx 用户和 LTE 增长预测（数据来源：IDATE）

移动互联网和移动数据市场继续迅速扩大。智能终端的快速普及为移动应用的发展创造了条件。预计 2011 年以后，运营商移动数据和应用收入将以每年 500 亿美元左右的规模增长，成为行业最主要的增长动力。至 2015 年，移动数据市场规模将超过 5000 亿美元。

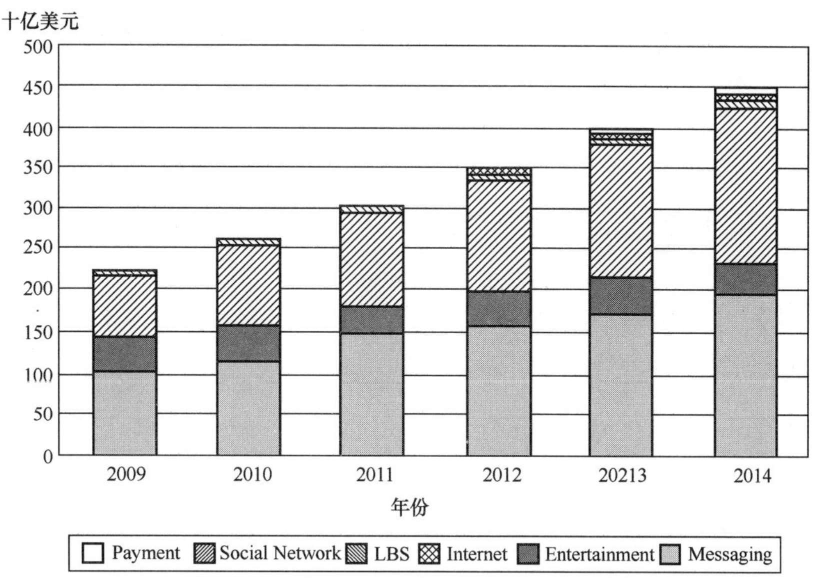

图 2　全球移动数据及应用市场增长预测（数据来源：Informa）

物联网、云计算创造新的增长空间并深化产业融合。行业将深度跨界融合并创造更高的价值空间，预计全球云计算市场规模将在 2014 年达到 1500 亿美元，M2M 接入设备将在 2015 年接近 3 亿部。我国物联网市场也将逐步启动，预计“十二五”期末 M2M 终端将达到亿级规模。

（二）电信业继续复苏

全球电信业进一步复苏。2010 年以后，由于经济形势逐渐趋好以及移动互联网和宽带的进一步普及，全球电信运营业将进一步恢复，预计 2011 年全球电信收入将实现超过 3% 的增长速度，但行业仍将总体保持低速增长水平。在宽带和 LTE 和建设的拉动下，电信设备投资将逐渐走出低谷，预计 2011 年和 2012 年投资额将分别增长 2.8% 和 3.7%。至 2012 年基本恢复到危机前的水平。

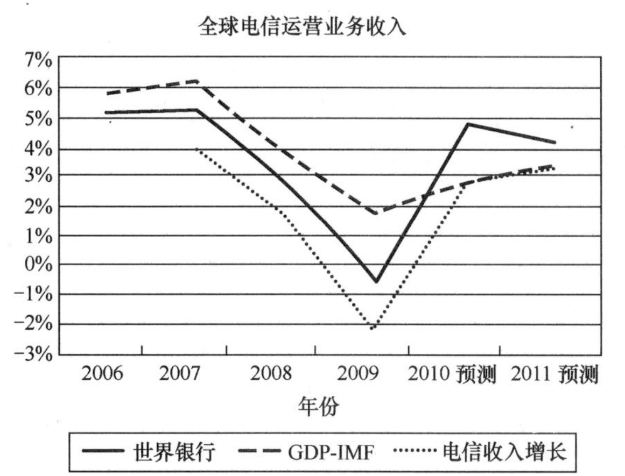

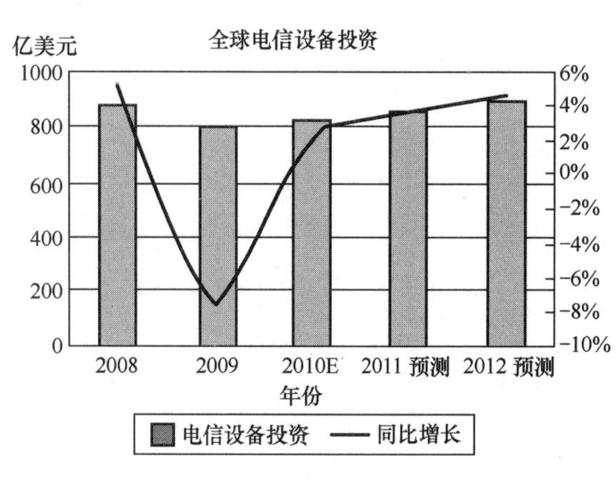

图 3　全球电信收入增长和电信设备投资预测（数据来源：Worldbank、Gartner）

我国电信业保持稳步增长。2011 年，预计我国电信业[1]收入规模达 9500 亿元左右，较 2010 年增

1　指按基础企业收入口径

长 5.1%，其中预计宽带接入将突破 1000 亿元，拉动行业增长 1.3 个百分点，移动数据流量收入预计突破 500 亿，拉动行业增长 1.8 个百分点。

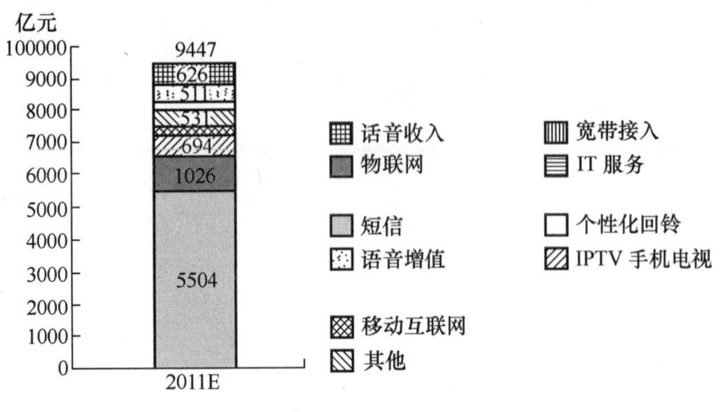

图 4　2011 年我国电信业收入预测

（三）我国“十二五”期间电信业面临新的战略机遇

经济社会发展将开创电信业“十二五”新的发展空间。2011 年是我国“十二五”的开局之年，加快转变经济发展方式和全面建设小康社会的迫切需要将为电信业开辟新的发展空间。中共中央五中全会提出要全面提高信息化水平，推动信息化和工业化深度融合，实现电信网、广播电视网、互联网“三网融合”，构建宽带、融合、安全的下一代国家信息基础设施，推进物联网研发应用，积极有序发展新一代信息技术等战略性信息产业，这将为电信业发展创造出巨大新需求、新市场和新业态。另一方面，我国城镇化的加速推进也将为电信业创造更大的增长空间。固定电话、移动电话、互联网和固定宽带发展与城镇化密切相关，呈现较强的正向相关性，如图 5 所示。“十二五”期间，我国城镇化进程将进一步加快，将为电信业发展提供巨大的增长空间。

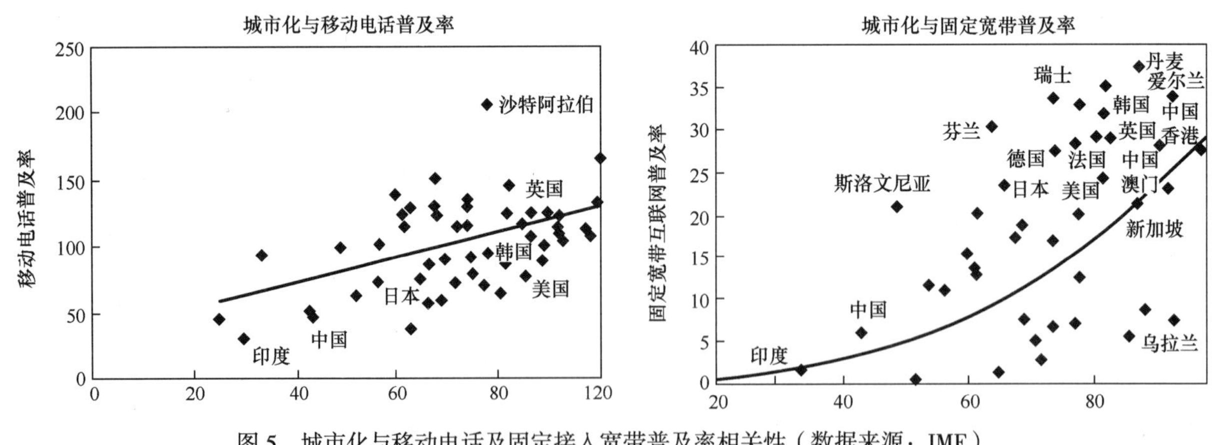

图 5　城市化与移动电话及固定接入宽带普及率相关性（数据来源：IMF）

电信业平稳较快增长，业务市场结构继续深化。“十二五”期间，全口径的电信业务收入预计达到 15000 亿左右，其中预计基础电信企业收入保持增速在 5.1%–4.4% 之间，主营业务收入规模达到 12000 亿元左右。增值服务企业将保持快速增长，2015 年市场规模将接近 3000 亿元，增长速度明显高于基础电信企业，“十二五”期间年均拉动电信业大行业增长 2 个百分点。“十二五”电信业的发展中，光纤宽带、3G 及 LTE 移动通信、移动互联网、宽带互联网、物联网、三网融合业务等将成为电信业发展的主要引擎，不断创造出新服务、新市场和新业态，推动电信业的持续发展。

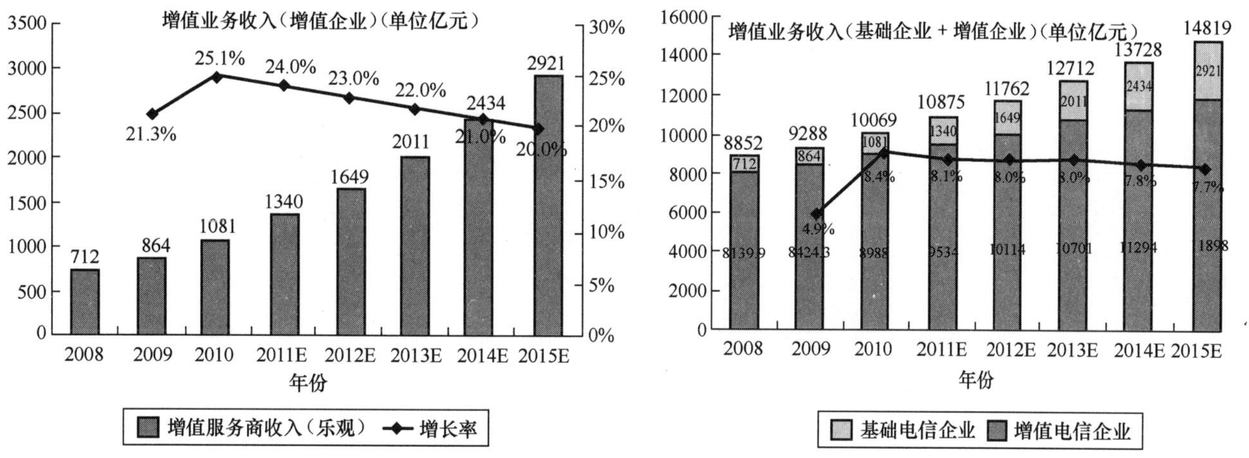

图 6 “十二五”期间基础电信业和增值电信业发展情况

电信固定资产投资保持稳定。预计“十二五”期间，信息网络基础设施累计投资将达 1.5 万亿，年均投资约 3000 亿元。

法律法规篇

导　　读

在信息通信领域，法律制度的快速变迁越来越聚焦在互联网这一主题上。2010 年，多国开展了电信立法活动，主要围绕促进竞争、保护残疾人群体利益、开放业务及信息保护等方面，中国则主要集中在无线电及通信安全立法上。在互联网领域，随着网络经济的快速发展，全球电子商务立法引人关注，中国相关部委出台了多个部门规章，而个人隐私和数据保护以及网络安全立法也都持续成为热点。另外，针对网络环境下的版权保护问题也有新的法律制度的形成。

从受关注度、影响程度等因素考量，2010 年行业法律热点有以下几个。首当其冲的是个人信息保护问题，无论是 Google 公司的搜索服务还是国内电信运营商员工泄露公民信息案件，尤其是引人关注的"3Q"大战，都凸显了个人信息保护的紧迫性以及相关法律制度的缺失。"3Q"之争同时也彰显了在互联网领域由于竞争规范的缺位造成的监管不足，而网络经济的迅猛发展要求更加健全的网络商务法律体系。多年来，网络版权保护也一直是行业的关注热点，尤其是在网络视频领域的版权侵权高发地，更需要包括版权法在内的相关制度的革新。

展望未来，信息安全立法仍然是重中之重，《信息安全法》的起草工作也将被提上日程，而《电信法》的立法进程仍有较大不确定性。在互联网立法，互联网行业主管部门需要进一步加快互联网行业管理法律制度的建设，而《个人信息保护法》及网络经济立法既十分迫切，也十分重要。为促进我国三网融合试点的有效推进，相关部门尚需规定明确具体的双向准入实施细节。新一代宽带无线移动通信领域的知识产权问题也将是各方关注的焦点。此外，为促进网络技术的快速发展与版权保护不适应性之间的平衡，需要积极主动地推进我国《著作权法》的进一步修改、完善。

本篇作者：

续俊旗　李海英　王融　杨扬　沈玲　丁道勤　蔡雄山　文彩霞

一、2010年信息通信法律法规建设发展回顾

（一）整体情况

在电信法律领域，多国开展电信立法活动，内容各有侧重，主要围绕促进竞争、保护残疾人群体利益、开放业务以及信息保护等方面。中国电信立法活动集中在无线电及通信安全保护方面。在互联网立法方面，国际上电子商务立法重点主要关注交易安全，明确电子商务活动各方的责任。与此同时，中国网络经济立法也开始加速，出台了多部部门规章及规范性文件。在网络和信息安全立法方面，一些国家开展了个人隐私和数据保护专门立法活动，网络安全也持续成为立法热点。但是中国在信息安全立法方面相对滞后，不过传统立法也开始考虑互联网环境下的网络侵权责任以及网络服务商在保守国家秘密上的配合义务。在其他方面，多国修改版权法律以应对网络环境下的版权保护问题，其中以法国“三振出局”制度设计为代表。中国积极推进三网融合的试点，但是仍需要配套的部门规章来保障试点的顺利推进。

（二）国际综述

1. 多国出台或修订电信相关法律，内容各有侧重

2010年，从各国出台的电信相关法或者修正案来看，内容上有以下几个侧重点。

第一，发展电信事业，促进竞争。例如韩国出台了《信息通信产业振兴法》，新加坡媒体发展局对《媒体服务市场行为守则》进行修正，澳大利亚对《电信法》进行修正等。各国将重点集中在以下方面：增强电信业竞争力，促进经济发展；引入外资，降低准入门槛，允许外资控股份额提高；扩大服务商范围；对掠夺性定价予以禁止、规范不正当竞争行为；发展电信基础设施，等等。

第二，保护残疾人在通信时代的数字利益。2010年，在第64届联大发布的《联合国残疾人人权公约》的框架指引之下，各国都将保障残疾人在通信时代的利益作为立法和修法的一部分，以维护残疾人作为电信用户的权益。比如，美国正式通过《21世纪通信和视频接入法》，这是一部专门保护残疾人通信接入权的法律；德国的《电信法》修正案、日本的《著作权法》修正案也都涉及到相关内容。综合起来看，2010年的残疾人通信保障立法活动重点集中在以下方面：对通信设备进行规范，最新生产的手机、电脑要配备专业设备供残疾人选购；在紧急状态下，为残疾人提供文本支持；要求服务提供商要提供方便的接入服务；总体规划以提高残疾人数字素养。

第三，开放业务，促进竞争，加强监管。2010年，韩国《电信事业法》修正案正式通过，规定移动虚拟网络运营（MVNO）业务在韩国放开。与此同时，韩国《互联网多媒体广播法》修正案也正式通过，其中规定IPT V业务的所有权限制在韩国放开，允许新闻公司和大型企业的所有权上限可

达到 49%，外商投资可达 20%。此外，法国《在线博彩开放竞争及管理法》正式通过，该法授权成立网络赌博的管制机构，从事网络博彩业必须向在线游戏管理署申请许可，许可有效期为五年，五年后需重新申请。此外，该法明令禁止未成人参与部分网络赌博游戏，对于违法者规定了具体的罚则。

第四，关注信息保护问题。在互联网上，信息安全问题正在全球范围内受到越来越多的关注。2010 年，法国的《关于“网上作品保护措施管理系统”个人数据处理法规》以及韩国的《信息通信网络的促进利用和信息保护法（修正案）》等，都与信息安全保护密切相关。综合起来看，相关立法的主要内容包括：对用户信息加强保护，从服务商和政府角度强化责任；技术手段的提供，例如实施网络身份认证技术以加强保护；要求信息通信服务提供商进行行业自律，等等。

2. 多国推进电子商务立法，重在确保安全、明晰责任

伴随着互联网经济的迅速发展，如何在电子商务领域加强规则构建成为 2010 年全球范围内的立法重点。在亚洲，韩国《电子交易基本法（修正案）》和新加坡《电子交易法》双双获得通过，这两部法律堪称这两个国家电子交易规则的根基。欧盟将焦点集中于《电子签名指令》的修正，而印度《信息技术法》修正案也正式开始实施，其中也有大量关于电子商务的修正条款。

从内容上来看，这些国家将关注点集中于以下方面：其一，对电子商务犯罪予以打击，重点是电子商务诈骗方面的网络犯罪；其二，对电子规范的文本和电子发票的发行、使用、互操作予以规定。例如，规定政府部门不得擅自修改各自能够接受的电子文档和电子文件版本，对于颁发执照和电子许可证的公共机构必须予以明示等；其三，对电子签名的安全予以规范，重点集中于电子记录和电子签名方面的安全、公共机构电子记录和签名的使用、接收电子备案和签收文件的程序和方法等方面；最后，对 ISP 的责任予以明晰，这方面，主要是明确网络服务提供商不承担第三方责任；在仅仅提供了主机服务的情况下，不承担任何刑事和民事责任；法律条款的责任免除，不影响 ISP 牌照发放的要求，也不影响监管部门要求 ISP 所承担的其他义务。

3. 用户隐私和个人数据保护广受重视，各主体的责任承担和权限边界逐渐明朗，拟修法应对新问题

在互联网上，用户隐私和个人数据保护正在受到越来越多的重视，各主体的责任和权限边界也逐步明朗。在 2010 年，法国出台了《关于“网上作品保护措施管理系统”个人数据处理法规》、韩国出台了《信息通信网络的促进利用和信息保护法（修正案）》、德国《电信法》修正案中也有相关内容。综合起来看，主要将焦点集中于以下方面：其一，强化运营商的责任。重点是强化运营商对用户信息保护的责任，规定运营商必须采取技术手段和其他相关措施确保用户个人资料和隐私的安全，此外，也要求运营商加强行业自律。其二，规定政府在加强保护和监管的同时，也要受到相应的约束，一方面，要求政府为用户隐私和个人数据的保护提供切实的具体的对策；另一方面，也为政府获取用户隐私和个人数据设定了相应的权力边界，如为了追究违法行为等。其三，对存储于第三方的数据加强保护。用户传输给第三方的数据、在第三方服务器中存储的数据也要纳入保护的范围。

从各国对该立法议题的探讨来看，尚有以下两个法律空白点：一是，云计算情境下的网络信息保护。从目前情况来看，消费者对云计算保护个人隐私并没有充足的信息，而从PC移至“云”上的数据存储也无法可依。二是，与网络隐私销毁相关的网络“遗忘权”。遗忘，主要针对的是互联网散播公民个人信息所引发的倍增效应，例如在官方简报中，删除与罚款、处罚决定、赦免等有关的个人数据，以保留公民尊严。而所谓的网络“遗忘权”，即一个人要求删除自己在互联网上的一些信息，并通过这种方式保护个人隐私的权利。对此，欧盟和西班牙可能会进行法律调整，那些不涉及公共利益的个人互联网数据存储将成为规制重点。目前，西班牙数据保护局正鼓励西班牙公民要求删除论坛、博客、社交网站和网络搜索引擎中可能会损害个人尊严、侵犯隐私的私密信息。

4. 多国修法应对网络版权保护

为了应对新技术对版权保护的挑战，2010年多国实施其新修订的版权法律，修法的共性之处在于明确网络环境下网络服务提供商、侵权用户等责任及相关处罚措施，进一步完善互联网领域的版权制度。其中，法国、英国、日本关于网络版权相关立法最具代表性。

法国《促进互联网创造保护及传播法》于2010年10月1日实施，该法案主要在于对网络非法下载者启动“三振出局”程序，即网络服务提供商对非法下载者发出通知，告知其侵权事实并要求其停止侵权行为，建议其使用有版权的作品。该通知逐渐升级，重复侵权人最终将被处以断网的处罚。

英国《数字经济法》于2010年4月8日实施，该法开启了全球数字化条件下互联网立法的新潮流。该法律规定了音乐、媒体、游戏等网络内容的著作权保护，补充了原有的《通信法》、《著作权法》等内容，将原法的适用范围扩展到了互联网。该法律还规定ISP有义务通知涉嫌版权侵权的IP地址用户；经版权人请求，ISP应匿名提供涉嫌版权侵犯的IP地址列表，采取相关技术措施设置宽带上限或暂时切断宽带连接，否则可能面临最高额达25万英镑的罚款。

日本《著作权法》修正案于2010年1月1日实施，该修正案进一步明确了侵犯网络著作权的法律责任。修正案分为三项重点：包括明知内容非法仍然下载亦违法，针对搜索引擎的作品复制合法化，电视节目在网络中的二次利用时建立法定授权机制等问题。

（三）国内综述

1. 电信法制建设有所进展

“十一五”期间，电信互联网立法成果显著，重大立法持续审议，通信管制立法迫切。在“十一五”期间，据不完全统计，工业和信息化部（含原信息产业部）出台（含与相关部委联合）的电信互联网领域部门规章达十多部，立法成果显著。

2010年无线电管制和通信网安全立法持续出台。《电信法（草案）》仍处于立法审查之中。电信立法活动主要侧重在无线电管制立法以及信息网络安全，特别是通信网安全立法方面，共出台一部无

线电的行政法规、一部无线电的部门规章和一部通信网安全的部门规章。

《无线电管制规定》赋予国家在特定情况下可以实施无线电管制，明确全国范围内或者跨省（区市）实施无线电管制机构的职权，以及无线电管制的区域、对象、起止时间、频率范围以及其他有关要求，使得无线电管制机关有法可依。

《无线电频率划分规定》主要规定如下内容：无线电管理的术语与定义、电台的技术特性、无线电频率划分规定。

《通信网安全防护管理办法》建立通信网络分级、备案、安全风险评估等制度，围绕通信网络安全防护管理工作，主要建立了如下制度：通信网络单元的分级保护制度、符合性评测制度、安全风险评估制度及通信网络安全防护检查制度。

2. 互联网立法有所进展

互联网对传统法律体系中各类法律都产生影响，但是，并没有从根本上改变传统法律体系所调整的社会关系。因此至少在目前阶段，互联网法律体系应以传统法律体系为基础进行构建。未来，随着互联网的发展和对社会生活影响的进一步深入，可能新的立法需求会越来越多。互联网法律体系由两大部分组成，一部分是直接适用于互联网的传统法律，另一部分是针对互联网制定的新立法和修订的立法。

在适用于互联网的传统法律方面，2010 年，共有两部新实施的立法都规定了网络服务商的责任。《侵权责任法》第 36 条规定了网络侵权责任，为网络侵权行为提供了较为规范的法律依据，但有些操作性细则有待完善。第 36 条的主要内容包括，宣示条款：网络用户和服务商因自己的过错损害他人的权益应承担侵权责任；通知条款：网络服务商在被侵权人通知后未采取措施防止侵权损害扩大的，应就损害扩大部分承担侵权责任；知道条款：网络服务商若知道他人侵权而没主动采取必要措施，应就全部损害与侵权人共同承担连带责任。《保守国家秘密法》规定了网络服务商的配合义务。第 28 条和第 50 条分别规定了互联网及其他公共信息网络运营商、服务商配合相关国家机关工作的义务及其违法责任。这势必会加重互联网及其他公共信息网络运营商、服务商的运营成本（对危害信息主动审查的技术与人力成本），同时赋予了公安机关、国家安全机关和检察机关对网络服务商保密配合的调查权和处罚权。

在专门性互联网立法方面，2010 年，关于网络经济的立法成为互联网领域立法重点，多个部委出台了有关互联网的部门规章和规范性文件。部门规章主要有：中国人民银行发布的《非金融机构支付管理办法》、文化部的《网络游戏管理暂行办法》、工商总局的《网络商品交易及有关服务行为管理办法》，等等。规范性文件主要有：商务部《关于促进网络购物健康发展的指导意见》、国家测绘局《关于加强地理信息市场监管工作的意见》、新闻出版署《关于发展电子书产业的意见》、财政部《互联网销售彩票管理暂行办法》等。这表明，互联网业务迅速渗透到传统产业，各部委的管理职权也向互联网延伸，而业务许可体制是这些立法确立的主要法律制度。

3. 信息通信行业知识产权问题值得重视

LTE 专利池问题。国际上三家专利池公司正在积极推进 LTE 专利池谈判进程，中国部分企业也参与了谈判。其中，MPEG LA 主要由日韩企业支持，截止目前已有 15 家企业参与该公司 LTE 专利池的相关会议；Sisvel 公司主要由法电、意电等企业支持，其专利召集已经吸引了 32 家企业参加，其中也包括了中国的部分企业；VIA 公司由 OPA 和 AT&T 支持，目前已有 26 家企业参加该公司的专利池活动。

LTE 商标问题。随着 LTE 业已成为未来移动通信主流标准，国内外对于 LTE 商标注册也开始重视。国内，大唐移动公司已经注册了相关 TD 及 TD-LTE 商标。ETSI 在中国申请 LTE 商标被拒绝，原因是：已有企业注册 ITE 商标，如果 ETSI 获得注册许可，将可能对 LTE 商标造成混淆。

网络版权问题。立法方面，《侵权责任法》于 2010 年 7 月 1 日实施，其中第 36 条规定网络版权侵权责任；执法方面，2010 打击网络侵权盗版专项治理的“剑网行动”于 7 月 21 日在全国正式启动，为期三个多月，有效打击了网上侵权盗版；司法方面，版权案件持续增多，司法资源紧张；产业方面，版权价格上升，版权人维权意识增强，版权诉讼持续增长。

二、2010 年信息通信法律法规热点剖析

热点一：个人信息保护引发深切关注，国内各方呼吁立法

（一）2010年国内外典型案例

案例一：2010 年 12 月 17 日，首例“电信运营商员工泄漏公民信息”案宣判。因在讨债过程中涉嫌敲诈勒索的 7 名“私家侦探”被以涉嫌非法经营罪和敲诈勒索罪公诉至法院。而由他们牵扯出来的还有 3 名来自国内电信运营商的员工，这是此次事件中泄露个人信息的源头，这几名电信运营商员工与自己服务的“私家侦探”们及 4 名中转信息人员已受到了刑事责任的追究。据悉，这是首例电信运营商员工泄露公民个人信息案。

为有效打击犯罪，堵塞公民个人信息泄露的源头，在走访了相关电信运营商并对电信部门工作人员泄露公民个人信息的途径及原因进行深入调研后，朝阳法院向有关电信运营商发出司法建议书，建议电信运营商强化员工保护客户信息安全的意识；规范管理客户信息查询修改系统；定期抽查客户信息查询修改系统使用情况；完善保护客户信息安全的管理规定。

案例二：3Q 大战中，个人隐私保护成为舆论关注的焦点。

2010 年 9 月 27 日，360 安全卫士在其官方网站宣布推出个人隐私保护工具——360 隐私保护器，目标直指 QQ 软件，称 QQ 会扫描用户隐私文件和数据，是“未提示用户或未经许可，恶意收集用户信息”的“流氓软件”。对此，腾讯方面回应称，扫描行为是防止木马的安全措施，并无窥视用户隐私的意图，并强调腾讯 QQ 软件绝对没有窥探用户隐私的行为，也绝不涉及任何用户隐私的泄露。虽然目前 3Q 大战的风波已渐渐归于平静，但关于用户隐私保护问题却仍未有明确的结论。

案例三：Google 街景服务引发各国关于用户隐私保护的忧虑

已经覆盖了 34 个国家和地区的谷歌“街景”服务，自问世以来就引发了各国政府关于隐私保护的指责。据美国媒体报道，德国数据保护部门官员于 2010 年 5 月 19 日警告谷歌，如果谷歌不依照德国隐私保护法律修改公司的“街景”搜索服务，那么将会受到“某种制裁”。2011 年 1 月 14 日，韩国警察厅网上恐怖活动应对中心表示，已查获“谷歌”（Google）在制作“街景（Street View）”程序的过程中涉嫌非法收集个人信息的证据。目前，欧洲国家以及澳大利亚等 16 个国家对“谷歌”非法收集个人信息的活动展开了调查，但韩国是第一个能实际查证其非法行为的国家。

（二）个人信息频频受到侵害的原因分析

一是信息技术的快速发展导致个人信息被泄漏的风险大大增加。个人参与社会活动，留存在公私

领域的个人信息比比皆是、不计其数，在各种不同的法律关系往来中，因法律关系性质不同而留存不同信息于行政机构、司法机关、企事业单位，如果这些信息均毫无节制地被输入电脑而无限制地建档、处理、传递、运用，只要输入个人的部分个人信息，即可迅速查出个人的住址、出生日期、民族、学历、工作经历、健康信息等，必将出现“身份大曝光”及“无处躲藏”的恐怖现象。特别是近年来，随着信息技术的快速发展和互联网的日益普及，对个人信息的收集与处理的成本显著降低，效率大大提高，个人隐私和生活安宁权利被侵害的风险也日益增加。

二是个人信息作为“商品”被不当传播、利用的行为更加普遍。在信息时代，个人信息的经济价值是巨大的，并且呈不断增长的趋势。对企业而言，谁掌握的客户的资料越多，谁就拥有更多的潜在消费者。世界上许多企业已经瞄准了个人信息经济价值中所包含的巨大的商机，并在收集客户信息的软件开发方面倾力投资。于是，一方面，企业处于“信息饥渴”状态，想方设法收集客户个人信息；另一方面，为了迎合这些企业的信息需求，产生了专门的信息收集者，他们或明或暗地收集相关消费者的个人信息，然后出售给信息需求企业。一些在提供业务过程中获得用户信息的单位，如医院、学校也将其掌握的病人信息、学生信息等个人信息通过有偿的方式传送给相关的信息需求者。应当说，在目前已经产生了一种将个人信息作为商品的强势倾向。个人信息的商品化一方面能够创造出新的价值，为用户带来更为个性化的服务，但在另一方面，无处不在的个人信息也为人格尊严侵犯埋下了隐患。

（三）近年国外个人信息保护立法的主要特征

为应对网络时代背景下的个人信息保护问题，近年来以欧盟为代表的许多国家地区在立法上扩大了隐私权的保护范围，立法保护规则从隐私权受到侵害之后的事后救济扩展到个人信息收集、储存、传输等事前环节的管制要求。大部分的保护规则吸收了经合组织 1980 年通过的《隐私保护与个人数据跨国流通指南》确定的国内个人信息保护的基本原则以及确保个人信息国际自由流通的原则，这些基本原则包括，限制收集原则：个人数据的收集应该受到限制，任何此类数据的获得都应该通过合法和公正的方法，在适当的情况下，要经过数据主体的默示或同意；目的特定原则：指个人信息的收集、处理与利用应当依据特定的、明确的目的进行，禁止超出目的范围的收集、处理或利用个人信息；使用限制原则，指信息利用人应当在信息收集的目的范围内使用个人信息；安全保障原则，指个人信息应当处于安全保护之中，以免遭受泄露、灭失和未经授权的使用，等等。

2010 年，针对个人信息保护适用法律的问题，部分欧盟专家提出，隐私法的适用可以考虑应当以“接入地”为原则，而不是以“服务器所在地”为标准。如果此项建议最终能够在法律上体现，那么谷歌将不能再以服务器在美国为由而豁免服务所在地国的法律适用。

（四）我国个人信息保护立法需求迫切

我国个人信息保护立法在目前存在较多问题：一是就法律的适用范围而言，保护个人信息的法律条款数量较为有限，适用范围相对狭窄，没有专门的针对所有信息控制人均适用的统一的个人信息保护法；二是就法律的可操作性而言，大部分规定缺乏可操作性，许多条款仅仅规定了对个人信息的保密义务，而没有规定违背该义务的后果：三是就法律条款的具体内容而言，大部分条款通常仅对个人信息保护问题轻描淡写，并未建立个人信息保护的基本原则、信息主体的权利、个人信息收集、处理、利用及传递的规则、个人信息保护的执行机制及监督机制等个人信息保护法应当具备的重要内容。

正因为我国相关立法对公民个人信息保护乏力，导致我国个人信息受到侵害的风险日益增加，而个人信息缺乏有效保护会直接影响到业务创新与发展。在个人信息保护法律不到位的情况下，互联网用户会缺乏对业务应用的信心和必要的安全感，在行为上更加谨慎，这又间接影响了信息的正常流动。国内个人信息保护立法的滞后已影响了软件、服务外包等行业的发展。

鉴于以上理由，建议有关部门尽快启动我国个人信息保护立法工作，积极推动个人信息保护法早日出台，为经济社会持续发展营造良好的法律环境。该法的主要内容应包括：（1）明确个人信息的含义和范围。以列举加兜底条款的方式，对受法律保护的个人信息范围作出规定；（2）规定个人信息保护的主要法律原则，如限制收集原则、信息质量原则、目的特定原则、使用限制原则等；（3）规定信息主体的权利，如知情权、修改权、同意权；（4）规定个人信息收集、处理、利用等环节的具体规则；（5）规定对个人信息保护负有管理职责的政府部门和管理权限；（6）规定违法后的行政处罚措施。

热点二：3Q大战呼唤互联网市场竞争的法律规则

（一）事件回放

2010年春节期间，腾讯开始向用户推广QQ医生安全软件，至此，以即时通信为主要业务的腾讯与360公司在安全软件市场展开了直面的竞争。

9月27日，360公司发布隐私保护器，指出腾讯软件窃取用户隐私，使用360隐私保护器可防止用户隐私泄漏。当日，腾讯发表公开声明，承认QQ扫描用户电脑，但称此举系保护用户账号、虚拟财产和数据的安全。

10月29日，360宣布推出一款名为“扣扣保镖“的安全工具，称全面保护QQ用户的安全，该软件自动阻止QQ聊天程序对电脑硬盘文件的强制扫描查看，并通过提供灵活的禁用和开启QQ各种插件功能来实现QQ提速，此外还过滤了QQ软件广告，清理QQ垃圾（含QQ影音、QQ音乐等QQ周边软件）。所有功能均由用户主动选择触发，并可随时启用和恢复。

11月3日，腾讯“作出艰难的决定”，发布“致广大QQ用户的一封信”，称决定在装有360软件的电脑上停止运行QQ软件。

11月20日，工业和信息化部发布《关于批评北京奇虎科技有限公司和深圳市腾讯计算机系统有限公司的通报》，对奇虎和腾讯两公司提出严厉批评，责令两公司停止互相攻击，确保相关软件兼容和正常使用，同时也责令两公司自该通报发布 5 个工作日内向社会公开道歉。至此，沸沸扬扬的 3Q 大战暂告一段落。

（二）事件所涉及的法律争议分析

3Q 大战以其所涉及的竞争行为之复杂，所影响的网民数量之巨大，所引起的法律争议之典型，成为我国 2010 年互联网市场竞争经典的案例，该案例也将对未来我国互联网相关的法制建设产生深远的影响，抛开纷繁复杂的 3Q 大战中各市场主体实施的竞争行为，在其背后，至少有以下六类法律问题引发人们的思考。

1. 互联网环境下的隐私保护

3Q 大战的一个重要的争议焦点是：360 指出腾讯安全软件扫描用户隐私文件和数据，是“未提示用户或未经许可，恶意收集用户信息”的“流氓软件”。这一问题立刻引起了广大网民的关注。那么用户电脑上的执行文件是否属于用户隐私？安全软件出于实现其软件功能的目的扫描用户电脑上的执行文件是否属于侵犯隐私的行为？如果必须扫描，那么应该建立怎样的法律规则，以确保安全软件在使用过程中不侵害用户隐私？这一系列疑问实质反映了如何在互联网环境下，建立用户个人信息（隐私）保护的法律规则的问题。

从目前我国现有的人格权利保护、隐私权保护法律制度来看，将用户个人电脑中执行文件的信息界定为隐私，还缺乏法律上的直接依据。我国至今未出台个人信息保护法，传统法律中也很少使用隐私权概念，更没有法律条款明确安全软件扫描执行软件的行为是侵犯用户隐私的行为。

但是，按照一般法理和国外对用户个人信息保护的经验来看，即使是为了实现安全软件查杀病毒等功能目的的扫描行为，也应当在收集、储存、传输、整理、使用用户个人信息的过程中遵循必要的原则，如用户知情、目的特定、安全保障等原则，以充分保护用户的合法权益。因此，建议有关主管部门应组织独立中立的第三方软件测评商，对腾讯、360 等安全软件在用户信息保护环节进行相关的测评。测评和判断是否侵犯用户隐私的依据可以参考工业和信息化部 2011 年 2 月发布的《信息安全技术——个人信息保护指南》，这些标准可以包括：服务商在安全软件运行前是否获得了用户的明示同意，是否在特定目的范围内进行收集，收集过程中是否采取了必要的安全措施以充分保障用户信息的安全，是否采取了必要和有效的措施保障用户的信息不被泄漏与滥用等。

2. 软件著作权的保护

在 3Q 大战中，360 称其推出的“扣扣保镖”安全工具，可阻止 QQ 查看用户隐私文件、防止木马盗取 QQ 账号以及给 QQ 加速等功能。对此腾讯发表声明，指责该软件是通过外挂手段对腾讯 QQ 的多项功能进行破坏，是侵犯其软件著作权的行为。

我国《著作权法》和《计算机软件保护条例》都明确禁止：“故意避开或者破坏著作权人为保

护其软件著作权而采取的技术措施，禁止故意删除或者改变软件管理信息。”著作权人为保障自己的合法权益而设置的技术措施和标明的软件管理信息受到我国著作权法律法规的保护。任何破坏、删除或改变著作权人合法的技术措施和软件管理信息的行为，无论是否以盈利为目的，都被视为违法行为。

目前我国著作权法律法规的条款中，确实只是指出了直接实施破坏技术措施的行为，并没有包括向公众提供用于破坏技术措施的行为。但是从著作权保护近年的立法趋势看，向公众提供用于破坏技术措施的行为也纳入到了著作权法的禁止行为中。如我国《信息网络传播权保护条例》规定，对著作权人的侵权，还包括向公众提供用于破坏著作权人合法技术措施的行为。因此，建议由独立中立的第三方软件测评机构对 QQ 保镖软件进行测评，以明确 360 是否实施了破坏腾讯软件技术措施和技术管理信息的行为。

3. 互联网市场的不正当竞争和反垄断

3Q 大战中出现了一系列涉嫌构成不正当竞争甚至是垄断的行为，例如 360 向公众宣称 QQ 软件不合格，推出针对 QQ 的专业安全软件——“扣扣保镖”，并可将 360 的运行模块加载到腾讯 QQ 运行进程，禁用甚至替代 QQ 的部分功能，依据《反不正当竞争法》，可初步判断该行为涉嫌恶意诋毁竞争对手。而腾讯在装有 360 软件的电脑上停止运行 QQ 软件的行为则涉嫌以不合理的条件强制交易。虽然腾讯实施的是停止自己的 QQ 软件服务的行为，这一行为并没有限定用户必须或只能使用的 QQ 业务，况且这一行为也迫使腾讯流失了自己的部分用户，但实质上，腾讯只是采取了一种较为极端的方式，对用户合法使用其他业务实施限制。

事实上，3Q 大战只是近年来我国互联网市场不正当竞争的一个典型缩影。除 3Q 大战外，我国互联网市场上存在大量的不正当竞争行为。据初步统计，自 2006 年以来，我国互联网企业不正当竞争的司法案例已达到百余例，其中大多以违反传统法律（如《著作权法》、《商标法》）及不正当竞争为诉讼案由。这种恶性竞争的市场状况一方面反映了互联网市场竞争的激烈程度，例如：争夺用户资源与注意力成为竞争焦点，互联网业务的交叉融合竞争显现出白热化特征，大者、强者主导商业规则，新进入者面临竞争高压的状况也已初见端倪，但从一个方面也说明：传统法律还难以适应技术和市场的快速发展，传统法律规则也还不能为互联网企业的竞争行为提供明确指引。例如目前《反垄断法》在 3Q 大战中的使用一是缺乏理论上的支撑，二是现有的较为粗放的法律条文也难以提供判断是非的具有可操作性的标准。也就是说，无论是从现有的法律条文出发，还是从反垄断法的基本理论出发，还无法解决如何界定互联网相关市场的问题，还无法判断安全软件市场与即时通信市场是否属于同一个市场，以及对互联网企业的市场主导地位如何判断等一系列问题。

2010 年 12 月 31 日，国家工商总局出台《工商行政管理机关禁止滥用市场支配地位行为的规定》等三部《反垄断法》执法配套规章。新规对市场支配地位的概念，如何认定市场支配地位以及市场支配地位的推定与反证制度作了细化规定。不久，工业和信息化部也出台了《互联网信息服务市场秩序监督管理暂行办法》（草稿），对互联网市场存在的典型的不正当竞争行为以及损害消费者合法权益的行为进行了界定。这些规章的出台是对我国互联网市场竞争规制的有益探索，但并未从根本上解决相关的法律适用问题，因此建议相关部门能进一步深入研究研究《反垄断法》和《不正当竞争法》针对互联网市场的适用规则。特别是针对《反垄断法》对互联网相关市场界定，以及市场主导地位的评估标准出台进一步具体的指南。同时，依据《反不正当竞争法》和《电信条例》，工商总局和工业和信息化部应针对互联网市场竞争中存在的执法问题，加强协调合作，认真评估制定规范互联网经营竞争活动的专项法律法规的必要性。

4. 互联网用户作为消费者的权益保护

我国《消费者权益保护法》明确规定了消费者知情权、自主选择权、公平交易权，以及在接受服务时享有人身、财产安全不受损害的权利。《消费者权益保护法》的适用并没有局限在有偿的产品或服务的提供行为。因此，网络服务的免费性质并不能豁免互联网企业对消费者权利的保护义务。从3Q 大战两企业实施的行为看，以下行为涉嫌违反了我国《消费者权益保护法》的规定，对用户的合法权益构成侵害。

（1）腾讯实施的不兼容行为，涉嫌构成对消费者知情权、自主选择权、公平交易权的侵害。

（2）腾讯和 360 散布没有事实根据发布信息的行为，涉嫌构成对消费者知情权的侵害。

（3）腾讯如被中立的第三方测评机构证实实施了侵害用户隐私的行为，则也违反了《消费者保护法》中有关用户在接受服务时应享有的人身权利的规定。

5. 合同法对互联网企业的规制

互联网企业制定含有“霸王条款”的格式合同，侵害用户的合法权益也是此次 3Q 大战中暴露出的一个问题。以某公司的软件服务协议为例，该公司软件协议中明确规定：“公司拥有随时自行修改或中断软件授权而不需通知用户的权利”、“本《协议》可由公司随时更新，更新后的协议条款一旦公布即代替原来的协议条款，恕不再另行通知”等条款。因此，该公司可依据该合同条款，主张豁免实施不兼容行为的相关责任。

我国《合同法》第八条规定，“依法成立的合同，对当事人具有法律约束力”。这说明只要用户轻点鼠标，选择同意，则表示接受了企业提出的合同条件，而这份合同对双方具有约束力。但是我们也看到，《合同法》对格式条款也作出了明确规定：“提供格式条款一方免除其责任、加重对方责任、排除对方主要权利的，该条款无效”。从合同法的规定出发，可以认为该公司的软件协议符合格式合同的特征，而其格式合同中的部分条款已明显违反了合同法的诚实信用、公平、平等原则，相关条款应被界定为无效条款。

建议由相关主管机关如工商管理机构或行业主管部门，对互联网企业制定的用户协议进行指导，如通过合同范本的形式，引导企业不得制定显失公平，有违平等原则的条款。

热点三：立法为网络经济营造发展环境

全球电子商务和网络经济快速发展，并在经济生活中的地位日益重要。根据波士顿咨询公司《连接王国：互联网在如何改变英国经济》的报告，2009 年，英国互联网经济的贡献达 1000 亿英镑，占 GDP 的 7.2%，超过了建筑、运输或公用事业。英国互联网经济占 GDP 的比重可能将以每年 10% 的增长率增长，到 2015 年，将约占到 GDP 的 10%。在我国，CNNIC《第 26 次中国互联网络发展状况统计报告》表明，互联网商务化程度迅速提高，全国网络购物用户达到 1.4 亿，网上支付、网络购物和网上银行半年用户增长率均在 30% 左右，远远超过其他类网络应用。同时，金融危机之后，各国也在积极寻求建立新的竞争优势，通过立法促进网络设施发展和电子商务应用。而发达国家过去出台的电子商务法部分已经不能适应市场发展的需求，尤其是在网络交易的安全保障方面，需要进行修订，而我国也在通过探索的方式逐步满足对网络经济相关立法的需求。

2010 年，英国出台《数字经济法》开启数字化时代的互联网立法；新加坡、韩国等修订电子交易法，促进网络经济的发展；在我国，出台了网络交易、网络游戏、电子支付方面的部门规章，出台了电子商务、地理信息市场管理、电子书发展的规范性文件。

我国新出台的这些网络经济规范，都是将传统领域的法律规则向互联网的延伸。例如，《非金融机构支付服务管理办法》的上位法为《中华人民共和国银行法》，对包含网络支付的第三方支付机构的管理与传统金融机构类似，《网络商品交易及有关服务行为管理暂行办法》规定网络商品经营者和网络服务经营者向消费者提供商品或者服务，应当遵守《消费者权益保护法》和《产品质量法》等法律、法规、规章的规定。规范市场准入仍是当前互联网业务管理的主要手段。在新出台的互联网新规中，对所规范的业务大多设定了以业务经营许可为主要形式的市场准入制度，反映了市场准入制度仍然是当前我国行政部门实施互联网管理的主要抓手。部分规章设定了实名制的要求。如网络交易的管理办法，要求已经工商登记注册有营业执照的法人、其他经济组织或个体工商户以及通过网络从事商品交易（服务）的自然人提供真实身份信息，《网络游戏管理暂行办法》也将网游实名制纳入规范范围。

从我国与国外立法的共同点来看，对于互联网不断出现的新问题，各国都在考虑互联网的特性及在发展规律的基础上进行探索；网络经济的发展促使各国制定新的立法进行应对。电子商务是各国互联网立法的重点领域，主要是明确合同缔结方、服务提供者的权利义务，保护消费者权益。从不同点来看，我国网络经济立法尚处于起步阶段，而国外的网络经济立法较为成熟；总体上看，国外的网络经济立法主要为综合性立法，涵盖范围广；国内立法主体分散、立法内容分散、立法层级较低。

未来，网络经济立法的范围将不断扩大，例如电子支付、交易安全、网络版权、电子合同、宽带建设、市场竞争等都将成为网络经济立法的重点。从发展趋势上看，《数字经济法》将引领各国互联网立法的热潮，网络经济立法将成为各国立法的重点内容之一；立法将促进网络基础设施的建设，帮助产业从金融危机中复苏；立法将为电子商务的发展提供良好的法律环境，有利于电子商务的健康发展。

热点四：网络版权保护形势严峻

（一）网络版权纠纷诉讼—以优朋普乐诉TCL案为代表

案情简介：2009年，TCL公司推出“MiTV互联网电视机”中增加了互联网搜索功能的模块，用户在接入互联网后即可通过搜索，下载观看由迅雷公司提供的网络影视作品或在线观看由上海众源网络有限公司提供的网络影视作品。北京优朋普乐科技有限公司诉称，其独家享有《王贵与安娜》等多部影视作品的信息网络传播权，上述三家公司被告侵犯了其信息网络传播权，请求立即停止生产、销售“MiTV互联网电视机”，停止传播涉案影视作品，赔偿经济损失共计50万元。

争议焦点：TCL公司是否应承担共同侵权责任？侵权赔偿数额如何确定？

法院判决：北京市第二中级法院判决确认三家被告公司承担共同侵权责任，共同赔偿优朋普乐8.75万元。

本案影响：该案是我国互联网电视侵权第一案，被告从服务提供者到设备制造商，标志着我国互联网维权活动进入了一个新阶段。判决显示出了其对互联网电视制造商责任的认定，赔偿数额的确定也综合考虑了产业的发展，对推进互联网电视行业健康有序的发展有十分重要的意义。网络版权保护要适应时代发展，互联网电视是三网融合中的重要业务之一，能否妥善处理好版权问题不仅会影响互联网电视产业的发展，甚至会影响三网融合的推进进程。

（二）网络版权案件进入高发期，网络视频产业版权保护尤为值得关注

1. 网络版权案件数量逐年增加

自2002年以来，我国的著作权民事纠纷案件一直位于各类民事知识产权案件之首。随着著作权领域的不断拓宽，著作权民事纠纷案件数量大幅度上升，全国法院涉及网络的著作权案件更是占著作权案件的40%以上[1]，网络著作权案件成为了版权案件最主要的类型。就北京地区整体案件数量而言，北京2006年著作权案件是1555件，涉及到网络的有85件，仅仅占5%，但是到了2008年，著作权案件是3493件，涉及到网络的案件是1281件，占了著作权案件的37%，2009年前三个季度，法院受理著作权案件3261件，涉及网络的是1573件，约占48%。上海法院也是如此，08年网络著作权案件600多件，占著作权案件总数的40%[2]。

以北京市第一中级人民法院为例，1999年受理了第一起网络版权相关案件，即6位作家起诉世纪互联案，截至2010年4月份，北京市一中院共受理了966件网络版权侵权案件。从案件数量上看，1999年受理了9件，2002年开始逐步上升，2008年受理了386件（数量剧增的原因是其中有万方数据库硕博士学位论文串案305件），2009年受理了191件，2010年案件数量增长比较快，截至

[1] 最高人民法院民三庭提供的统计数据。

[2] http://www.iprcn.com/view_xz.asp?idname=2641。

2010 年 4 月份已达到 137 件。总体来讲，在这 12 年的时间里，网络著作权案件数量总体呈上升趋势，2009 年案件受理量是 1999 年的 22 倍，就 2010 年截至 4 月 9 日的受理情况来看，网络著作权案件数量已经达到 2009 年全年的 71%。2010 年该院受理的网络著作权案件数量仍将继续攀升。

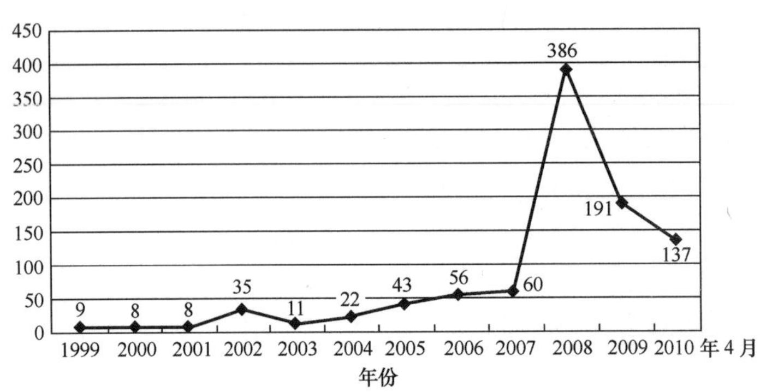

图 1 北京市一中院受理网络版权侵权案件数量（数据统计截至 2010 年 4 月 9 日）

这个趋势在北京市海淀区人民法院的案件审理情况中也可以看出，该院所受理的知识产权类案件数量连续 3 年的年增长率都在 20％以上，2010 年上半年同比增长 44%，其中 70% 以上与版权相关。上海市法院知识产权庭的网络版权侵权案件受理情况类似，受理案件的数量在逐年上升，且占有较大的比例，2009 年全年，上海市法院一审结案的计算机网络侵权案件有 534 件，占一审知识产权案件的 31.3%，涉及到上载、转载、抄袭网页、P2P 软件、深度链接、搜索引擎等。

2. 网络视频产业版权保护尤为值得关注

在版权保护上，网络视频产业尤为值得关注。突出表现在：视频分享网站发展势头迅猛，逐步进入成熟期，第一波上市潮到来。

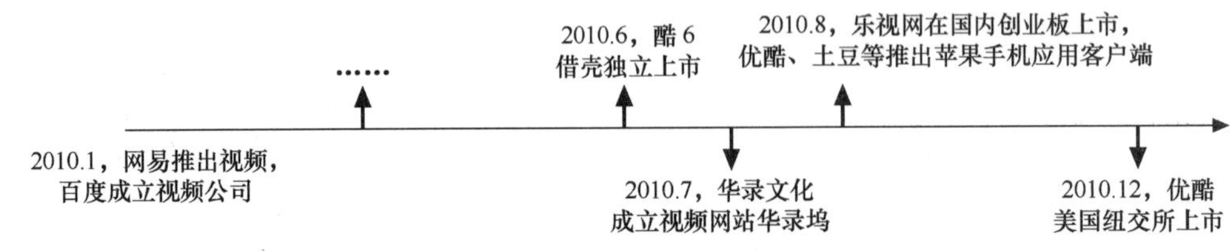

图 2 网络视频产业迅猛发展，公司积极上市

在产业蓬勃发展的背后，是视频网站大打口水战，版权之争愈演愈烈，官司接二连三：优朋普乐大量起诉其他视频网站，视频客户端、视频网站之间互相“掐架”；2010 年 12 月，视频点播业务的天线视频负责人因传播侵权影视作品被批捕，网站被取缔，成为互联网知识产权刑事第一案。版权问题和商业模式问题如果处理不好，必将成为网络视频产业发展的绊脚石。

3. 事件深度透析

著作权案件持续大幅增长，已占据知识产权案件的半壁江山，网络成为版权保护的主战场。网络版权案件的类型随着网络技术的发展不断发生变化，与网络新技术 / 应用有关的版权纠纷受到业界的高度关注。网络案件前期是以在线阅读为主，涉及文字和摄影作品；随着网速加快，以提供下载的方式使用文字和音乐作品而引发纠纷的案件增多；随着网速的进一步提高，在线播放影视作品成为可能，视频分享网站引发的著作权侵权案件数量猛增。

（三）网络纠纷频发的背景和原因分析

互联网已渗透到社会生活各方面，信息通信正向信息服务转型，在内容及应用为王的时代，互联网信息服务业的发展对版权的依赖程度越来越高。

技术的更新换代让网络版权侵权变得更加便捷；互联网的开放性也让侵权主体多元化；新的传播方式、经营模式不断出现，给网络版权的保护提出了大量新课题。

在大量网络版权利益纷争的背后是权利人、作品使用者、社会公众等各方利益的平衡，尤其是权利人与互联网企业的利益平衡，以及同类经营企业的利益角逐。

网络版权价格水涨船高，成本过高和盈利模式不清晰严重制约互联网信息服务产业的发展，加强版权保护与促进新商业模式发展的利益平衡空前重要。

（四）应对网络新技术对版权保护挑战的策略

为有效应对互联网等新技术对版权保护的挑战，应从以下几个方面入手。

在立法上，由于法律具有相对的稳定性，很多条文已经滞后于新技术发展对版权保护提出的要求，因此相关立法部门要及时修法，以适应现代信息技术的发展要求和版权产业的发展需要。

在执法上，目前司法保护和行政保护的“双轨制”被证明是行之有效的，实践中对执法的力度需要继续加强。为此，执法部门要建立地区之间、部门之间联动执法的常态化机制，积极有效地开展专项行动。相关著作权集体管理组织的职能还相对薄弱，需继续强化集体管理组织的作用，并通过建立版权认证平台的途径，明确版权的归属，减少纠纷的发生。

在司法上，要积极研究相关案例，创新审判方式，适当时机出台司法解释或指导意见以应对日益复杂的网络版权案件审理。一些地方法院如北京市高院、四川省高院等，已经出台审判指导意见指导网络版权案件的审理，而海淀法院拟成立“互联网审判法庭”以应对激增的网络版权案件。

在产业上，需要建立利益平衡机制，既要维护作者的合法权益，又要支持产业发展，鼓励企业以授权许可为主，法律手段为辅。企业需要积极走正版化路线，不断探索新的商业模式，目前产业中正版化呼声越来越高，尤以网络视频企业为代表。

三、2011 年及未来信息通信法律制度建设展望

2010 年 10 月 10 日，国务院发布关于加强法治政府建设的意见，规定要重点加强有关完善经济体制、改善民生和发展社会事业以及政府自身建设方面的立法。对社会高度关注、实践急需、条件相对成熟的立法项目，要作为重中之重，集中力量攻关，尽早出台；制定对公民、法人或者其他组织的权利义务产生直接影响的规范性文件，要公开征求意见，由法制机构进行合法性审查，并经政府常务会议或者部门领导班子会议集体讨论决定；应当在会前交由法制机构进行合法性审查，未经合法性审查或者经审查不合法的，不能提交会议讨论、作出决策。

从对通信法制建设的影响来看，通信业很多立法关系到广大用户的利益，社会关注度较高，《意见》有助于推动这些立法出台；未来电信监管部门制定规范性文件和作出重大决策，都应进行合法性审查。约束政府进行依法行政，没有法律、法规、规章的规定，不能作出影响公民、法人和其他组织权益或者增加其义务的决定。

展望一：通信安全和无线电立法将是我国未来信息通信立法重点

2011 年，《电信法》立法继续稳步推进，《无线电管理条例》修订，《电信设施保护条例》拟于 2011 年发布和实施。

未来几年，信息安全立法仍将是重点，公安、国家安全等部门将继续介入网络和信息系统的安全管理；《信息安全法》将被列入立法议程；无线电相关立法将成为未来几年的立法重点，例如在频谱管理方面的规范。

展望二：互联网立法稳步推进

工业和信息化部将重点推进互联网行业管理的立法，尽快修改《互联网信息服务管理规定》，相关部门应加强对个人信息保护法、网络经济立法的立法研究，二者都是目前互联网领域迫切需要的立法，相关立法有望启动。此外，为适应物联网、云计算的发展趋势，应加强对应用基础设施的立法研究，积极推动立法活动。特别要强调的是，为加强互联网竞争秩序的规范，应加强竞争法对互联网的适用性或制定专门的互联网竞争管理办法。

展望三：三网融合相关法律将逐步完善

三网融合涉及的行业和政府部门广泛，三网融合配套法律制度的修改和完善是未来几年推动三网融合发展的重要力量。

2011 年，在分业监管体制及现有电信、广播法规不大变的背景下，三网融合的推进还将引发更多的法律空白与适用争议，如业务分类、市场准入、服务质量监管、用户权益保护、设备准入及管理等。

预计此类法律问题将在国务院的统一领导和协调下，在电信、广电两家机构的沟通协商基础上予以解决。任何单方面的背离总体方案要求的部门立法行为都将对三网融合进程产生负面影响。

未来几年，三网融合法律会有重大突破，《电信法（草稿）》将尽快出台，规定三网融合的基本原则和相关制度；修订《电信服务规范》，增加宽带接入服务标准；修订《电信业务分类目录》，将“基于有线电视网的互联网接入业务”、“联网数据传送增值业务”等向广电开放的业务归类管理；在《广播电视传输保障法（草案）》中规定三网融合基本原则。

展望四：信息通信行业知识产权问题依然引人关注

知识产权在信息通信业的作用持续增强，知识产权保护也不断深化，这将对信息通信行业产生更加深远的影响。

考虑到 2012 年 4G 标准将正式确定，LTE 商用也将大规模正式启动，明确 LTE 专利许可政策的急迫性将更加凸显。因此，2011 年也将是 LTE 专利池建设推进的至关重要的一年。国内产业界将积极推动 LTE 知识产权联盟的建立，就 LTE 研发和产业化中的重大知识产权问题进行集体协商，并建立共同防御机制。在商标领域，《商标法》修法持续稳步推进，经过近 7 年的研讨论证，《商标法》修法有望正式通过；LTE 商标价值日益凸现，国内外厂商及相关机构已开始抢注，未来竞争将日益激烈。在版权领域，随着通信业向信息服务业的转型，特别是在三网融合深入推进的大背景下，网络版权在行业发展中的重要性将日益增强。

未来几年，围绕知识产权的摩擦和冲突呈现常态化和复杂化趋势。LTE 知识产权问题仍将是行业的最大热点，智能手机领域的专利之争仍将继续，《著作权法》修订有望推进，网络版权保护将更深入地影响信息服务业，尤其是移动互联网业务。

产业与政策篇

导　读

2010年，全球ICT产业已基本摆脱金融危机带来的负面影响，开始起步回升，同比增长6.1%。软件、集成电路、智能终端等多个领域实现了两位数的增长，智能终端是增长最为快速的领域，出货量在四季度超过了PC。受移动通信业正处在由3G向LTE更新换代之际的阶段性影响，全球通信设备制造业仍为负增长，销售收入较2009年下降2.2%，但降幅明显收窄。近些年，通信设备业的增速逐步放缓，企业间的并购明显频繁，多家传统设备业巨头退出历史舞台。而以华为、中兴等为代表的一些新兴企业把握住变局中的机会，不断提升其全球市场的位置，成为全球通信设备产业中的新贵。各国政府继续加大对ICT产业的战略性关注和政策性支持，各项计划和资金支持逐步到位。中国ICT产业保持快速发展，在本土3G和光通信建设以及出口的共同带动下，通信设备制造业仍实现了约15%的增长，整体表现好于全球总体水平。然而全行业利润偏低、研发投入不足等长期问题依然存在，产品出口面临的贸易争端有加剧趋势，这些对我国ICT产业的持续发展构成了负面的影响。针对产业发展中的根本问题，适应当前转变经济发展方式的要求，国内的ICT产业政策在持续着力创新培育的同时，也加大了对绿色发展和ICT产业转型升级的支持。2010年里，我国ICT产业发展中值得关注的一是智能终端的发展，在全球智能终端产业起步腾飞、产业格局面临变革之际，我国也面临着发展契机和紧迫的时间窗口。二是我国3G建设对通信设备业的影响，3G牌照发放2年多以来，明显带动了通信设备业的整体发展，而且公平地作用于国内外的不同企业。三是光通信的大发展，特别是广电网络建设和电力系统智能化改造对光通信设备的明显作用，启示我们通信设备业更广阔的空间应该放在整个经济社会的信息化建设。展望2011年，全球和中国的ICT产业将保持回升态势，光通信、LTE、下一代互联网等将给产业带来更多的机会，预期中的各项产业政策也将推动产业的新发展。

本篇作者：

辛勇飞　胡珊　史德年　曹蓟光　郝也　司先秀　王跃　王远桂　张媛媛　文海燕　彭征波

一、2010 年产业及政策综述

（一）全球通信设备产业及政策综述

1. 全球ICT制造业[1]呈现全面复苏态势

全球 ICT 制造业现 V 形反转，各主要领域普遍恢复增长。2009 年全球 ICT 制造业销售 15448 亿美元，同比下降 7.19%，2010 年销售 16500 亿美元，同比增长 6.81%。

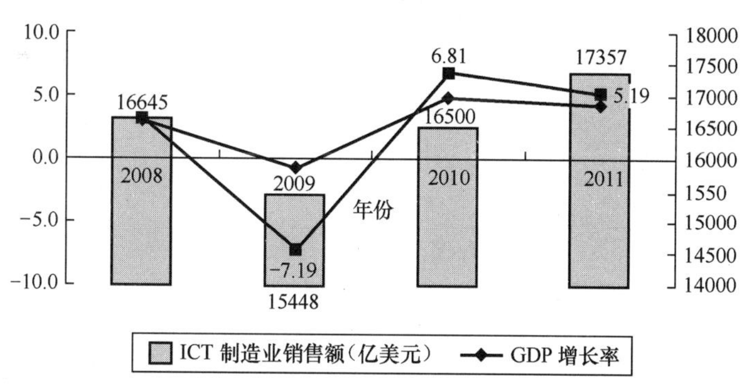

注：2011 年为马达测数。

图 1　2008—2011 年全球 ICT 制造业销售额与 GDP 增长率（数据来源：The Yearbook of World Electronics Data，IMF）

其中，电子元器件销售增长最快，增长率为 13.4%。半导体市场迅速大幅反弹是电子元器件快速增长的重要原因，SIA 数据显示，2010 年 1 ～ 11 月，全球半导体销售 2718 亿美元，同比增长 34%。主要厂商抢占智能手机市场，智能手机迅猛增长，IDC 数据显示，2010 年第四季度智能手机出货量为 1.009 亿部，PC 出货量为 9210 万台，智能手机出货量首次超过 PC。2010 年全年，全球智能手机出货量 3.026 亿部，同比增长 74.4%。平板电脑和电子书迅猛增长，2010 年第三季度媒体平板设备与电子书全球总出货量达 480 万台，较之第二季度的 330 万台上涨了 45%，其中苹果 iPad 占据了媒体平板设备总出货量的近 90%。Gartner 数据显示，2010 年全球 PC 出货量达到 3.51 亿台，同比增长 13.8%。

ICT 制造业与宏观经济发展步调基本一致，其下滑略微先于整体宏观经济。ICT 制造业比宏观经济的波动性更强，受金融危机的影响比整体宏观经济更严重，2009 年全球 ICT 制造业市场规模同比下降 7.19%。

2. 全球通信设备市场下滑幅度减缓

全球通信设备销售收入下滑幅度明显收窄。2010 年，全球通信设备市场收入约 800 亿美元，约

[1] 本报告的 ICT 制造业是指电子产品制造业，包括电子数据处理设备、电子元器件、消费电子产品、通信产品、办公设备、控制与仪器设备、医疗与工业设备等。

比 2009 年下滑 2.2%，下降幅度较前一年明显收窄。

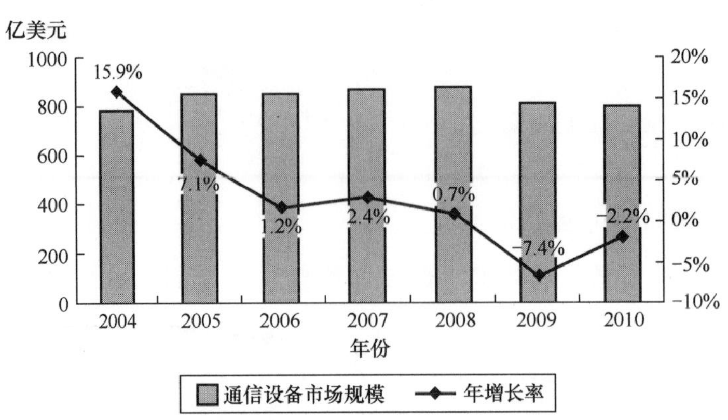

图 2　2004—2010 年全球通信设备市场规模（数据来源：Gartner）

移动通信设备处于换代间隙期，影响通信设备产业整体表现。销售收入的负增长 80% 来自移动设备，主要源于 3G 建设进入平稳期、LTE 建设尚未大规模启动。

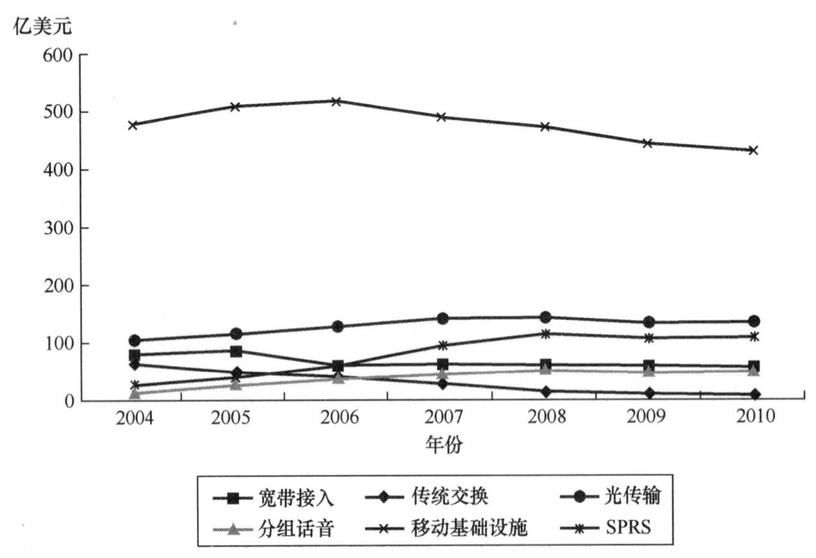

图 3　2004—2010 年全球各类通信设备细分市场规模（数据来源：Gartner）

新兴市场仍是全球通信设备市场增长的动力源。日本 LTE、印度 3G 等带动亚太区正增长。日本四大移动运营商计划在 3.9 代 LTE 投入 100 亿美元，自 2010 年年初展开建设；印度则已发放 3G 牌照，3G 第一阶段的市场价值约 20 亿美元。

3. 设备业增幅下滑推动企业并购重组

在全球通信设备业增幅下滑甚至倒退的形势下，行业发展空间趋紧，可容纳的企业数量萎缩，推动企业并购重组。

2005 年行业增幅下滑一半以上，跌至 7.1%，当年爱立信用 12 亿英镑收购马可尼 75% 的资产。2006 年，增幅进一步下滑至 1.2%，当年出现了三桩重大并购事件：阿尔卡特以 3.2 亿美元收购北电的 UMTS 接入业务；阿尔卡特与朗讯科技合并，新公司市值约 300 亿欧元；诺基亚与西门子合并电信设备部门。2009 年，行业规模减少 7.4%，爱立信以 11.3 亿美元收购了北电的 CDMA 和 LTE 资产。2010 年行业规模继续减少 2.2%，诺西以 12 亿美元收购摩托罗拉网络业务部门。

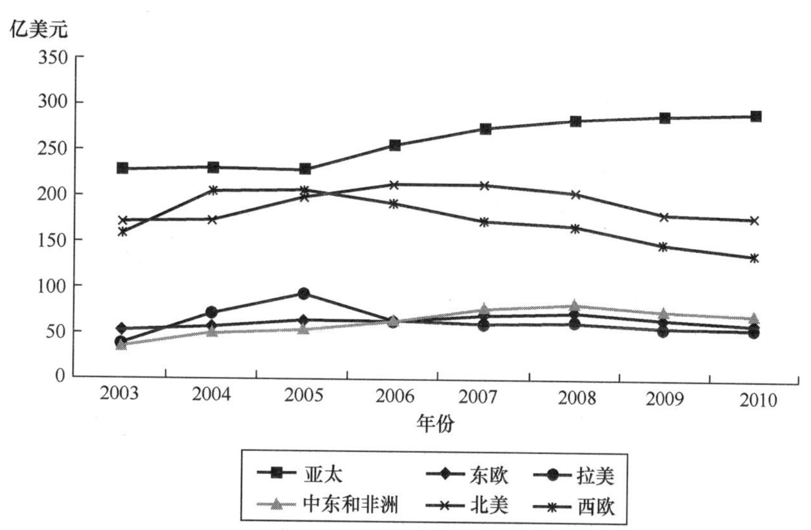

图 4　2003—2010 年全球各地区的电信设备市场规模（数据来源：Gartner）

4. 各国普遍将ICT产业作为实现长期增长的战略重点

新的信息革命正在来临：物联网、云计算、移动互联网等 ICT 产业也正处于新一轮 10 年变革的起点，新型信息服务产业为 ICT 产业带来大量的发展新契机。

各主要国家均注意到 ICT 产业新变革带来的机遇和挑战，战略、计划、政策密集出台。

表 1　　主要国家和地区的 ICT 创新政策

时　间	国　家	政策名称	产业政策目标	政策落实手段
2009 年 12 月	日本	新增长战略	建成 IT 导向的国家，改善国民的日常生活，提高国际竞争力	修订制度和规定，促进信息通信技术的使用
2010 年 7 月	德国	2020 高技术战略	大力发展信息通信技术与网络，积极应对全球挑战	通过资助一系列项目来落实，主要项目有：“能源供应系统的智能化改造”、“促进互联网使用与降低能耗”、“加强通信网络安全”、云计算行动计划等
2011 年 2 月	美国	美国创新战略	构建高级信息技术生态系统	投资宽带和现代化电网，确保无线频谱的有效使用；新协议、完善的检测能力的研发，资助下一代信息通信技术研究

数据来源：Teleinfo根据公开信息整理。

（二）中国通信设备产业及政策综述

1. 我国ICT产业呈现高速增长态势

2010 年我国 ICT 产业呈现前高后稳、高位增长的发展态势。2010 年我国规模以上电子信息制造业增加值同比增长 16.9%，比上年同期加快 11.6 个百分点，上半年，增加值月度增速从 26% 回落到 15% 左右，进入到下半年，增速保持在 12% ～ 15% 的高位区间，趋稳态势逐步明朗。2010 年我国电子信息产品进出口额突破万亿美元，全年进出口总额达到 10128 亿美元，同比增长 31.2%，其中出口 5912 亿美元，同比增长 29.3%，进口 4216 亿美元，同比增长 34.0%。

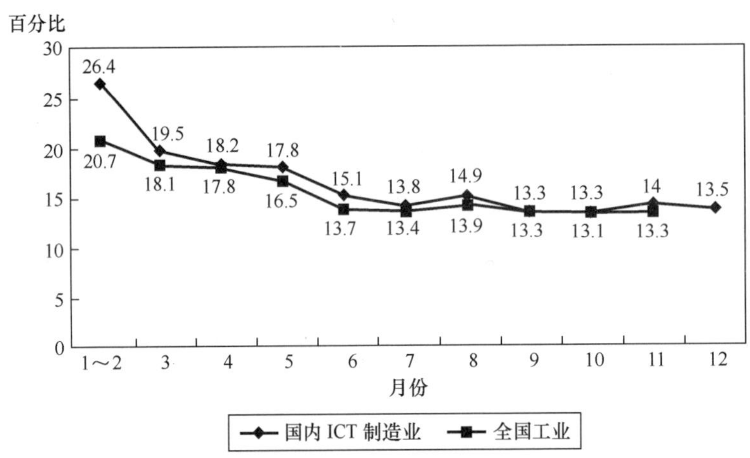

图 5　2010 年我国规模以上 ICT 制造业与全国工业增加值同比增速（数据来源：中经网及工业和信息化部网站）

我国 ICT 产业增长情况略好于国内经济总体水平。2010 年我国国内生产总值 397983 亿元，比上年增长 10.3%。其中，全部工业增加值 160030 亿元，比上年增长 12.1%，规模以上工业增加值增长 15.7%。2010 年我国规模以上 ICT 制造业增加值同比增长 16.9%，高于 GDP 总体水平 6.6 个百分点，高于规模以上工业综合水平 3.6 个百分点。2010 年我国出口总额 15779 亿美元，增长 31.3%，电子信息产业出口总额 5912 亿美元，增长 29.3%，与国内对外贸易出口能力基本持平。

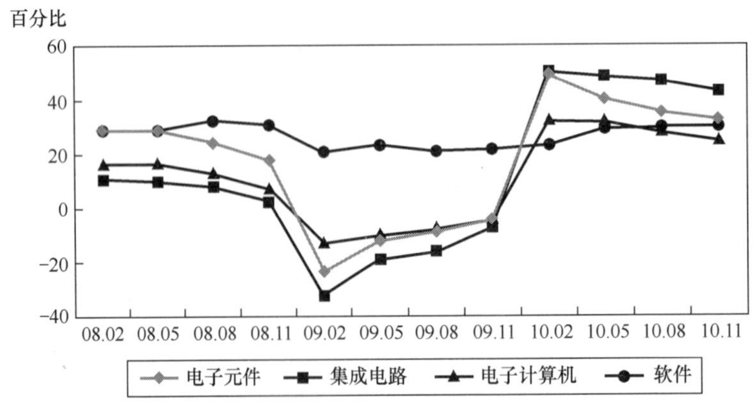

图 6　近三年我国几大主要 ICT 产业主营业务收入同比增速（数据来源：中经网及工业和信息化部网站）

我国主要ICT产业均呈现危机后高速增长态势，但持续反弹能力各不相同。经济危机对全球产业结构调整的影响也波及到我国ICT产业结构的优化，国内应对危机的政策效应逐渐释放殆尽，2010年我国几大ICT产业增长变化趋势各不相同。集中电路、电子元器件及计算机设备出现增长下滑趋势，集成电路产业主营业务收入增速从50.11%下降到42.62%；电子元件产业主营业务收入增速从48.41%下降到32.52%，电子计算机产业主营业务收入增速由32.34%下降到25.15%，其中，电子计算机及相关设备下降幅度更为明显。国内促进新型信息服务产业大力发展，带动软件类产业继续维持上扬增长态势，2010年软件及信息服务类产业2月主营业务收入增速23.4%，5月增速29.4%，8月增速29.8%，到11月增速达到30%，年内保持小幅稳定增长。

2. 我国通信设备制造业整体情况向好

2010年我国通信设备行业止跌回升。2010年1～11月，我国通信设备产业主营业务收入达8477.39亿元，同比增长14.92%,；利润总额达489.10亿元，比去年同期增长77.59亿元；资产累计7261.92亿元，同比增长13.54%。

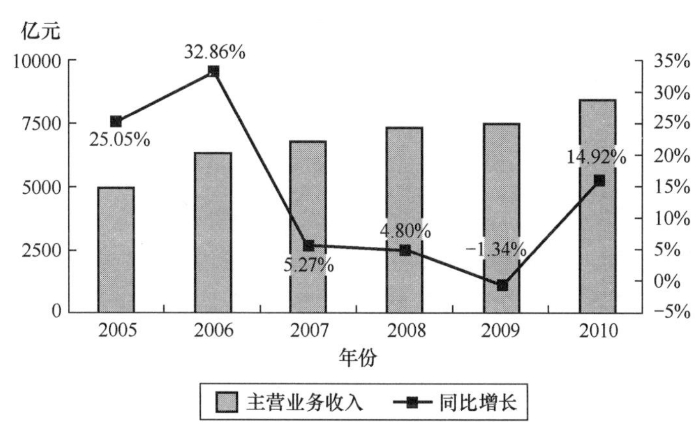

图7 2005—2010年通信设备销售收入及同比增速（数据来源：中经网）

2010年我国通信设备国内市场稳步增长。系统设备国内出货增长快速。系统设备全年出货量达1200万部，增长近50%。其中，宽带建设和光纤通信带动效应明显，光通信设备和数据通信设备出货量占比分别扩大到53.6%和38.0%；3G建设逐渐进入平稳发展阶段，移动设备增长有所放缓，出货量占比由上年的17.1%下降到8.4%。终端设备国内出货增长稳定。终端设备全年出货量为5.07亿部，同比增长20.6%。其中，手机3.89亿部，同比增长29.3%；移动数据终端设备2367.8万部，同比增长26.2%；其他设备9390.8万部，同比下降6.7%。

3. 中国通信设备企业继续推动全球产业格局变动

2010年，华为和中兴公司继续保持高增长，华为全年销售收入达280亿美元，同比增长28%，中兴营业收入达703.32亿元人民币，同比增长16.69%，首次突破百亿美元大关，进入全球前五。互联网设备企业对电信设备企业的冲击日渐增强，思科对运营商的年销售额收入达200多亿美元，接近阿朗，相当于全球第五大电信系统设备企业。

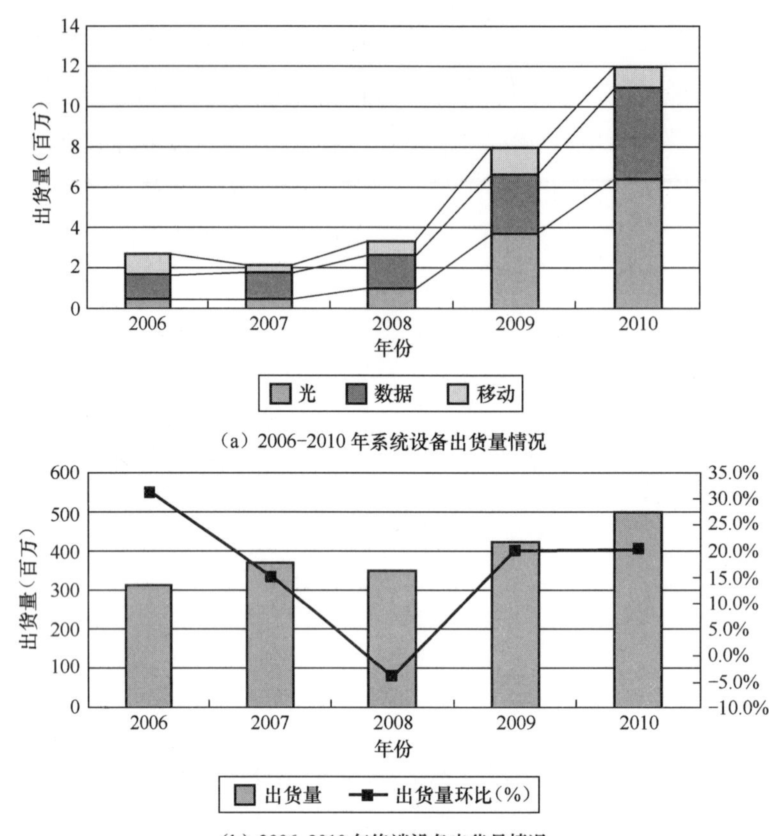

（a）2006-2010 年系统设备出货量情况

（b）2006-2010 年终端设备出货量情况

图 8　2006—2010 年我国通信系统设备和终端设备出货量

（数据来源：工业和信息化部电信研究院设备认证中心）

表 2　　2007—2010 年通信系统设备企业全球市场份额排名

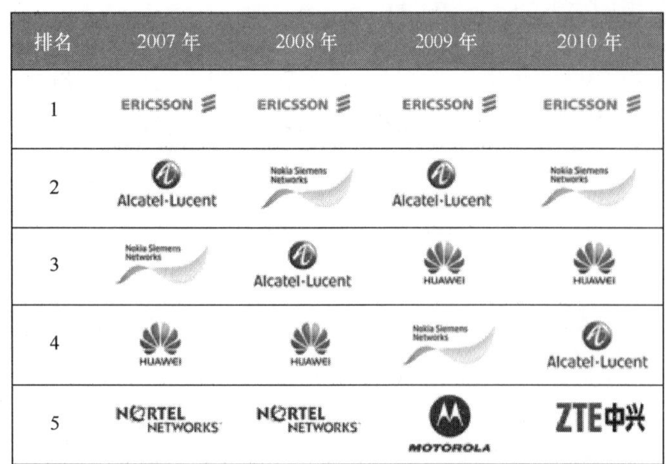

排名	2007 年	2008 年	2009 年	2010 年
1	ERICSSON	ERICSSON	ERICSSON	ERICSSON
2	Alcatel·Lucent	Nokia Siemens Networks	Alcatel·Lucent	Nokia Siemens Networks
3	Nokia Siemens Networks	Alcatel·Lucent	HUAWEI	HUAWEI
4	HUAWEI	HUAWEI	Nokia Siemens Networks	Alcatel·Lucent
5	NORTEL NETWORKS	NORTEL NETWORKS	MOTOROLA	ZTE中兴

注：诺西2010年的市场份额含收购摩托罗拉获得的市场份额。（数据来源：Gartner及公司财报）

4. 出口遇阻使通信设备行业利润水平低，研发投入不足的长期性问题更为突出

2010 年我国通信设备出口增长反转恢复，但仍处于历史较低水平。1 ～ 10 月，累计出口交货值为 3499.63 亿元，同比增长 11.60%；预计全年出口交货值为 4984.60 亿元，与上年同期水平相比增长 11.24%。**国际贸易出口政策环境风险加大，外向型扩张模式难度加大。**例如，2010 年 4 月印度官方以威胁国家信息安全为理由禁止进口中国通信设备产品，并出台新规定称，在印度境内的所有电信设备商只能雇佣印度本土企业与人员做运维管理，给中兴、华为等企业的海外拓展带来一定程度的负面影响；随后，2010 年 6 月欧盟对中国数据卡同时发起反倾销、反补贴、保障措施三种调查，涉及中国企业出口额约 41 亿美元。从以上国际事件可见，目前我国面临的贸易摩擦已经开始由低附加值加工类产品向高附加值科技产品逐步过渡。

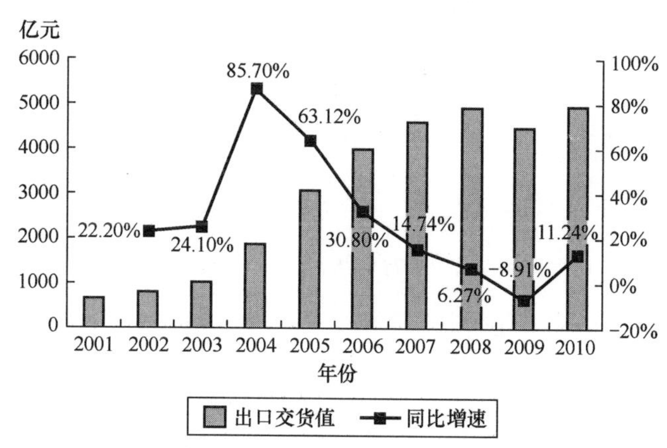

图 9　2001–2010 年通信设备出口交货值及同比增速（数据来源：中经网）

2010 年我国通信设备行业生产成本大幅提升，销售利润率较低，盈利能力仍显不足。尽管行业销售产值以及收入情况向好回升，但由于国内货币通胀加剧，工业制造业原材料成本大幅上涨，行业生产成本也随之出现大幅提升，我国通信设备行业的单位产品盈利能力仍未有明显改观。1 ～ 11 月，我国通信设备产业主营业务收入 8477.39 亿元，同比增长 14.92%，主营业务成本 6845.68 亿元，同比增长 12.66%，与收入增长幅度基本持平，预计 2010 年我国通信设备行业销售利润率为 5.82%，仅比上年增长 0.38 个百分点。**我国通信设备企业营业利润普遍较低导致研发投入费用不足，与国际高科技企业研发投入存在较大差距。**2009 年我国电子通信百强企业研发投入占收入比重仅为 4.9%，通信设备行业中除中兴与华为外，其他企业研发投入维持在 2% ～ 5%。由于科研投入与创新能力严重不足，我国通信设备行业始终处于产业链中附加值较低的环节，未来可持续发展能力有待进一步提升。**ICT 制造业其他领域同样面临低利润率问题。**2010 年几大主要 ICT 产业基本恢复金融危机前水平，但销售利润率徘徊在 3% ～ 5% 的低水平：电子计算机销售利润率为 2.50%，电子器件销售利润率为 4.60%，集成电路销售利润率为 4.80%。

5. 我国ICT政策立足现实，关注长远

2010 年，全年公开发布了 100 多项 ICT 相关政策，我们进行了分类研究：一是综合性政策，主要分为战略层面、规划层面和其他综合性政策；二是单项政策，按照生产要素投入分为技术政策（包括技术创新、技术引进和消化吸收、知识产权保护、标准政策）、资金政策（包括宏观货币政策、财

政政策和税收政策）、人才政策（包括人才培养、人才使用、人才引进）和其他政策（包括企业并购、土地优惠等）。

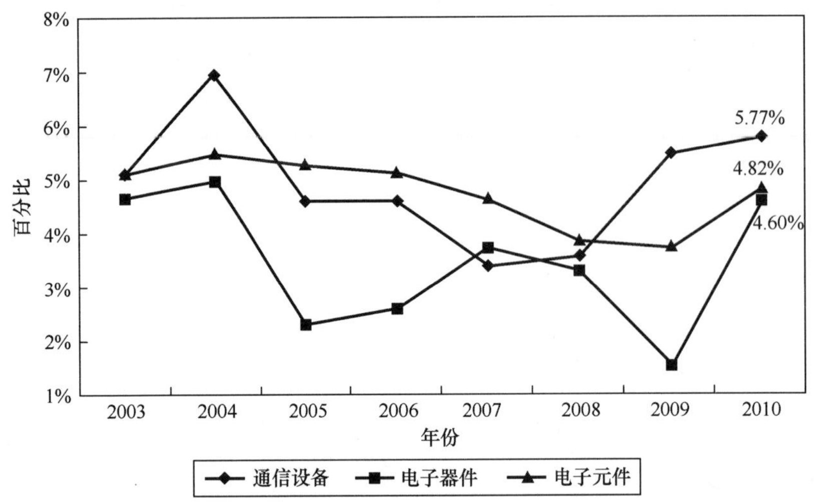

图 10　2003-2010 年我国通信设备行业销售利润率增长情况（数据来源：中经网）

综合分析发现，2009-2010 年，我国当前 ICT 发展面临的现实情况是：一是自主创新是 ICT 的薄弱环节，也是产业政策关注的重点；二是节能减排和环境保护是我国经济社会可持续发展的关键任务，ICT 自身的节能减排和促进节能减排均十分重要；三是培育和发展战略性新兴产业，ICT 是关键的先导性领域，需要优先加快产业的升级。

全年政策主要有以下特点。

一是政策目标重点指向引导产业自身或者配合经济发展结构转型升级。政策战略重点指向引导产业结构转型升级，节能减排、淘汰落后、发展战略型新兴产业都是促进产业结构转型的途径和手段。ICT 产业转型升级的相关政策主要有：（1）对于发展 TFT-LCD、PDP、OLED 平板电视产业，符合中央预算规定的给予项目资金支持。《关于 2010 年继续组织实施彩电产业战略转型产业化专项的通知》；（2）继续落实和完善相关财政政策，大力推进技术改造和技术创新，积极推动国际化进程，积极营造转型升级的有利环境，充分发挥中介组织的作用。《工业和信息化部关于加快我国家用电器行业转型升级的指导意见》；（3）通过改进金融服务促进 ICT 产业结构转型升级。《四部门发布进一步做好金融服务支持重点产业调整振兴和抑制部分行业产能过剩的指导意见》。ICT 作为战略型新兴产业的相关政策主要有：ICT 产业作为战略性新兴产业的组成部分，如《国务院关于加快培育和发展战略性新兴产业的决定》；推动新技术和新业务的发展方面，如《关于做好云计算服务创新发展试点示范工作的通知》；推动三网融合的发展方面，如《有线电视网络三网融合试点总体技术要求和框架》、《关于三网融合试点工作有关问题的通知》、《关于加强三网融合试点地区 IPTV 集成播控平台建设有关问题的通知》、《第一批三网融合试点地区（城市）名单》、《三网融合试点工作方案》、《关于推进光纤宽带网络建设的意见》、《推进三网融合的两个阶段性目标和五个重点工作》；其他相关政策有《关于当前推进高技术服务业发展有关工作的通知》《关于贯彻落实国务院发挥科技支撑作用促进经济平稳较快发展意见的通知》。

二是强化电子产品的回收利用和环境保护。与2009年相比，2010年有关ICT产业节能减排和环境保护的政策文件明显增加。2009年直接针对节能减排和环境保护的政策文件只有《关于发布环境信息网络建设规范》等两项国家环境保护标准的公告，2010年则针对多种产品制定了若干环境保护标准、出台了电子产品垃圾系列处理政策。比如相关产品环保标准陆续出台，主要有《环境信息应用软件开发技术规范》，针对移动硬盘、照相机、扫描仪等ICT产品的《环境标志产品技术要求》；另外是废弃电子处理、利用政策逐渐系统化，编制了《废弃电器电子产品处理发展规划编制指南》，制定了《废弃电器电子产品处理目录（第一批）》，发布了《废弃电器电子产品回收处理管理条例》，实施了《废弃电器电子产品处理污染控制技术规范》。

三是强化技术研发和创新仍是政策重点。一是强化科研管理，制定实施了七项管理规定，主要涉及国家项目的立项、重点实验室申报等。二是加大对科研活动及高技术企业的税收支持，如对于符合科技重大专项项目（课题）规定的所需国内不能生产的关键设备（含软件工具及技术）、零部件、原材料，免征进口关税和进口环节增值税；《关于科技重大专项进口税收政策的通知》提出2010.7.1–2013.12.31期间，在北京等21个中国服务外包示范城市，对经认定的技术先进型服务企业，减按15%的税率征收企业所得税。三是保持对重点领域和薄弱环节的支持力度，针对软件和集成电路专业，制订《进一步鼓励软件产业和集成电路产业发展的若干政策》，提供了比较全面的扶持政策。

二、2010 年 ICT 产业与政策热点分析

（一）智能终端格局变动中我国面临发展契机

1. 全球智能手机出货量快速增长，Android市场份额飞跃成为新的霸主

据 Canalys 公司统计，2010 年第四季度全球智能手机出货量达到了创纪录的 1.012 亿部，同比增长了 89%。谷歌 Android 份额由 2009 年的 7.8% 跃升至 2010 年四季度的 32.9%，以 615.1% 的出货量年增长率一跃成为移动智能终端操作系统领域新的霸主，Symbian 市占率下降 13.8 个百分点位居第二，苹果（Apple）紧随其后，Research In Motion（RIM）在其传统优势领域企业市场遭受 iPhone、Android 多重挤压，排名降至第四。

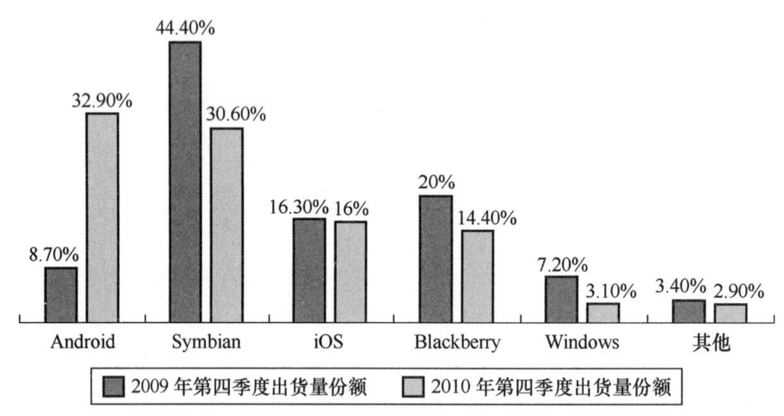

图 1　全球智能手机操作系统出货量格局（数据来源：Canalys）

2. 国内传统OS地位稳固，新兴OS进展有限，海外厂商大比例垄断智能手机市场

当前我国移动智能终端操作系统市场为海外阵营所占据，Symbian 颓势尽显但仍以超过 60% 的国内份额占据头把交椅，Windows Mobile 市场表现平稳，位列第二；与全球趋势类似，开源操作系统 Android 借助摩托罗拉、三星等国外厂商和我国的联想、华为、中兴、宇龙酷派等厂商的支持迅速崛起，不断挤压 Symbian、Windows Mobile 等老牌操作系统的市场份额，但相较全球而言，新兴力量 iOS 及 Android 在我国的市场份额远低于平均水平，霸主之势并未显露。与此同时，海外厂商大比例垄断中国市场，前三名诺基亚、摩托罗拉、三星占有 85% 的市场份额。

3. 智能手机操作系统引发产业链之间的竞争

当前全球移动互联网领域的竞争是基于手机操作系统的产业链、生态系统竞争，在微处理器、芯片平台、OS、应用平台、应用等高价值领域，产业分布基本稳定，主要集中在欧美地区，一些非核心的部分正向韩国、台湾、中国内地转移。在整机制造等中等价值领域，产业正由欧美向韩国、

中国台湾、中国内地转移，在整机代工这一低附加值领域，中国内地正逐步赶上。总体说来，欧美企业始终占据核心价值领域，韩国企业很可能将成为整机环节的核心，中国台湾企业正积极从代工向上游拓展。

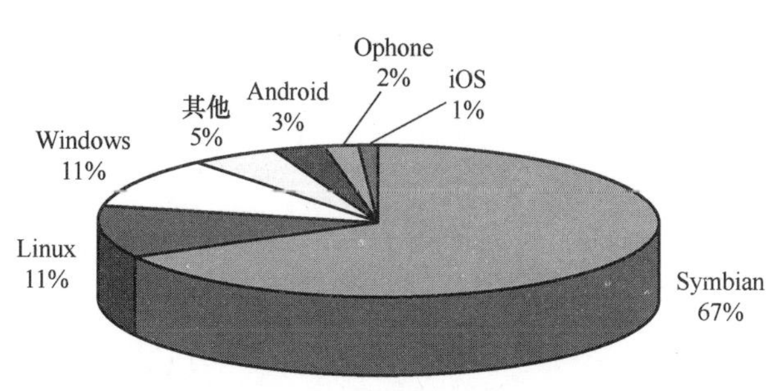

图 2　2010 年前三季度智能手机操作系统中国市场份额

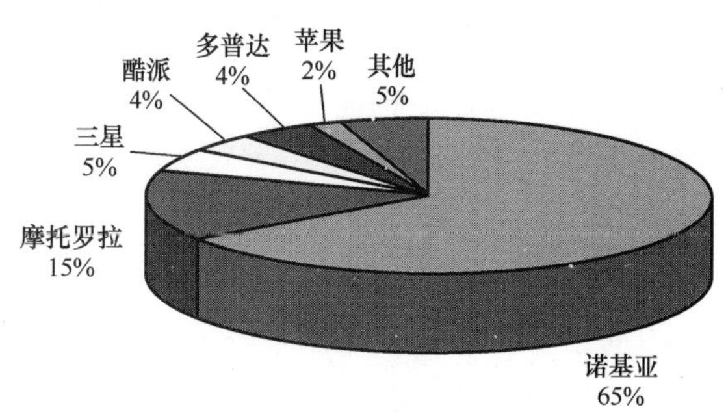

图 3　2010 年前三季度中国智能手机厂商市场格局（数据来源：Canalys）

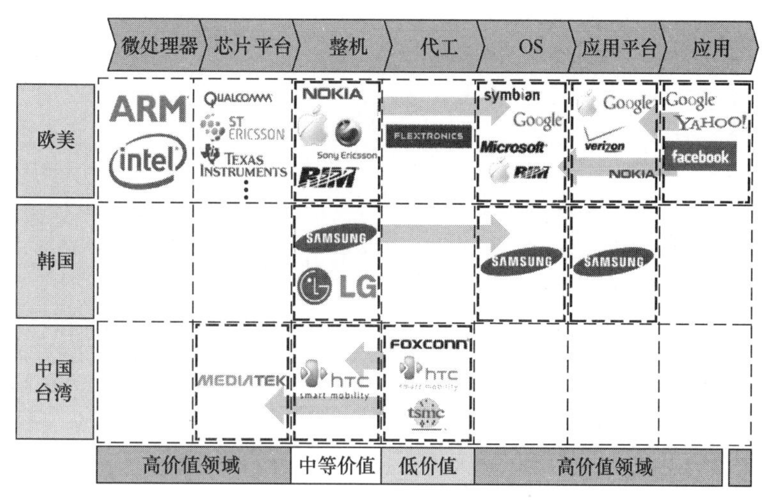

图 4　移动终端产业价值链全球生产布局

4. 终端操作系统与移动互联网服务深度耦合，操作系统已成为全球科技巨头竞合焦点

以操作系统为核心的终端软件平台与移动互联网服务深度耦合。技术上，垂直产业架构下接口 / 标准私有化，移动互联网应用可触的终端能力、互联网平台能力与网络平台能力完全受控于终端软件平台，而移动智能终端随身携带的特性使其与用户社会行为紧密关联，独特的移动网络能力、强大的信息感知能力、天然的 SNS 特征都使移动智能终端成为高价值信息的聚合器和发生器，信息的透明获取决定着移动互联网应用发展的未来。商业上，垂直产业架构下主导产业力量对阵营具有强大的控制力，可通过对终端软件平台的掌控实现移动互联网关键应用的排他性深度定制，如微软公司在其 Windows Phone7 中设定实体按键绑定搜索服务 Bing，苹果公司在 iPhone 中深度内置 AppStore 应用程序商店服务、iTunes 数字内容服务与 Safari 浏览器服务，同质的第三方移动互联网应用面临极高的商业壁垒。

全球产业巨头纷纷以移动智能终端操作系统为战略基点展开垂直一体化整合。操作系统是终端软件体系的核心，其向下适配硬件系统发挥终端基础效能，向上支撑应用软件决定用户最终体验，在整个终端的开发成本中占有越来越大的位置。同时以操作系统为核心上层集成必要的中间件、应用软件平台，并向第三方开放 API 接口，再辅以相关的 IDE 工具，就可以形成一个统一的应用开发与服务提供环境，基于该环境平台，拥有者可自行积聚产业力量完全旁路运营商对网络的深度掌控，构建一个业务发展创新的完整生态体系，并以此为基础成为产业发展的领导者并决定未来的发展方向。正因如此，过去两年多来移动智能终端操作系统成为国际主导企业竞争的焦点。

当前全球格局剧烈变动，谷歌 Android 系统在过去的一年里狂飙突进，以惊人的 615.1% 年增长率一跃成为移动智能终端操作系统领域新的霸主；苹果 iOS 系统伴随 iPhone4、iPad 的持续热卖，市场占有率节节攀升，继续引领行业潮流；曾经的王者 Symbian 全球市场份额快速下滑，面对着“着火的平台”，诺基亚毅然投入 Windows 怀抱，结盟同为市场追赶者的微软以期浴火重生，以谷歌、苹果、微软—诺基亚为代表的三大阵营已初步形成，Wintel 一统天下的格局正演变成为 Google、Apple、Nokia/Microsoft 三足鼎立。

5. 核心芯片遭遇技术间顶压力，Intel与ARM领先空间逐渐缩小给后起跟进群体带来机会

智能终端芯片竞争集中于 ARM 与 Intel 两大阵营之间，两大阵营的博弈推进智能终端芯片不断精深发展，为智能机的海量应用、PC 化演进提供芯动力。

ARM 精准的产业定位收获多阵营支持，成为手机界的“基础设施”，ARM 不仅仅是在移动智能终端芯片产品上较为成熟，也拥有一套不败的市场哲学。一套 ARM 智能芯片的市场售价在 6 美元左右，但 ARM 却仅仅向 IC 制造商收取几美分的专利费用，成为 IC 制造商的首选，当然就成为终端厂商的最终选择，目前 Nokia、三星、苹果无一例外采用 ARM 架构。苹果等市场新贵的支持将给 ARM 更为稳固的市场前景，苹果继 2009 年收购芯片设计公司 P.A.Semi 之后，4 月又收购了芯片制造商 Intrinsity，其收购 ARM 的传闻使得 ARM 在当年 8 月股价达到历史顶峰。

Intel 在移动智能终端领域的布局是真正的垂直一体化，但碍于基础将在较远未来展现出长线效应。Intel 目前构建了微处理器、芯片制造、操作系统、应用软件、服务一体化的体系。近期热点频发，X86 指令集的繁复性决定了工艺的复杂度，Intel 的手机芯片路注定比 ARM 走得艰辛；MeeGo 操作系统是 Intel 基于 Linux 开放架构的自主 OS，走了比 Android 更开源的道路；应用方面收购 McAfee 并在北美上线了 AppUp Center 在线软件商店。去年 Intel 又 Meego + 芯片的一体化方案。这种垂直布局从根本上是符合移动互联网发展规律的，但是从芯片起家，构建操作系统，再去打造上层应用的道路难度巨大。

核心芯片也初步遭遇技术间顶压力，iPhone 等最高端智能机正常使用情况下电池仅能维持一天正是芯片与电池两大瓶颈综合导致的。目前单芯晶体管集成数目的翻番进程已经从摩尔定律的 18 个月延缓到 2～3 年，发展放缓，高主频单芯路线受制于功耗指标，转向多核架构下适度性能的低功耗套片，从求高端转向求平衡，设计复杂度的提高变慢，这给包括中国企业在内的后起跟进群体带来机会。未来 20 年将是芯片技术从硅 CMOS 向新材料发展的转化期，在这一期间，为了延续 CMOS 优势，各大芯片厂商将在 SoC、SiP 方向持续深化。

6. 我国研发自有操作系统条件已经成熟

移动互联网时代刚刚拉开序幕，针对终端操作系统的特点和我国的现状，我国应加快在该领域的战略布局。从时机上看，当前真正面向移动互联网的智能终端操作系统发展刚刚起步，正处于群雄逐鹿的状态，我国有机遇在该市场占据一席之地。从市场上看，Symbian 占据了我国智能终端的 60% 以上的市场份额，而 Symbian 并不是真正适合移动互联网的操作系统，我国原创的操作系统至少在本土还有很大的发展空间。从技术方面看，移动智能终端操作系统的研发难度并不是高不可攀，并非不可突破，我国已经有多家公司参与了谷歌的 OHA，也以此为基础研发了 Android 的分支系统。综上所述，我国构建智能终端操作体系具备天时（时机）、地利（中国市场）、人和（技术基础），应从国家层面布局，同时增强技术和产业两方面的掌控力。

7. 核心芯片发展仍然滞后，但受3G及价格驱动市场运作呈现利好，创新环境初步建立

我国智能终端芯片长期处于跟随阵营，初步形成散点突破。我国智能终端芯片受限于我国相对滞后的微处理器技术而一直处于追随阵营，海外厂商及国产高端机所采用的芯片基本为德仪、英飞凌、三星、高通多寡头垄断。近年来，以 TD 制式为突破口研发了一系列国产芯片，如大唐电信发布了全球首款面向 4G 的 TD-LTE/TD-SCDMA 双模芯片；打造了大唐电信、展迅科技、中芯国际、锐迪科微电子等微处理器企业，华为等电信设备制造商也逐步涉足该领域。而在 AP、CMMB 芯片、卫星接收、LED 芯片等方向，福建瑞芯微、中星微电子、国民技术、中天联科、晶能科技与合肥彩虹科技等企业快速增长，推动了外围芯片领域的蓬勃发展，正在逐步构造一个日益扩大的本土芯片产业氛围，对核心技术、相关人才、风投资金都有着良好的聚合效应，将有利于我国在核心芯片平台上积蓄突破。

（二）3G发展推动移动产业链多方共赢

1. 系统设备出货快速增长，终端设备出货量稳定

系统设备分为光通信设备、数据通信设备和移动通信设备三类。在宽带建设及 3G 市场的快速发展的带动下，光通信、移动通信及数据通信领域系统设备出货量总体上升趋势明显。2010 年，上述三类系统设备总出货量近 1200 万台，增长近 50%。其中以光通信系统设备发展最为迅速，其增长速度及市场份额双双保持高速增长，由 2006 年的不到 50 万增长到 2010 年的 643 万，在三类系统设备

中的比例增长到 45.9%。

终端设备出货量稳定增长。2010 年终端设备出货量为 5.07 亿部，同比增长 20.6%。其中手机 3.89 亿部，同比增长 29.3%；移动数据终端设备 2367.8 万部，同比增长 26.2%；其他设备 9390.8 万部，同比下降 6.7%。

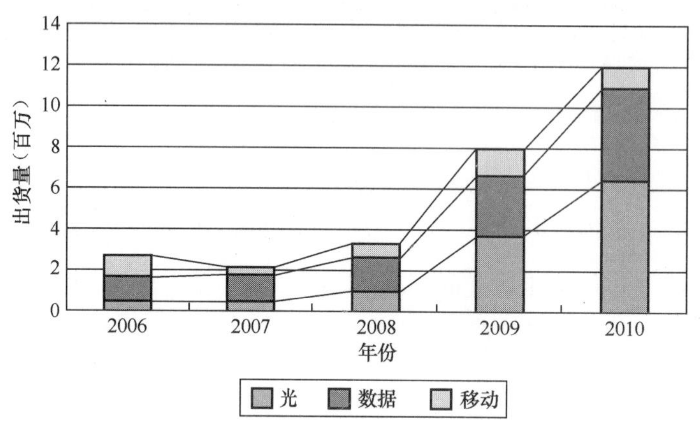

图 5　近五年系统设备出货量情况

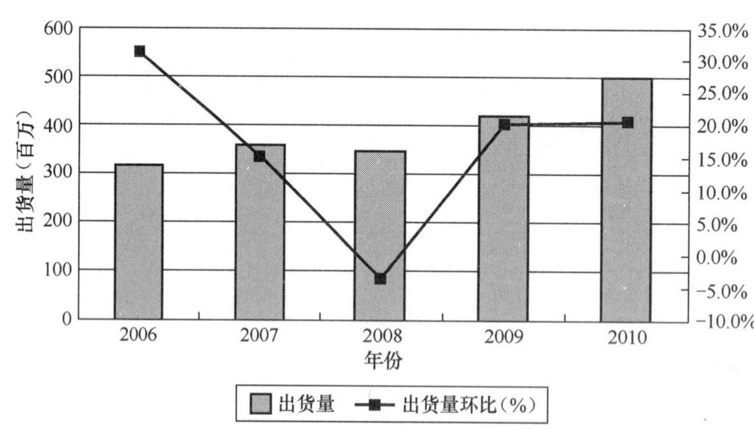

图 6　近五年终端设备出货量情况（数据来源：工业和信息化部电信设备认证中心）

2. 终端市场3G替代2G步伐加快

经过两年的发展，2G 制式手机市场份额逐步下降，2010 年 2G 手机出货量占整体手机市场出货量的 79.3%。其中，GSM 制式手机 2.6 亿部，同比增长 12.9%；CDMA 制式手机 4478.0 万部，同比下降 6.4%；

3G 手机凭借技术的先进性快速占领手机市场份额。3G 手机出货量达 8065.3 万部，占手机出货量的 20.7%，同比增长 14.3 个百分点。其中 TD-SCDMA 制式手机 2453.3 万部，同比增长 237.0%；WCDMA 制式手机 3693.8 万部，同比增长 322.2%；cdma2000 制式手机 1918.2 万部，同比增长 455.8%。

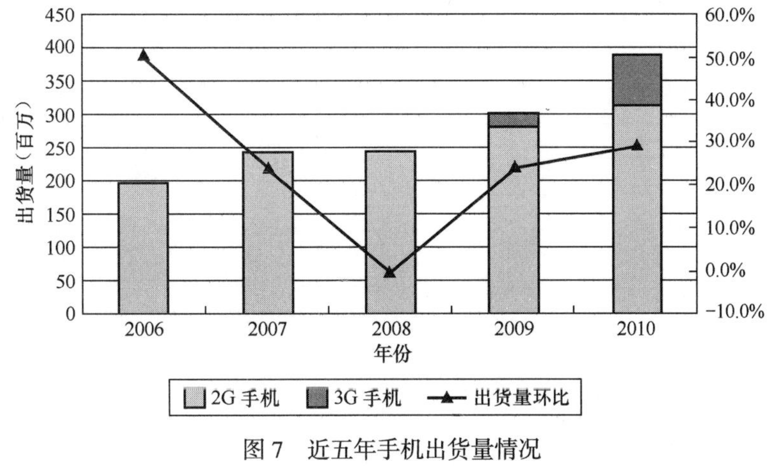

图 7　近五年手机出货量情况

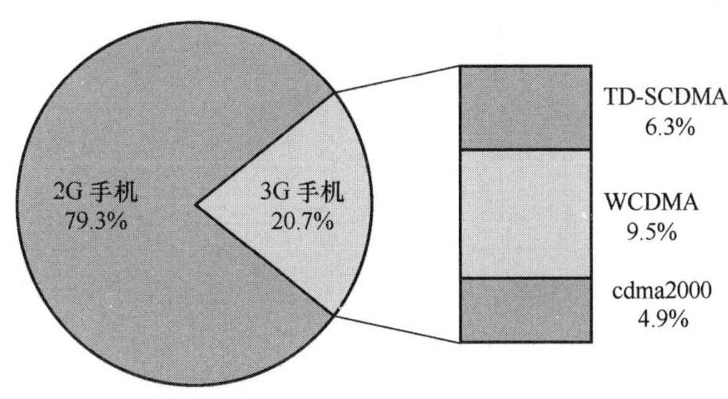

图 8　2010 年各制式手机出货量份额（数据来源：工业和信息化部电信设备认证中心）

3. 终端生产企业逐渐向3G聚集

随着 2007 年年末发改委手机生产项目核准制度的取消，手机企业数量快速增长。到 2010 年年底，国内手机生产企业达 415 家，较年初的 287 家增加了 128 家。

2010 年生产 3G 手机的企业数量为 111 家，占到手机生产企业的近三成。3G 手机生产主要集中在 cdma2000 和 TD 两个制式。cdma2000 手机生产企业 74 家，TD 手机生产企业 54 家，WCDMA 手机生产企业 39 家。

部分国际大型终端企业同时生产三种 3G 制式手机，如诺基亚、三星、华为、中兴等公司。

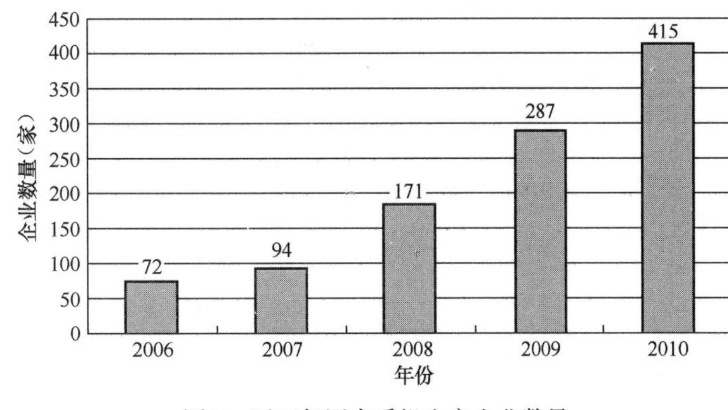

图 9　近五年国内手机生产企业数量

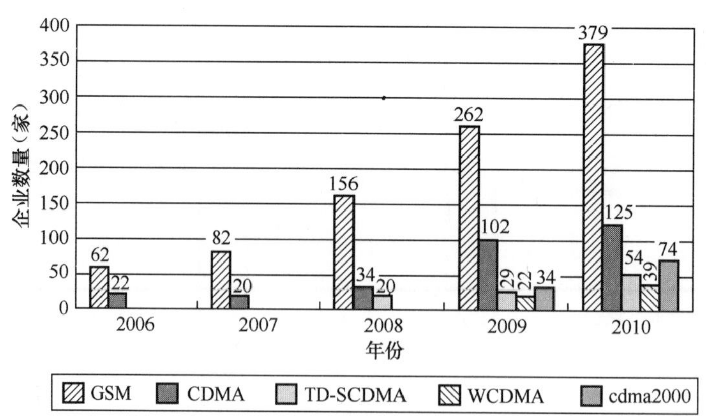

图 10　近五年国内各制式手机生产企业数量（数据来源：工业和信息化部电信设备认证中心）

4. 3G系统设备内外品牌均有收获

2010 年 3G 系统设备全部为移动类通信设备，市场投放量 54.0 万部，同比增长 35.0%，其中 TD 系统设备出货量 22.2 万部，同比下降 5.7%；WCDMA 系统设备出货量 25.5 万部，同比增长 117.8%；cdma2000 系统设置出货量 6.3 万部，同比增长 32.0%。3G 系统设备全部来自境内，以国内厂商为主。国内厂商中华为产品占据较大份额，国外厂商中，诺西是这类设备的主要生产厂商。

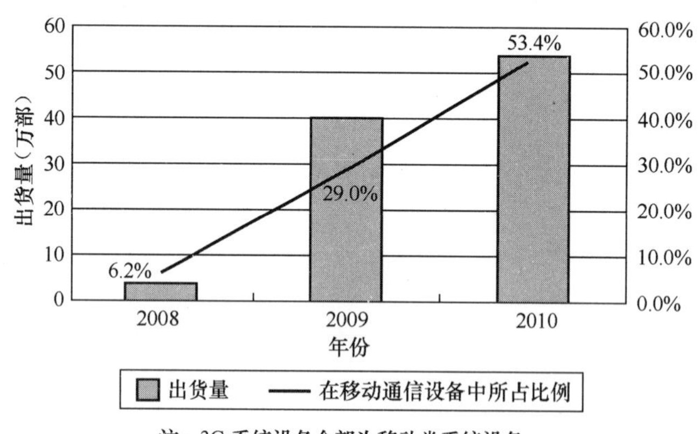

注：3G 系统设备全部为移动类系统设备。

图 11　3G 系统设备出货量情况

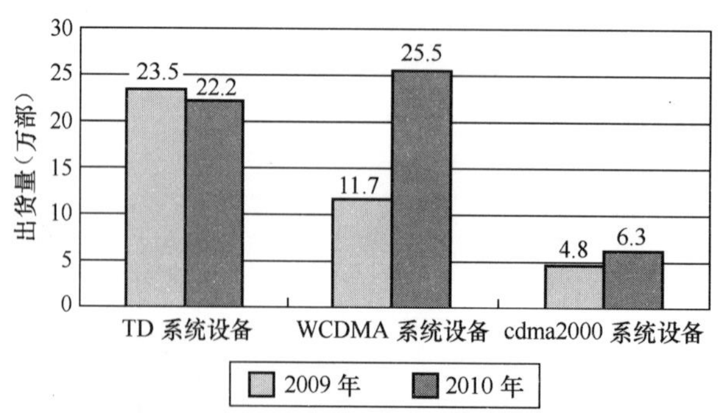

图 12　3G 系统设备出货量情况（数据来源：工业和信息化部电信设备认证中心）

5. 3G终端设备国内外品牌各有千秋

3G 终端设备包括 3G 手机、3G 数据卡和 TD 固定无线终端，2010 年 3G 终端设备出货量 1.02 亿部，同比增长 20.3%。

3G 终端设备中 80% 为 3G 手机，国产品牌手机侧重 TD 和 cdma2000 制式手机，而国外品牌侧重于生产 WCDMA 制式手机。在 20% 的其他设备中，包括 9% 的数据卡和 11% 的 TD 固定无线终端。

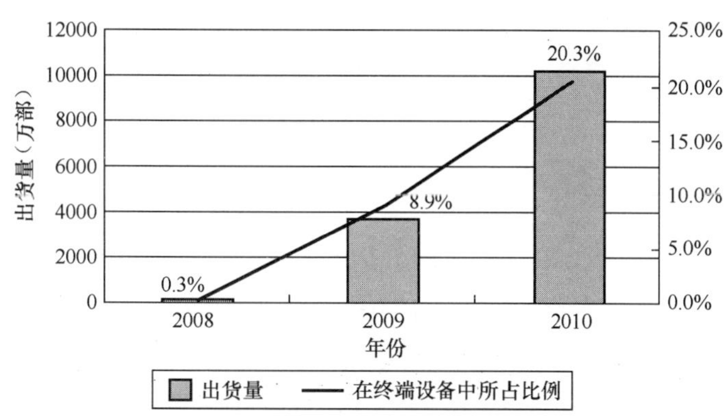

注：3G 终端设备包括手机、数据卡和 TD 固定无线终端

图 13　3G 系统终端出货量情况（数据来源：工业和信息化部电信设备认证中心）

（三）光通信大发展彰显通信设备业新的市场空间

1. 2010年我国光通信产业持续良性发展

2010 年我国光通信制造业表现突出，取得标志性进展。（1）我国光通信制造企业在国际市场份额和排名显著提升。2010 年华为和中兴在光网络设备领域分别占据全世界的第 1 名和第 3 名，同时中兴的市场份额相对 2009 年有较大增加。（2）我国现网新型设备国产化率表现更加突出。2009 年我国光通信设备的国产化率达到了 60%，2010 年国产化率进一步提高。尤其是新型设备国产化程度更高，如 PTN 光网络设备国内厂商累计份额达 90% 左右。（3）设备成本快速下降，建设突出成本门槛。FTTH 的综合建设成本已经减低 25%，有源设备 OLT PON 价格下降 50%，ONU 价格下降 40%；端到端有源设备价格已经基本达到 100 美元 / 户以下的规模推广启动值。（4）光纤光缆和光器件的需求量大增。光纤总需求量由 8500 万芯公里上调至 9000 万，厂商忙于扩产；大部分光器件商收入保持快速增长；光收发芯片市场增长达到 50%。

我国光网络建设快速发展，基础设施能力显著提升。2010 年我国 FTTx 发展进入了新阶段，FTTB 的部署量将超过 6000 万线；上海、天津、北京、武汉、重庆等地还相继出台了“光城”、“光纤城市”建设计划。中国电信将在三年内实现上海市宽带接入“百兆到户、千兆进楼、T 级出口”。

2. 多元化市场需求强劲，政策积极引导

三大行业均加大投入，多元化市场需求引领产业发展。2010 年我国以 FTTx 为特征的电信宽带网络建设提速，电信运营商加快 FTTx 部署，如中国电信 2010 年追加 50 亿元用于 FTTx 建设；中国联通 2010 年上半年则投资 118.6 亿用于 FTTx 建设；FTTx 的市场拉动效果弥补了由于基站建设下降带来的需求萎缩，我国光通信市场依然持续发展。2010 年广电网络双向改造与整合快速发展，NGB 建

设未雨绸缪，有线网络双向化改造带动PON设备发展。国家智能电网启动建设，国家电网公司2010年在电网建设方面投资2274亿，智能电网是投资重点，在14个省的20个城市进行电力光纤试点建设，共覆盖约4.7万用户。另外，烟草、石油等行业的专网建设也创造了新需求。总之，越来越多元化的市场需求为我国光通信产业发展创造了广阔的发展空间。

国家适时出台相应的促进政策，为光通信产业发展积极营造良好的政策环境。在多元化市场需求的引导下，政府积极引导，2010年七部委联合发布《关于推进光纤宽带网络建设的意见》，提出以光纤尽量靠近用户为原则，到2011年光纤宽带端口超过8000万，城市接入带宽达到8兆，农村接入带宽达到2兆，商业楼宇接入带宽达到100兆；未来3年内光纤宽带网络建设投资超过1500亿元，新增宽带用户超过5000万。2010年7月1日国办正式公布了首批三网融合试点城市名单，标志着国家三网融合战略开始实施，试点城市的建设一定程度上带动了光通信设备市场的发展；2009年国家电网公司制定了国家智能电网发展规划，提出了发展"坚强智能电网"的战略目标，2010年开始国家智能电网的后续政策陆续出台，如《智能电网技术标准体系规划》《智能电网关键设备（系统）研制规划》等。按照国家智能电网发展规划，2011年至2015年国家智能电网将进入全面建设阶段；2016年至2020年为引领提升阶段。预计至2020年，国家电网公司用于坚强智能电网的总投资累计将达26000亿元。

3. 光通信网络建设需要统一规划与布局

光通信网络是全球网络发展的基础。光通信是信息基础设施的基础性、先导性领域，每一轮基础设施建设都是光通信先行；目前以宽带网络发展为核心的全球新一轮信息通信基础设施建设开始启动，美国和欧盟纷纷出台宽带网络相关的发展战略，力图抢占未来信息社会的主导权，在美国、欧盟宽带战略的带动下，英国、法国、意大利、巴西、印度等国家都加大了对宽带建设的投资。

我国宽带网络发展与国际上有较大差距。目前我国缺乏国家层面的宽带发展战略，各部门分头出台指导意见（电信、广电、国家电网、行业专网等），缺乏整体战略与部门协调。

高速增长需要市场监管保驾护航。在新的形势下，光通信设备制造业不能局限于支撑基础运营企业，除支撑信息基础设施的构建外，还应积极支撑信息化的其他基础设施，包括向IT领域的拓展。目前我国光网络已出现过剩建设、重复投入、过热发展的苗头，光通信器件和光纤光缆制造业也出现了产能过剩先兆。因此，需要依托行业主管部门加强对光网络的规划、监管，进行统一管理。保证我国光通信产业长期有序发展。

三、ICT 产业与政策发展未来趋势及 2011 年预测

（一）全球ICT制造业持续增长，区域格局进一步调整

全球 ICT 制造业未来几年将持续稳定增长。预计 2011 年市场规模同比增长 5.19%，2012 年增长 4.79%，2013 年增长 4.43%，市场规模将达到 18993.1 亿美元。

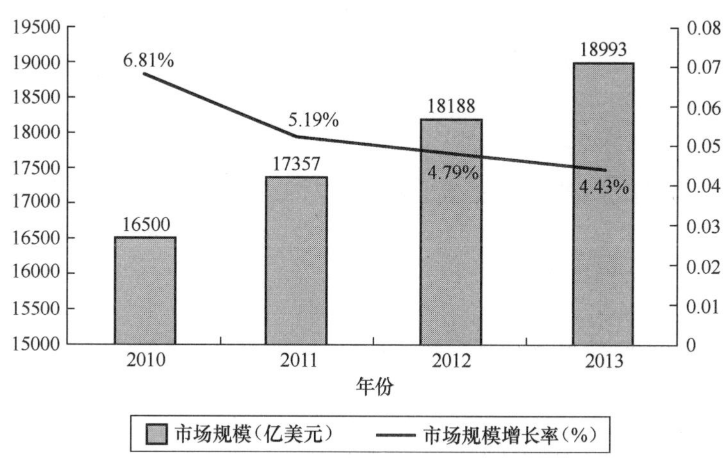

注：2011、2012 和 2013 年为预测数。

图 1　2010—2013 年全球 ICT 制造业市场规模及其增长率（数据来源：The Yearbook of World Electronics Data）

新兴经济体增长更快，推动全球 ICT 制造业格局进一步调整。亚洲和其他新兴经济体市场份额持续上升，我国在世界 ICT 制造业市场中所占份额将由 2010 年的 18.83% 提高到 2013 年的 20.31%。发达经济体市场份额继续下调。美国所占份额将由 2010 年的 23.73% 下降到 2013 年的 22.80%。

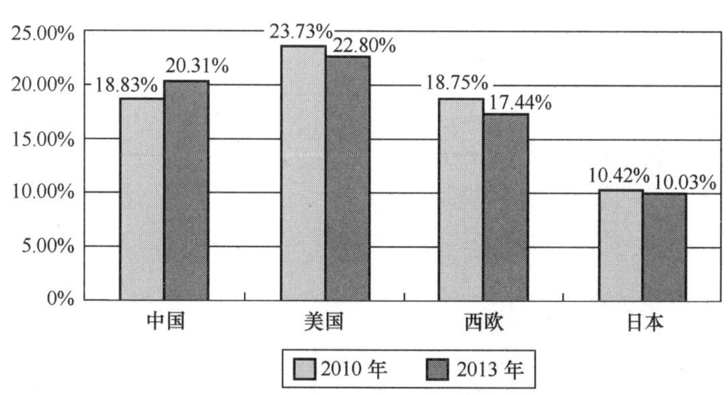

注：2013 年为预测数。

图 2　全球 ICT 制造业市场份额格局（2010 年与 2013 年）（数据来源：The Yearbook of World Electronics Data）

（二）全球运营商网络基础设施市场预计加快结束衰退

在经历 2009 年的大幅下滑后，2010 年全球运营商网络基础设施市场将基本持稳。随着金融危机的影响逐渐消失和各国政府大力促进宽带网络发展，预计市场规模可自 2011 年加快进入上升通道，2013 年基本达到金融危机大规模爆发前的水平。

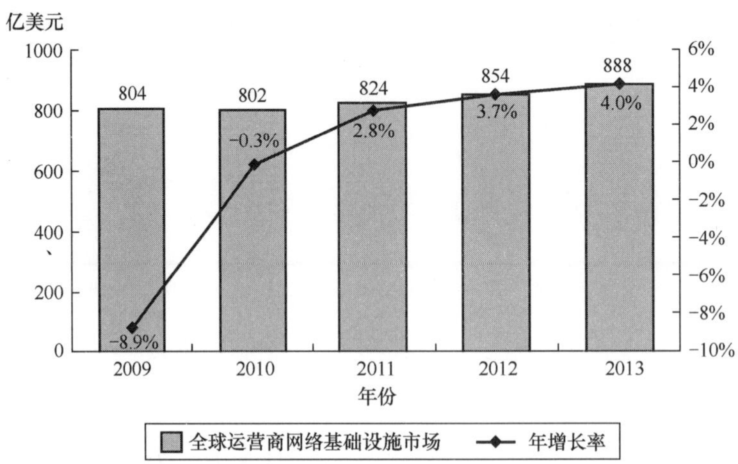

图 3　全球运营商网络基础设施市场规模（数据来源：Gartner，Teleinfo，2010Q3）

（三）国内系统设备市场形势将逐步好转，需求主体趋于多元化

在非电信运营业需求增长的情况下，预计国内电信系统设备市场将自 2011 年恢复增长。

就电信业而言，2011 年预计各大运营商将继续延续资本支出压缩策略，全国电信业投资将继续下滑，但降幅会逐年缩小。预计至 2013 年，随着 LTE 网络建设高峰的到来，全国电信业投资会引来快速增长。

至于广电业，广电有线网络双向化改造、全国性有线网络 NGB 建设投资将在 2011 年进入实质性的大规模释放阶段。广电系统拥有 2 亿有线电视用户，保守估计可带来 200 ~ 300 亿 PON 设备需求。

智能电网方面，智能抄表、电力调度拉动 200 ~ 400 亿 PON 设备市场；配网自动化要求全国配网线路光纤化，带来 100 亿以上光缆需求。

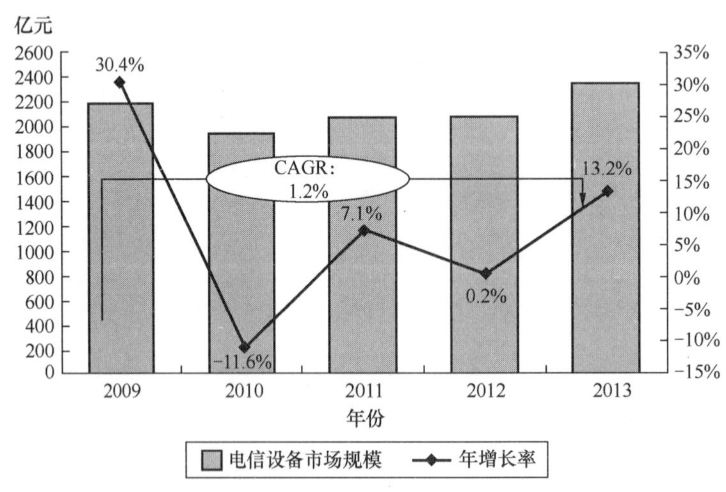

图 4　国内电信系统设备市场规模（数据来源：Teleinfo，2010Q4）

（四）通信设备企业将加快转型和重组

通信设备企业加快向“硬件 + 服务 + 平台”的集成信息服务提供商转型，进军电信运营、IT 服务、云计算、移动互联网应用、智能电网等业务领域。2010 年 9 月，思科向 Skype 提出收购请求，意图进

军电信运营；2009 年年底，思科与 EMC、VMware 联合成立虚拟计算环境联盟（Vblock），指向 IDC 建设与运营；2010 年年初，思科宣布将进一步支持高度安全的端到端智能电网通信基础设施的开发。爱立信将综合性移动多媒体应用作为重点业务领域。2010 年 11 月，华为正式面向全球发布云计算战略及端到端的解决方案；继续大力推动终端战略，开拓 B2C 市场，目标是成为像 IBM、HP、三星一样的千亿美元巨头。服务化是各主流设备商多年来的重要战略，服务收入额及其占总收入比重将继续增长。

收购和兼并仍将是通信设备制造商发展和转型的重要战略手段。思科预计 2011 年 4 月完成网络管理软件厂商 LineSider 的收购，以推进云计算技术；预计将在 2011 年上半年完成数字媒体处理平台领先提供商 Inlet Technologies 的收购；欲借并购机会拓展在华智能电网市场。爱立信将加强同行业的收购，包括成立合资公司或进行整体收购，以提供更好的整体服务；近年来，爱立信收购了 Drutt、Mobeon、TandbergTelevision 和 LHS 等多家公司，将继续采取收购和兼并行动，以增强自身在移动多媒体领域的技术实力；2011 年 2 月，爱立信与 Akamai 宣布缔结排他性战略联盟，向市场推出各种移动云加速解决方案。诺西在智能终端上与微软开展战略性合作，计划 2011 年二季度完成对摩托罗拉无线网络业务的收购，这笔交易价值 12 亿美元。

（五）ICT 技术快速创新不断推动产业新发展

2011 年，我国光通信、IPv6、LTE 等涉及网络基础设施的关键技术快速发展并规模产业化；云计算、物联网、移动互联网、下一代互联网的业务创新活跃。

光通信增长需求依然强劲，需求多元化带动产业高速增长。从市场需求的角度来看，(1)2010 年七部委联合发布的《关于推进光纤宽带网络建设的意见》将在 2011 年效果凸显，指导意见中提出的各项资金投入将进一步带动我国光通信产业的发展；(2)2011 年 NGB 技术方案在过去两年的多方磨合以后，技术架构将基本稳定，NGB 在 2011 年将进入实质性的大规模需求释放阶段，广电网络的建设与整合将带动包括光通信和数据设备市场的发展；(3)2011 年按照国家智能电网发展规划，国家智能电网将进入全面建设阶段，2011 年的投入将达到千亿规模。从技术发展的角度来看，2011 年 10GPON 技术将日趋成熟；100G 骨干将取代 40G 成为发展重点。

在市场需求、技术发展和政策引导的多方因素联合作用下，2011 年光通信市场将持续强劲增长。(1)PON 设备需求激增，市场广阔。2011 年电信运营商计划发展 500 ~ 1000 万 FTTH 用户，预计 PON 设备需求量将增加 45%；广电有线网络双向化改造、NGB 规模建设据保守估计可带来 200 ~ 300 亿的 PON 设备市场需求；智能抄表、电力调度拉动 200 ~ 400 亿市场；(2) 光纤需求持续增长。2011 年光纤总的需求量由 9000 万芯公里上升至 10000 万芯公里；价格回落到 75 元 / 芯公里的水平；全国配电网线路光纤化带来 100 亿需求。

IPv6 商用部署迫在眉睫，CNGI 产业政策将带来 IPv6 的高速增长。2011 年 2 月 4 日 ICANN 在美国迈阿密举行新闻发布会，宣布 ICANN 地址池中的最后 5 个 IPv4 地址已经分配给了区域地址分配管理机构（RIC）；会议还预测了亚太地区将会成为 IP 地址最早耗尽的地区，大概只够支撑未来几个月内的使用(中国电信称在未来 5 ~ 12 个月其 IPv4 地址就将分配完),因此我国 IPv6 发展迫在眉睫,IPv6 作为我国下一代互联网的起点,是战略性新兴产业的主要切入点之一,发展 IPv6 是我国提升互联网国际地位和话语权的难得机遇,国家十分重视 IPv6 的发展,为此 2010 年 CNGI 第二届专家委成立,开始加紧 IPv6 商用部署政策研究,相关政策有望于 2011 年出台。

在 IPv6 发展迫切需求的引导下,2011 年我国 IPv6 将进入务实发展阶段。国内电信运营商将加大 IPv6 研究与试验规模,(1)将直接带动我国支持 IPv6 的关键芯片、高速路由器、接入设备、IPv4 与 IPv6 互通设备、多功能终端的快速发展;(2)IPv6 规模部署需要解决 IPv6 安全问题,因此 2011 年 IPv6 安全防护系统与设备也将会出现新的需求;(3)IPv6 规模商用不只是要解决网络层的问题,支持 IPv6 的业务平台及各类应用软件成为发展热点。

随着 LTE 技术标准的逐步成熟,2011 年 LTE 将开始一定规模的商业部署。我国在 TD-LTE 的基础上形成了 TD-LTE-Advanced 技术方案,并成为 4G 国际标准。(1)2011 年国内 TD-LTE 实验网数量将达到 19 个;(2)在国内网络建设需求的驱动下,2011 年 3G 终端、网络与业务设备与系统、芯片市场将继续快速增长;本土企业将继续扩大市场占有率。

(六)ICT 产业相关政策将更加深入细化

2010—2011 年,我国政策面临的形势是:一是从 ICT 制造业来看,针对传统家电的升级改造、软件和集成电路的快速发展、下一代信息技术发展的相关政策已经出台,但如何及时发现 ICT 整体产业链发展中的问题并出台相应的配套政策,以及上述政策贯彻落实时如何兼顾整体和局部的平衡;二是从 ICT 内容服务业来看,ICT 的内容服务业需要多部门齐抓共管,广电总局、商务部、中宣部、文化部和工业和信息化部等需要将所有管理政策既做到科学分工又实现高度协调;三是从 ICT 网络基础建设来看,发达国家纷纷推出宽带发展战略,我国稍显落后;四是从 ICT 发展来看,ICT 自身持续发展和对经济发展的持续支撑需要寻找新的突破点。

基于这种新的形势,2011 年,我国政策将呈现如下趋势。

一是政策协调性将进一步加强。政策的顶层设计和系统化需要加强,ICT 制造业产业链相关政策的互动和协调性将在执行和细化方面进一步加强,这是产业发展的需要;ICT 的内容服务业需要多部门齐抓共管,广电总局、商务部、中宣部、文化部和工业和信息化部等需要将所有管理政策既做到科学分工又实现高度协调;推进宽带建设的政策执行力度加大,有关政策有望出台。

二是与产业结构转型升级和新型工业化道路相结合相关的政策将成为重点。促进两化融合的政策需要进一步细化。目前信息化相关政策没有涉及重点领域,如交通、银行、证券、广告;对传统产业的信息化改造目前也没有系统的鼓励政策,基于对两化融合引导和深入推进的力度加强,相关的政策将进一步细化。

三是新型战略产业政策将向全面和深化发展。随着战略性新型产业的全面推进,根据不同产业生命周期,产业政策的出发点不同,在 2011 年,与战略性新兴产业相关的政策或实施细则成为 2011 年政策的主要构成部分:总体战略和相关规划将陆续出台;部分新业务和新应用实施细则将逐步出台。

通信监管篇

导　读

2010年是全球通信业逐步走出危机、恢复增长态势的一年，各国通信监管机构继续围绕融合创新的主线，积极推动体制变革和政策完善。宽带主导了监管政策的注意力和资源，国家战略、宽带计划、“数字红利”频谱分配、普遍服务、数据业务资费调整等等，这些新出台或新增加的内容，无不反映出监管机构对宽带通信及其产业发展的高度重视。此外，网络中立争议也因为美国立法、监管机构的反复博弈再次进入公众视野。

这一年也是国内通信监管正式迈向产业融合大环境的元年，尽管政策主旋律依然是优化基础市场的竞争格局和推动行业深度转型，但互联网、移动互联网带来的革命性影响随着年初三网融合新政的正式展开而不断强化。数据业务、移动互联网、智能终端设备、信息网络安全等成为牵动消费者、企业和监管部门神经的年度关键词。现行体制下基于业务分类的传统管理手段面临日益严峻的挑战，各级管理部门主动采取措施，单独或联合行动，在组织三网融合试点、建立互联网市场竞争秩序、完善融合通信设备管理、加强数据业务管理、调控基础电信市场竞争等若干方面取得重要进展。

本年内，通信监管领域值得深入剖析的热点与互联网、三网融合、移动互联网和消费者权益四大主题相关，一系列热点事件因它们而发生，引起了社会各界的广泛关注和参与，引发政策层面的辩论与争议，导致制度规则与政策措施的调整变化。在互联网领域，3Q大战、版权纠纷、微博反腐、网络水军等事件层出不穷，原因复杂，影响多元，制度缺失和政策缺位使得监管机构疲于应付；在三网融合领域确定试点地区只是一个开头，触动现有的部门利益以及带动相应的体制调整还需要较长的时间，市场主体态度行动不一可能影响其发展前景；在移动互联网领域，丰富频繁的业务创新在积极推动信息化发展的同时也带来了跨境交易、信息安全、内容管理等一系列问题；在消费者权益保护方面，监管机构尝试继续扩大用户选择权和安全保障，推动手机实名制和号码可携带在部分城市展开试点工作，期待为塑造健康诚信的网络环境、自主选择的消费环境注入新的力量。

展望来年，随着国内三网融合试点工作的持续深化，与此相关的技术标准、网络安全、市场准入、服务质量管理等配套措施将陆续出台；在基础电信市场上，平衡市场格局，限制滥用市场优势地位仍将成为监管工作的重点，预计在评估市场准入政策、完善网间结算政策等方面将取得突破；围绕提升用户权益，号码可携带、手机实名制等试点工作将总结成效，决定下一步行动方向；移动互联网业务高速发展，在移动智能终端上得到广泛应用，其安全性、透明性、合法性备受关注，将会成为今后几年监管工作的重要着力点。

本篇作者：

陈金桥　徐玉　马源　李冬　何伟　王琦　石立娜　董秀海　郑放　肖云

一、2010 年国内外通信监管综述

（一）各国通信监管关注宽带发展，驱动有效竞争

近年来，随着经济和社会发展对宽带接入基础设施的依赖性日益明显，监管政策更加关注宽带的发展，各国应对金融危机的经济刺激计划加速了这一趋势。2010 年各国促进宽带发展的政策主要有：

- 更多国家将宽带接入纳入普遍服务，并开始付诸行动；
- 发达国家分配“数字红利”频谱，满足宽带发展需要；
- 国家宽带战略引领并加速基础设施投资。

随着各国促进宽带发展政策的实施，原本就争议不断的网络中立政策的未来走向更加模糊，监管机构不得不在提升宽带基础设施和保护互联网创新之间继续谋求均衡。

2010 年，号码携带在南美和亚太地区的发展中国家进一步推广；欧盟为推动一体化市场建设，进一步降低移动漫游费，《欧洲数字化议程》提出要在 2015 年实现漫游资费与国内资费间的差异接近零。

1. 宽带接入被纳入普遍服务政策范围

跟随美国、日本等发达国家之后，多个国家明确已经或者计划将宽带接入纳入普遍服务范畴。芬兰通过立法形式，印度通过国家宽带计划形式确认了宽带的普遍服务。

（1）立法形式

2010 年 7 月，芬兰立法把宽带接入权确认为公民的基本权利之一。芬兰由此成为世界首个通过立法的形式确认“宽带权”的国家。

（2）宽带计划形式

地区组织积极响应。亚太经合组织电信部长会议通过了《冲绳宣言》和《亚太经合组织电信战略工作组 2010–2015 年行动计划》，提出要扩大网络覆盖范围，在 2015 年之前在所有亚太经合组织经济体内实现普遍宽带接入，制定并推广旨在协助发展中经济体部署宽带网络的战略。

印度将农村宽带接入写入国家宽带计划中。印度通信管理局发布了《关于推进国家宽带计划的建议》，旨在通过普遍服务基金与中央政府担保贷款的方式筹集资金，大力发展国家宽带网络，尤其是普及农村宽带。

美国计划拓宽普遍服务基金的职责范围。FCC 提议拓宽普遍服务基金（Universal Service Fund）的职责范围，将其中通往农村偏远社区、学校、图书馆和弱势群体的宽带接入纳入其中，从而推动宽带服务的普及。

2. 分配“数字红利”频谱，满足无线宽带服务需求

“数字红利”频谱是在由模拟电视向数字电视转换的过程中被释放的频段。利用“数字红利”频谱提供无线宽带服务，将在很大程度上缓解移动宽带发展对频谱需求的激增。

（1）“数字红利”频谱分配进展

为确保无线宽带有足够的带宽可用，FCC早在2008年拍卖了700MHz频谱之后就明确提出在今后10年为无线宽带释放出500MHz频谱，其中包括在今后5年之内释放300MHz频谱。

欧盟要求成员国自2012年起全部实现从模拟电视向数字电视的转换，并释放由此所产生的“数字红利”频段，促进无线宽带业务发展。澳大利亚ACMA计划从2013年起将“数字红利”频谱分配给移动企业，以发展移动宽带和电话业务，特别是LTE网络。

（2）“数字红利”频谱分配特征

“数字红利”频谱分配的特征有两个：一是多频段，“数字红利”频谱在200MHz与1GHz之间分布，但各国情况差别较大；二是各地进度不一，美国已经在2008年拍卖了700MHz频率，总额195.92亿美元，欧盟计划在2010年前后拍卖790～862MHz间的频段。

3. 国家宽带战略引领并加速基础设施投资

很多国家的政府对宽带基础设施建设进行了实质性支持。美、欧、日、韩等已经把宽带纳入国家战略计划，越来越多国家的政府也意识到宽带在经济发展中的重要作用，纷纷加大资金和政策支持。

表1　　主要国家的宽带计划投资

国家	资金额（美元）	资金来源	资金使用
美国	72亿	国家宽带战略	宽带设施升级改造
英国	13亿	超高速宽带未来计划	边远地区宽带建设，引导运营商投资
德国	2.27亿	国家宽带政策承诺	宽带设施建设
爱尔兰	3.26亿	政府、欧盟与私企共同筹措资金	欠服务地区基础设施建设
加拿大	3年1.83亿	政府预算	在欠服务地区部署网络
葡萄牙	10亿	经济刺激计划	FTTH
韩国	246亿	政府	固定和无线宽带网络
芬兰	1.02亿	政府	FTTx
澳大利亚	8年300亿	政府	国家宽带网
希腊	9亿	政府	FTTx
新加坡	7亿	政府	国家宽带网
巴西	96亿	政府	国家宽带网
马来西亚	22亿	政府	国家宽带网
智利	5400万	政府	农村通信

4. 网络中立取得进展，政策目标及效果引发辩论

在保护互联网创新和提升宽带基础设施的政策目标冲突背景下，网络中立的辩论继续深入，表现出一些新特征。

（1）网络中立新进展

2010年4月，美国联邦上诉法院裁定FCC无权要求Comcast遵守“网络中立”规定并加以制裁。12月21日，FCC以3比2票数表决通过网络中立新规则，包含三大原则：透明、不得屏蔽合法内容，以及不得歧视。2011年2月18日，美国众议院投票表决，认定FCC于2010年12月21日通过的“网络中立”政策违法，认定FCC的政策会打击电信和有线公司继续升级宽带网络的信心。

智利于2010年8月通过了一项保证网络中立的法案，成为世界上第一个批准网络中立法的国家。

2010年8月，欧盟委员会就网络中立性问题展开了公共咨询，征求各方对网络流量管理行为、互联网市场竞争形势的看法。

（2）网络中立新特征

一是网络中立开始关注无线互联网。谷歌和Verizon认为，无线互联网有特殊性，网络中立原则只包括“透明度”原则。

二是互联网公司在关于移动互联网的网络中立争议中阵营分化。谷歌认同无线互联网的特殊性，而Facebook等互联网公司坚决反对任何违反网络中立的协议。

三是由于各国宽带战略的实施，网络中立监管政策的未来走向更加模糊。

5. 移动号码可携带政策在各国继续稳步推进

当前，移动号码携带成为全球趋势。到2010年年底，已有60多个国家实施了号码携带，2010年引入号码携带的国家有智利、秘鲁、阿根廷、阿联酋、印度和中国。其中，政府是号码携带的主要推动力量，其政策目的是推动市场实现公平竞争，最终保护消费者利益。

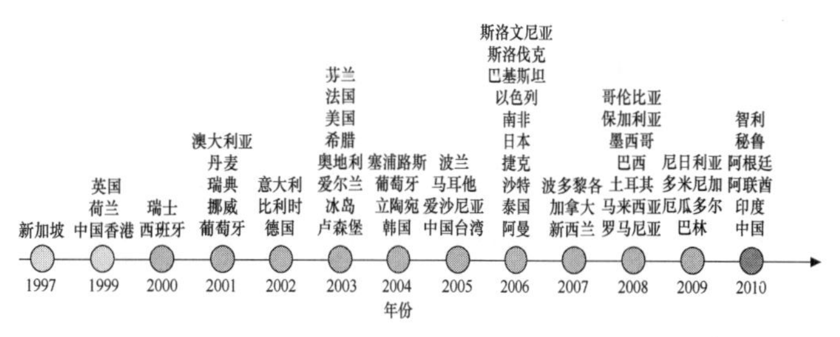

图1　移动号码携带在全球的进展

6. 欧盟大幅下调国际数据漫游资费，推动一体化数字市场建设

2010年5月，欧盟发布了《欧洲数字化议程》五年计划，提出了七个重点发展领域及相关措施，其中“建立单一的充满活力的数字化市场”是第一大目标。具体含义为：“统一欧盟各国的数字市场，这样可以解决因法律不同和市场分散等内部障碍给欧盟公民带来的不便，从而使欧盟公民共享数字时代的各种优势。欧盟通过简化版权许可、管理和跨边界许可的发放，实施具有约束力

的法律措施，建立欧洲单一支付区等从而确保在数字和电信服务领域拥有有效的单一市场。”

《欧洲数字化议程》提出要在 2015 年实现漫游资费与国内资费间的差异接近零。欧盟从 2007 年起针对欧盟境内漫游实施资费监管政策，2009 年又启动了针对数据业务漫游资费的监管，表明数据业务开始成为当前市场监管的重点所在。

表 2　　欧盟漫游费调整

漫游最高限价（不含增值税）	拨打电话（每分钟）	接听电话（每分钟）	发送短信（每条）	接收短信（每条）	数据漫游（每兆 bit）
2007 年 7 月 1 日	49 欧分	24 欧分	-	-	-
2008 年 7 月 1 日	46 欧分	22 欧分	-	-	-
2009 年 7 月 1 日	43 欧分	19 欧分	11 欧分	免费	1 欧元
2010 年 7 月 1 日	39 欧分	15 欧分	11 欧分	免费	0.8 欧元
2011 年 7 月 1 日	35 欧分	11 欧分	11 欧分	免费	0.5 欧元

（二）国内通信监管适应市场变化，取得多项重要进展

1. 完善基础市场监管政策，推动规范有序的市场竞争

2010 年是我国 3G 发牌的第二年，基础电信企业在移动和宽带市场交叉进入，全业务经营进入实质性竞争阶段，基础电信市场竞争更趋激烈。为进一步规范市场竞争秩序和优化市场竞争格局，监管部门积极调整市场监管政策，出台了一系列监管措施。

（1）加强竞争行为监管

2009 年 12 月出台的《关于进一步落实规范电信市场秩序有关文件精神的通知》（即 686 号文件），对于 2010 年遏制基础电信市场恶性竞争行为、规范电信市场竞争秩序、推动电信业可持续发展发挥了重要作用。针对文件执行过程中各方对业务内涵理解存在差异等问题，监管部门积极开展对 686 号文件的评估工作，以适应新形势下的市场监管要求。

同时，监管部门还根据市场竞争热点及时出台针对性管制措施，维护良好的基础市场竞争秩序。例如，2010 年 9 月工业和信息化部及时叫停铁通公司租借中国移动 TD 网络采用固定电话号码经营无线固话的违规行为，减小其对固话业务市场的冲击。多个地方通信管理局针对校园通信市场的不规范竞争行为，及时出台校园通信市场竞争规范要求，进一步加大对校园通信市场的监督检查力度，维护广大电信用户特别是学生用户的合法权益。

（2）完善资费监测制度

2010 年，监管部门加强对全国电信市场资费的监测力度。2 月建立电信资费信息报送制度，涵盖全国所有本地网；6 月正式建立主要电信业务资费感知价调查制度。通过系统的资费监测，监管部门能够及时发现资费问题，掌握电信资费的发展趋势，并出台相应政策。

（3）落实网间结算政策

2010年运营商之间的网间结算标准进行了新的调整。自2010年1月1日起至2010年12月31日，继续维持对TD业务结算优惠扶持政策，以扶持TD业务的发展。自2010年6月1日起，开始实施“固定—移动”结算调整政策，固话运营商在呼叫手机时，需向移动运营商支付每分钟0.001元的网间费用，打破多年来用固话拨打移动电话无需向移动运营商支付网间结算费用的规定，结束了单向结算历史，有助于理顺企业间的利益关系，对促进竞争格局的健康发展起到了良好作用。

（4）启动号码携带试点

工业和信息化部2010年11月22日正式启动天津、海南本地网面向移动用户的号码携带试验，试验单向和双向号码携带的市场影响。号码携带政策降低了消费者选择运营商的门槛，增大了非主导企业获得较大市场份额的预期，对于促进移动市场竞争、保护消费者权益具有积极意义。

2. 顺应技术业务融合趋势，加强通信监管协调工作

随着信息技术的广泛应用，不仅加快了各类电信业务的融合，也催生出大量跨产业部门、融合性业务/产品和应用，原有彼此分立、互不交叉的监管体系开始走向协同监管。

（1）协调推进三网融合试点

2010年1月21日，国务院印发了“推进三网融合总体方案”的通知，三网融合进入实质性实施阶段。为了指导和推进三网融合第一阶段试点工作的有序开展，工业和信息化部、广电总局等部门协调试点方案、明确双向进入业务、探索分业监管模式。2010年7月1日，国务院办公厅公布了第一批三网融合试点地区（城市）（以下统称试点地区）名单，发布《关于三网融合试点工作有关问题的通知》，三网融合试点工作正式启动。

（2）研究手机支付监管定位

2010年6月21日，中国人民银行出台《非金融机构支付服务管理办法》，自2010年9月1日起施行。该办法对从事支付业务的企业资质进行了明确规定，将有效规范整个电子支付行业。面对蓬勃发展的网络支付和手机支付等业务，工业和信息化部积极配合金融监管部门研究相关管理政策，明确监管职责定位。

（3）研究移动应用平台管理

随着3G业务和智能终端的快速发展，以移动运营商、终端厂商等为主导，兴起多个整合产业链资源的移动应用模式。移动应用平台形成了全新的产业合作模式，但在业务分类、市场准入、跨境服务、市场监管、信息安全等方面对现有的业务监管提出了新的挑战，行业监管部门正积极应对，探索研究移动应用平台带来的监管问题及对策。

（4）研究融合智能终端管理

2010 年随着我国 3G 网络进入全面商用阶段，终端厂商纷纷出台发展智能终端策略。随着移动互联网业务的应用，智能终端除手机外，还在向 MID、上网本等满足用户差异化需求的便携式终端扩展；同时，平板电脑、电子阅读器等新型产品不断涌现，对原有电信设备管理形成强烈冲击。

针对智能终端的快速发展势头，电信设备管理及时调整管理重点，适应环境变化。

● 加强对软件中心的监管：着手研究对软件中心进行管理，对相关国外厂家提出要求，争取将软件服务器移至国内。与运营商合作的，要求运营商对软件服务进行主动监管。

● 开展内置信息服务抽查：分别于 2010 年一季度对 173 家企业的 174 款手机、2010 年下半年对 4～10 月间办理进网的 200 家企业的 368 款手机进行内置信息服务抽查，严查手机涉黄及吸费现象。

● 着手信息安全评估研究：积极开展对智能终端实施信息安全评估可行性的研究，加大对智能终端网络与信息安全方面的检测力度。

● IMEI 系统建设：正在进行移动终端 IMEI 核发核查系统建设，建成后将形成对移动终端 IMEI 的综合管理体系，实现对我国进出口手机 IMEI 的核发核查与登记管理。

3. 确立新型互联网管理体制，密集出台相关管理办法

随着互联网在各个领域的全面渗透，对互联网进行管理的需求日益迫切。国家及各管理部门顺应形势，在多个领域出台了一系列管理办法。

2010 年 4 月 29 日，中宣部副部长、中央外宣办主任、国务院新闻办主任王晨在十一届全国人大常委会上做了第十五讲专题讲座，题目是《关于我国互联网发展和管理》，详细讲解了当前互联网发展趋势和面临的主要挑战及下一步的建议。2010 年 6 月 8 日，国务院新闻办公室首次发表《中国互联网状况》白皮书，意味着互联网已成为我国经济社会的重要组成部分。

之后，中共中央办公厅下发《关于加强和改进互联网管理工作的意见》（中办发 [2010]24 号），初步建立了互联网基础管理制度，至此，我国已基本确立新型互联网管理体制。

与新型互联网管理体制相配合，各有关部门密集出台了一系列互联网相关管理办法。负责基础设施管理的工业和信息化部在 2010 年间出台了多项管理措施，例如《进一步落实网站备案信息真实性核验工作方案（试行）》的通知、实施《通信网络安全防护管理办法》、工业和信息化部完成《信息安全条例》（报送稿）、颁布《数字接口内容保护系统技术》（UCPS 标准）《互联网信息服务市场秩序监督管理暂行办法》等。其他有关部委亦出台了多个互联网管理办法，例如国家测绘局修订颁布了《互联网地图服务专业标准》；国家工商总局公布了《网络商品交易及有关服务行为管理暂行办法》；人民银行推出了《非金融机构支付服务管理办法》；文化部制定了《网络游戏管理暂行办法》；商务部发布了《关于促进网络购物健康发展的指导意见》；公安部等联合发布了《关于加强互联网易制毒化学品销售信息管理的公告》等。

4. 积极加强数据业务管理，多角度净化网络环境

面对数据业务的广泛应用，监管部门加强数据业务管理，重点加强数据业务资费管理，推进普遍服务深化，净化网络环境，进一步保障消费者权益，增进用户福利。

（1）加强国际数据漫游资费管理

2010 年 12 月的“天价微博”事件引起社会热议，高额的数据业务国际漫游价格引起各界广泛关注。监管部门积极干预，推动运营商与国外运营商就数据业务国际漫游结算费用展开谈判。

（2）深化普遍服务，缩小数字鸿沟

“村村通电话”从电话接入向互联网接入延伸，到 2010 年年末，100% 行政村通电话，100% 乡镇通互联网（其中 98% 的乡镇通宽带），近一半乡镇建成乡镇信息服务站和县、乡、村三级信息服务体系，实现“村村通电话、乡乡能上网”的“十一五”农村通信发展规划目标。

（3）维护信息安全，净化网络环境

为有效遏制电话诈骗渠道，2010 年工业和信息化部牵头实施了打击非法 VoIP 电话专项行动，建立跨部委打击非法 VoIP 电话长效机制，基础电信企业加强相应技术防范措施。2010 年 9 月 1 日起对新入网用户试点实施手机实名制，以抑制短信诈骗等犯罪行为，保障通信安全。开展整治手机淫秽色情专项行动，全面排查了 178.5 万个网站，关闭未备案网站 3000 多个，关闭或屏蔽 60000 多个境内外涉黄网站，有效遏制手机和互联网涉黄网站。

5. 通信设备管理创新，被动监管转向主动服务

2010 年电信设备进网许可制度受到国内外高度重视，12 月结束的中美战略经贸会谈成果中，直接涉及手机进网许可制度的相关内容；而国内的众多“山寨机”生产厂商对手机进网许可制度也密切关注，渴望转正态度强烈，2010 年取得进网许可证的手机新企业达到 117 家，新增 24%。

在国际、国内高度重视的背景下，通信领域内接入及融合技术不断发展，各种制式、功能的融合终端日益增多，跨行业的融合终端不断出现；电信设备制造企业从劳动密集向科技创新逐步转型等，都向设备管理提出标准化、通用化等更高要求。

2010 年电信设备监管适应监管需求，从被动监管向主动服务转型。出台系列技术服务政策：（1）针对经贸会谈，着手考虑简化手机进网程序，减少检测项目和费用；（2）建立开放实验室，为企业提供技术服务；同时指导企业建立符合标准的测试环境，为企业提供技术支持；开展多次免费技术培训，强化为企业服务的理念。在开展技术服务的同时，设备监管积极搭建电子政务平台；（3）开通设备进网实时短信和邮箱通知系统，使企业随时了解审批进程；（4）进一步完善电信终端产品电子审批程序，扩大电子审批设备目录，增加电子审批项目。

二、2010 年国内通信监管热点分析

（一）互联网重大事件频出，推动完善规则和管理手段

1. 互联网市场重大事件频出，凸显行业管理相对滞后

2010 年，互联网上热点频出，一些网下事件也因互联网的快速传播而演变成为重大事件，这些热点事件涉及公民权利保护、公共权利监督、公共秩序维护和公共道德伸张。互联网上重大事件频出，一方面显示出了互联网强大的舆论影响力，另一方面也凸显出了当前行业管理的相对滞后。

2010 年互联网上热点事件大体上可分为以下三类。

涉及国家利益

- 谷歌拒绝内容审查，退出中国大陆市场；
- 维基解密网站让一些国家政府焦头烂额；
- Facebook 等社交网站在政局动荡中扮演重要角色；
- 美国不断倡议“互联网自由”，输出美国价值观，等等。

社会影响极大

- 江西宜黄拆迁自焚事件；
- 浙江乐清“钱云会”死亡案件；
- 河南“天价高速过路费”案件；
- 河北“我爸是李刚”交通肇事案；
- 网友街拍，微博打拐，等等。

挑战监管规则

- 3Q 大战，强制要求用户“二选一”；
- 360 和金山关于用户隐私泄密的口水战；
- 百度和淘宝间相互屏蔽；

- 当当 VS 京东恶性价格战；
- 腾讯产品“抄袭”嫌疑，等等。

从这些事件可以看到，互联网已不仅仅是我国网络经济的创新平台，也是我国信息传播的重要载体、言论表达的开放平台。

2. 产业发展与制度建设耦合不佳是管理滞后的深层次原因

互联网产业的发展属于自下而上、遍地开花的市场模式，而政府监管这只看得见的手是一种自上而下的管理方式，这两种截然相反的属性，在互联网产业高速成长期不可避免地会出现两者不匹配的情形。

010 年互联网热点事件频现，与当前互联网产业处于高速成长期密不可分。进一步挖掘，我们认为有以下四个深层次方面的原因。

一是经过近些年的发展，我国互联网市场上的主要细分市场均有出现一家或几家独大的局面。如即时通信市场的腾讯、搜索市场的百度、电子商务和网络支付市场的阿里巴巴、网络游戏市场的盛大、门户网站领域的新浪、搜狐和网易等，这七家互联网企业合计市值超过 1200 亿美元，占国内互联网市场份额的 70% 以上，在中国互联网市场形成了“七雄争霸”的格局。随着市场竞争的加剧，这些分市场龙头企业都有向新业务转型的压力。

二是我国互联网产业业务创新能力整体不足。即使是目前国内大型互联网企业也逃脱不了“复制 + 粘贴”的创新模式，这种模式不仅扼杀了中小互联网企业创新的积极性，也造成了当前各大互联网企业延伸自身平台优势、跨业务领域进入、相互间激烈搏杀的现象。

三是新互联网应用的媒体属性不断增强。近几年兴起的微博、网络社群等新兴社交类应用，进一步放大了互联网的媒体属性。在我国，由于互联网对消息的快速传播和放大，许多社会现象和事件在互联网上形成了群体性“围观”局面，极大地强化了事件本身的社会影响力。比如在 2010 年，在互联网媒介的推动下，网络反腐、网络打拐、网络名人、网络流行语等层出不穷。

四是当前互联监管手段相对较缺。互联网产业近几年的高速发展，对政府监管提出了迫切需求，而互联网发展初期放松管制的方法已不适应发展需求。由于前期缺乏经验，积累较少，导致现有监管手段较缺，协同监管机制尚在完善中，对互联网市场上出现的许多疑似不正当竞争行为没法及时作出准确判断。对于重大热点事件，也只能以事件本身为导向，采取一事一议的方式来处理，缺乏系统性的处理机制。

3. 国外互联网管理体制多样化，高度依赖电信管理部门

对于互联网的监管，国外的经验值得借鉴。总体来看，世界各国不存在统一的管理机构，而是由多个职能部门根据自身监管内容相互配合实现协同监管，有些机构还存在职能重叠现象。监管机构多以传统部门职能为基础，明确分工，或者成立新的管理分支，设立议事咨询机制。互联网监管机构的设置和职责，大多通过国家立法的方式予以明确。

国外互联网监管的主要领域包括以下几个方面。

- 网络资源管理：含 IP 地址、域名和解析系统等；
- 基础设施管理：含网络规划、竞争、安全等；
- 网络业务管理：涉及各传统业务主管部门；
- 网络安全管理。

国外互联网监管机构的发展趋势体现在两个方面。一是由于技术和业务的融合，推动了电信监管部门有向融合性监管机构发展的趋势；二是在内容管理方面，各国在机构设置上有明显的行业化、民间化的趋势，政府部门通常不直接参与管理。

综合上述国际经验，我们认为互联网紧密依赖基础电信网络，在行业管理职责上有其天然的历史继承性。互联网产业链上各个环节紧密相关，市场管理需要依赖于技术、经济、法律和行政等手段，行业管理部门依托基础设施和平台管理，不可避免地深入参与到诸多事务的管理中，例如个人信息保护、垃圾信息治理、电子商务、网络犯罪、未成年保护等。因此，互联网行业监管部门应主要负责基础设施规划与发展、网络资源政策制定、接入市场规范、业务竞争管理、网络与信息安全管理、垃圾邮件治理等。

4. 顺应互联网管理大势，我国互联网监管迈出坚实步伐

从我国监管实践来看，2010 年，我国互联网监管顺应发展，在建立多部门协调监管体系上迈出实质性步伐，工业和信息化部在加强互联网基础管理方面也做出了行动。

根据中办发 [2010]24 号文件，确立了中宣部、工业和信息化部、公安部为互联网监管核心的多部门协同监管体系。2010 年工业和信息化部在加强技术手段方面出台了《进一步落实网站备案信息真实性核验工作方案（试行）》，加强网站域名、IP 地址、登记备案和接入管理，做到心中有数；在加强竞争管理方面起草了《互联网信息服务市场秩序监督管理暂行办法》，在加强安全管理方面完成了《信息安全条例》（报送稿），颁布了《数字接口内容保护系统技术》，出台了《通信网络安全防护管理办法》。

5. 理顺监管体系、明确监管规则、推动行业自律是未来方向

对 2010 年互联网重大事件的处理，在形成我国自己的监管体系方面产生了重要的推动作用。与此同时，借鉴国际监管经验和趋势，我们认为推动行业自律、理顺监管体系、明确监管规则是我国未来互联网监管的重要方向。

推动行业自律是国际互联网监管的一个趋势。为加强业务管理，解决互联网上的违法与不良信息，多数国家设立了公共协调或自律机构，政府不直接干预。在国内，推动行业自律方面也取得了一定的进展：淘宝发布了一系列诚信淘规则，百度、腾讯、金山、瑞星等成立了安全厂商自律联盟，视频网站成立的反盗版联盟等。

理顺监管体系是我国现阶段完善互联网监管的重要内容。落实新型管理体制下“三架马车”的管理职责，强化监管手段，尤其是加强法律法规建设和网络技术管控手段，是我国现阶段进一步完善互联网监管体制的重要内容。

明确监管规则是当前我国互联网监管的核心任务。明确监管规则是避免互联网行业出现恶性竞争、维护市场竞争秩序的必备手段。通过立法及设立监管框架和规则的方式，从基础层面建立监管机制，维护互联网业务创新，加强知识产权保护。逐步减少专项行动式监管方式，建立长远和短期目标相结合的监管方式，从完全事后惩处向事前预防和事后惩处相结合转变。

（二）三网融合试点工作启动，监管政策调整蓄势待发

1. 国家推出三网融合新政，进入第一阶段双向试点工作

2010 年 1 月 13 日，国务院常务会议决定加快推进电信网、广播电视网和互联网三网融合。会议指出，目前我国已基本具备进一步开展三网融合的技术条件、网络基础和市场空间，加快推进三网融合已进入关键时期。结合当前情况，会议提出了推进三网融合的阶段性目标。其中，2010-2012 年为第一阶段试点，目标是重点开展广电和电信业务双向进入试点，探索形成保障三网融合规范有序开展的政策体系和体制机制。2013-2015 年为第二阶段试点，目标是总结推广试点经验，全面实现三网融合发展，普及应用融合业务，基本形成适度竞争的网络产业格局，基本建立适应三网融合的体制机制和职责清晰、协调顺畅、决策科学、管理高效的新型监管体系。

2. 现阶段试点的首要任务是推动业务双向阶段性进入

按照国家《推进三网融合总体方案》（国发 [2010]5 号文）要求，现阶段的试点任务是推动广电、电信业务双向进入，明确双向进入的业务范围。工业和信息化部、广电总局要按上述要求，落实现行政策规定，向符合许可条件的广电企业、电信企业颁发相应的电信业务经营许可证和信息网络音视频节目服务经营许可证。

在明确双向进入业务范围的基础上，需要组织开展三网融合试点工作。2010 年 7 月 1 日，国务院办公厅公布了第一批三网融合试点地区（城市）名单，三网融合试点工作正式启动。为了指导和推进三网融合第一阶段试点工作的有序开展，国务院三网融合工作协调小组办公室于 2010 年 7 月 20 日向三网融合试点地所在省级人民政府办公厅印发了《关于三网融合试点工作有关问题的通知》，要求尽快建立健全试点地区三网融合组织协调机构，组织制定试点地区的三网融合试点实施方案，组织做好双向进入业务许可申报工作。

3. 三网融合试点进展慢于预期，面临重重障碍

三网融合意义重大，为落实国务院《推进三网融合总体方案》要求，国务院办公厅于 2010 年 6 月 9 日进一步下发《关于印发三网融合试点方案的通知》(国办发 [2010]35 号)，要求确保试点工作的顺利进行。但截至目前，三网融合试点进展远慢于政策预期，而且面临重重障碍，我们认为造成这一状况的原因可能在于以下几个方面。

一是顶层政策设计不足。在业务界定方面，双向进入试点的业务类型内涵缺乏明确界定，导致双方存在较大争议；在网络设施方面，网络统筹规划、共建共享的具体机制尚未建立起来；在标准体系方面，关于电信网与广电网的互通标准、业务接口标准一直进展不大；在市场监管方面，尽管《试点方案》明确分业监管的总体原则，但在交叉业务的监管职能落实方面仍存在不少争议。

二是试点启动后部分单方政策影响双方有效合作。试点工作启动前后，广电总局先后出台多个政策文件，对 IPTV 和手机电视等融合性业务造成影响。2010 年 2 月份封杀广西电信 IPTV 业务，7 月份下发《关于三网融合试点地区 IPTV 集成播控平台建设有关问题的通知》(广局 [2010]344 号)，单方面扩大 IPTV 集成播控平台的内涵功能。这一系列政策措施基本否定了此前电信、广电部门合作的成功模式。

按照国办发 [2010]35 号文件的要求，第一阶段试点从 2010 年 6 月开始，至 2011 年 7 月截止，而后在 2011 年 7 ～ 8 月之间对第一阶段试点工作进行总结，并对三网融合业务发展、网络建设和安全保障情况进行测试评估，根据测试评估情况提出第二阶段试点方案。但据我们了解，截至 2011 年 3 月，12 个试点的试点方案尚未得到完全批复，可以说障碍重重。

4. 警惕滥用垄断地位，设置隐形市场进入壁垒

经过分析，我们发现，无论在市场准入和隐形门槛方面，还是在产业标准、网络建设、市场竞争与安全保障等方面，都不同程度地存在着行业利益冲突，具体如下。

一是向自身利益方向解释，设置隐形进入壁垒。比如，广电总局只向体制内企业发放集成播控牌照，根据终端的不同，分类严格管控 IPTV、手机电视和互联网电视等设备和业务；同时单方面扩大集成播控平台的职能，将用户计费和用户管理等全部纳入平台职能。

二是滥用自身优势地位，抬高竞争对手的运营成本。例如，广电播出机构拒绝为从事 IPTV 业务运营的电信企业提供本地电视台节目和受大众欢迎的中央台频道节目。反过来，电信企业也可能在宽带网络接入环节抬高广电企业经营宽带互联网业务的成本。

三是保证网络与信息安全，是开展三网融合的前提，但过高的信息安全要求极大地增加了企业的创新和运营成本。例如，广电总局针对 IPTV 监管平台的建设，要求在集成播控总平台、集成播控分平台、传输核心节点、传输汇聚节点、传输边缘节点、用户终端分别部署六级监管前端，这种做法反而有可能给网络传输带来安全隐患。

四是彼此沟通有限，标准滞后，共建共享难以推行。一方面为保证对融合业务的主导权，分别出台各自的产业链标准，这不利于融合业务的市场推广、兼容和互通；另一方面，广电和电信网络的规划、建设和运营各自为政，对可以共用的管线、杆路、驻地网等资源也没有相应的共建共享要求和政策支持。

5. 国外经验立法先行，多种模式打破体制机制障碍

在三网融合浪潮之下，各国开始纷纷探索适用于融合环境下的通信监管体制机制。从路径上大致可分为三类，具体如下。

一是改革监管体制模式。此类模式以成立融合性的监管机构为基本特点。成立融合性监管机构是对传统的电信、广电分立管理体制最为彻底的改革方式，也是最能在根本上消除行业壁垒的方式。例如，英国 2003 年成立 OFCOM，韩国 2008 年成立 KCC 等。

二是完善协调机制模式。此类模式的基本特点是保留电信、广电监管机构，但通过立法等政策方式明确两机构的管理职责和管理边界，加强两机构的监管协调。同时，国家还倡导对融合业务实施宽松的管制政策，禁止实施非透明以及具有歧视性的管制政策，例如德国、法国和新加坡等。

三是微幅调整政策模式。除了以上两种模式以外，有一些国家，如美国、日本因为在早期就成立了融合性管制机构，政府一般仅需要从政策层面采取调整措施逐步适应融合趋势即可。

6. 要出台配套监管政策，进一步加快体制机制改革

部门利益冲突是三网融合推进的主要障碍之一。广电与电信长期隶属于不同的体系范畴，三网融合推进的背景下，双方各自利益冲突日益激烈。

一是在监管体制方面，广电部门是政企不分、政资不分，实施属地化管理，管理目标侧重于内容多样性和舆论导向；电信部门则是政企分开、政资分离，实行中央和地方两级垂直管理。管理目标侧重于市场竞争和社会福利水平提高。

二是在运营机制方面，广电部门尚未完全实现企业改制，政企不分，管办不分，近来甚至出现成立广播总台的趋势；电信部门则成立了完全市场化的运营主体。这很可能导致广电部门以行政权力排斥处于市场地位的电信企业。

三是业务服务方面，广电部门掌握着丰富的内容资源，拥有成熟的内容运作经验，但缺乏市场经营能力；而电信部门则拥有多元的业务、服务支撑能力，成熟的客户管理能力，较强的市场营销能力，但缺乏内容资源。两者的互补性非常强。

四是网络设施方面，广电部门缺乏骨干网，大部分地区广电有线部门没有形成完整的城域网，且各自分立，面临整合压力；而电信部门拥有三张覆盖全国的网络，互联互通较为通畅。两者互补性同样很强，但要做好无歧视互联互通工作。

（三）消费者权益保障水平不断提升，手机实名和携号转网先后启动

1. 消费者权益保障日益受到重视，选择权和安全保障有新进展

电信消费者权益主要有八类，包括知情权、自由选择权、隐私权、公平交易权、求偿权、监督权、安全保障权、普遍服务权。其中，自由选择权和安全保障权在2010年取得了较大进展。号码携带和手机实名制的试点大幅提升了用户选择权和安全保障权。

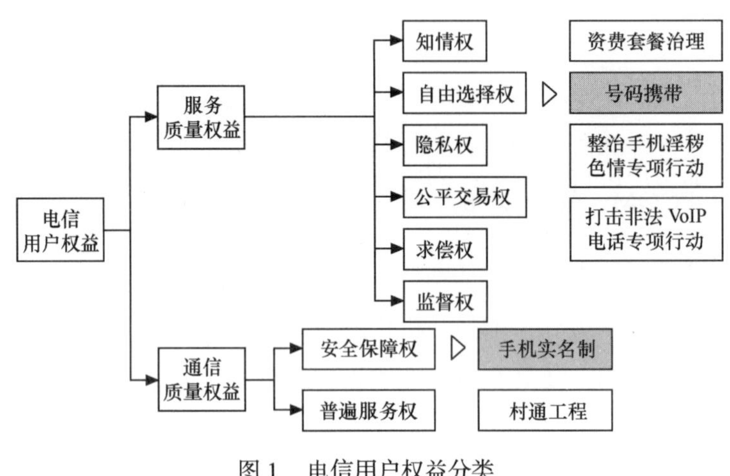

图1　电信用户权益分类

2. 国内开始实施手机实名制和号码携带试点

（1）手机实名制

从2000年开始，很多国家出于预防手机犯罪和提高用户服务质量两个角度开始出台预付费用户实名登记制度。

手机实名制是保护消费者利益的基础性制度。

首先，实名制是建立信息化生活的基础前提。随着3G业务的发展，手机将衍生出更加丰富的增值业务，而这些业务开展的前提都必须是电话用户实名。最为典型的就是手机医疗、手机证券、手机家庭安保等服务，这些都需要以真实的身份来管理与运作。

其次，实名制是建立诚信社会的基础。实名登记政策的实施，能够对手机卡使用者追根溯源，所以它将对各类违法短信发送者的行为产生较强的约束力，从而保护消费者的合法权利不受到侵犯。实名登记还可以通过电信服务作为媒介建立个人信用体系。

第三，实名制可以有效打击手机犯罪和电信诈骗等违法犯罪活动。实现电话实名登记以后，犯罪分子将很难买到非实名登记的手机卡，极大地增加了犯罪分子利用手机犯罪的风险，从而遏制其利用手机进行诈骗等犯罪行为。

第四，实名制能够促进电信行业的健康有序发展。通过电话用户的实名登记，可以进一步提高电

信行业的基础管理水平，促进电信产业的健康可持续发展。

我国手机实名制计划分两个阶段实施。第一阶段：2010 年 9 月 1 日起全面实行新增电话用户实名登记，同时积极推动出台相关法律规定。第二阶段：在此基础上，用 3 年左右的时间完成未实名登记（含登记信息不全、不准）老用户的补登工作，力争实现全国电话用户实名登记。

老用户实名补登记是政策成功的关键阶段。

一方面是由于存量市场没有进行实名登记的用户占比超过 80%，超过 4 亿用户，因此补登记工作量巨大。

另一方面，对新增用户，运营商可以借助服务合约条款保证推行实名登记。但对存量用户，目前尚无明确的法律法规要求用户进行补登记。因此，全面启动手机实名制需要完善相关的法律依据。

（2）号码可携带

随着号码携带的技术实现与管制实践趋于完善，号码携带成为电信用户权益保护和市场公平竞争的标志性政策。目前号码携带成为全球趋势，在全球 60 多个国家得到实施，实施地区也从发达国家向发展中国家转移。

我国于 2010 年 11 月 22 日零时正式启动天津、海南本地网面向移动电话用户的号码携带试验。截至 2011 年 3 月 2 日，天津、海南两地累计用户申请总数 222517，其中天津 211702，海南 10815；成功申请总数 32551，其中天津 29599，海南 2952；成功携转总数 28592，天津 26215，海南 2377。

从数据可以看出，天津地区的关注度高，申请人数多，但两地的申请和转网成功率均较低。主要原因一方面是政策原因导致用户关注程度不同，天津是双向携带，海南是单向携带；另一方面则是市场原因导致申请和转网成功率不同，运营商使用多种手段挽留客户，如赠送礼品、赠送话费、延长合约等。

从当前的试点可见，号码携带进一步推广需完善相关配套政策，包括转网过渡期管理政策和运营商市场营销行为管理政策。转网过渡期管理应从转网时间管理、转网期间服务质量管理、转网过渡期号码使用、再度转网问题管理等方面着手。运营商市场营销行为管理重点应规范运营商的营销手段，防范针对携号转网的恶意营销行为蔓延。

（四）移动互联网蓬勃发展引发管理需求，智能终端备受关注

1. 移动互联网蓬勃发展，进入加速变革时期

我国移动互联网近年来发展势头迅猛，呈现用户数激增、移动数据流量爆发式增长，智能终端销量增幅巨大，应用商店及应用次数屡创新高等特点。

一是我国移动互联网用户数呈现规模式增长，2010年活跃用户数达到将近3亿。

二是移动数据流量爆发式增长，移动互联网无处不在的接入能力，与互联网的变革相结合，使得数据流量暴增，2007–2010年移动数据流量增长约20倍，而同期语音数据仅增长约2倍。

三是智能终端呈现爆发式增长。智能终端发展迅猛，智能终端快速进化，销量增幅巨大。

四是应用商店发生变革，竞争日趋激烈，应用商店规模持续扩大，平均增速达约300%。应用商店平均价格下降约10%，例如苹果APP Store免费应用的下载次数是付费应用下载次数的近10倍。

从我国移动互联网产业发展来看，我国基础运营商在移动互联网发展的生态链中居于核心地位，另外，全国从事移动增值服务的企业增长迅速，10%的SP占据了80%以上的市场份额。在业务应用层面，如APP Store、社交网站、搜索引擎等应用规模不断壮大，微博客、手机地图等新型移动互联网业务层出不穷，应用程序商店由于界面统一、搜索容易、价格低廉、购买方便、没有后续隐忧，满足了用户长尾的需求。

2. 移动互联网成为主流新兴市场，监管措施与时俱进

2010年移动互联网出现了一系列事件，使得移动互联网站在了风口浪尖之上。公众关注的热点包括手机吸费事件，部分手机厂商内置后门软件吸费，谷歌Android操作系统引发的手机中毒导致恶意吸费事件，另外，“天价微博”事件等引发了公众对移动互联网的关注。

由于移动互联网规模的迅速扩张、技术的不断变革，使得移动互联网监管成为热点。工业和信息化部出台了一系列管理规定。4月22日，工业和信息化部下发《移动电话机定制管理规定》，要求定制手机中不得内置固化的SP，之后相继出台系列措施。8月18日，CNNIC修订《无线网址争议解决办法》，限制恶意注册认定。9月1日，根据工业和信息化部的部署，我国正式开始实施手机用户实名登记制。12月9日，工业和信息化部拟对“天价微博”、“天价QQ”等制定规范措施。2010年10月21日，10余家移动互联网企业签署《保护手机用户上网安全倡议书》，抵制手机领域恶意扣费、钓鱼、木马等不良行为。

3. 智能终端安全问题在国际国内日益显现

2010年随着3G网络的大规模建设以及移动互联网技术、业务迅猛发展，智能终端日益普及。但由于在发展初期对信息安全问题重视不够，近一两年智能终端的信息安全问题备受关注。

一是服务器跨境管理和信息加密问题。2010年以来，沙特、阿联酋、印度等国纷纷因安全及通信监管问题与智能终端厂商发生纠纷，其争议主要围绕服务器跨境监管和信息加密传输问题。一方面，由于某些智能终端厂商的应用服务器设在国外，其提供的“数据同步上传”等功能可将用户手机中的邮件、通讯录、日程表等信息通过网络实时传至国外服务器上，由此带来用户信息泄露或被滥用的安全隐患。另一方面，部分移动智能终端采用非公开加密算法对数据进行加密后传输，为违法、有害信

息如淫秽色情等提供更为隐蔽的传播渠道，使其逃避监管。

二是手机病毒频发。2010 年手机病毒频发，“手机骷髅”、“短信海盗”、“手机僵尸”等病毒给许多手机用户造成不利影响。手机病毒泛滥与智能终端平台开放性有较大关系。部分智能手机采用完全开放式平台，一方面为上下游产业带来便利，另一方面也使得在软件中置入后门程序变得容易。目前，网络上有大量的非官方应用商店缺乏有效的监管、审核机制，为植入病毒和恶意程序提供了空间。

三是内置吸费陷阱问题。“恶意吸费”问题一直是手机用户深恶痛绝的。2010 年“3.15”晚会和焦点访谈等节目又对手机“吸费陷阱”导致用户利益受损进行了报道。究其原因，一方面是 SP、方案商及终端厂商均可从“内置吸费程序”中获利，已结成业态较成熟的共同体。另外，终端市场产品同质化严重、利润摊薄也促使部分厂家把加大内置软件数量甚至内置吸费程序作为新的利润来源。

面对频发的智能终端安全问题，设备监管重拳出击。

- 呼吁厂商加强对软件商店的管理和审查，对智能终端用户的使用习惯和利益加强重视与引导。
- 4 月 22 日工业和信息化部发布《移动电话机定制管理规定》，要求定制手机中不得内置固化 SP。
- 5 月 24 日工业和信息化部发布 2010 年第一季度电信服务质量监督检查情况通报，责令生产吸费手机企业限期整改。
- 5 ～ 10 月，工业和信息化部组织开展后续跟踪检查，对手机内置的增值业务收费情况进行抽样拨测。经检查，相关电信企业已对涉及的违规业务采取了业务下线、停止计费等措施，整改要求已经落实。

4. 多种因素导致移动互联网成为监管难题

随着移动互联网的普及和业务应用日益丰富，移动互联网的终端移动性、业务融合创新性、应用服务个性化、跨界等特征，使得信息发布和获取更加便捷，个性化、私密化、隐蔽化的特点更加突出，与此同时，移动互联网带来的一些负面影响也更加突出，威胁网络和信息安全，破坏社会稳定。侵犯个人隐私、危害公民人身和财产安全等问题层出不穷，加强移动互联网监管成为难题。

一是业务融合创新提高监管难度。移动互联网创新加速，应用海量，良莠不齐，业务平台的开放化使得监管更为复杂。另外，业务融合创新的模式，带来了除电信业务特征以外的新的监管方向。众多程序商店的数十万应用和自由开发者给原有的以电信业务分类和市场准入为主要手段的监管模式带来巨大挑战。

二是移动互联网管控平台缺乏。传统的电信监管体系已不能适应移动互联网发展所需的监管。现有传统互联网的监管技术手段难以覆盖移动互联网，目前缺乏针对移动互联网的有效管控平台，移动互联网业务挑战传统互联网监管模式。而移动终端的私密性和具备支付能力，导致移动互联网面临着

比固定互联网更为严峻的潜在安全风险。

三是跨界自由贸易属性带来挑战。移动互联网开放的思想引发全球化运营，电信监管面临跨境监管等新难题。各运营企业身在境外即可借助应用商店等模式绕开电信业务经营许可审查。跨界自由贸易属性引发远程控制、数据传输加密、暗道 / 密道等问题，使国家信息面临重大挑战。

四是移动智能终端安全防范不容忽视。移动智能终端各方面标准尚不完善，移动智能终端操作系统逐步 PC 化，扩展性增强，部分功能给用户信息保护带来安全隐患。例如，移动智能终端采用加密技术，给信息内容安全监管带来极大挑战，部分移动智能终端可内嵌 VPN 和 SSH 隧道实施加密传输，使其逃避监管，使得移动终端安全至关重要。

5. 多角度完善移动互联网监管体制，努力维护和谐网络环境

为了移动互联网的健康发展，有必要从多层面、多角度加强完善对移动互联网的管理，提高技术手段，加强对智能终端和应用平台的安全管理。

一是完善监管手段。建议出台针对移动互联网信息安全的法律法规，如个人信息保护法、移动互联网内容安全监管制度等。建议针对移动互联网技术和业务特点研究更有针对性的管理手段。

二是制定新业务规范。适当扩展延伸现有互联网安全监管措施，使其覆盖移动互联网范围。针对移动互联网新技术、新业务建立网络与信息安全评估机制，使安全隐患在业务推广普及前得到及时有效的解决。

三是加强对智能终端和应用平台的安全管理。加强智能终端设备入网检测和许可。加强应用平台的安全管理。

三、2011 年通信监管形势与展望

（一）评估市场竞争和体制改革效果，完善配套监管政策

2011 年是新一轮电信体制改革的第三年，不管是电信体制改革目标还是多项配套政策，都面临实施效果评估，以进一步完善监管政策。

（1）市场发展及格局情况评估

深化电信体制改革的主要目标，一是优化电信市场竞争格局，形成三家拥有全国性网络资源、实力与规模相对接近、具有全业务经营能力和较强竞争力的市场竞争主体；二是提升自主创新能力，推动 TD 规模应用，后续技术不断发展；三是进一步提高电信行业服务能力和水平。2011 年需要结合体制改革目标，对比评估三年来市场格局变化，以及 TD 发展是否达成预期目标。

（2）配套政策实施效果评估

686 号文件是 2008 年体制改革的主要配套政策，按照 3G 业务经营许可特别规定事项和 686 号文件要求，对中国移动的经营范围作出了部分限制。随着市场的发展，2011 年 686 号文件将进行重新评估和调整。此外，为促进宽带互联网发展，推动宽带市场竞争，互联网网间结算政策也面临调整。

（3）进一步完善配套监管政策

在对市场竞争格局和现有政策全面评估的基础上，需要研究如何进一步完善配套监管政策，以更好地落实电信体制改革目标。在准入政策方面，重点研究中国移动业务经营范围问题；在结算政策方面，重点研究电话网和互联网结算政策的调整；在竞争政策方面，重点关注校园竞争、排他协议等不规范行为，以及互联网市场等新兴领域的竞争行为。

（二）三网融合继续深化，通信监管配套措施将陆续出台

按照国务院办公厅于 2010 年 6 月 9 日进一步下发的《关于印发三网融合试点方案的通知》（国办发 [2010]35 号），2011 年 7 ～ 8 月要对第一批 12 个试点城市的试点情况进行评估。我们认为为了深化三网融合，2011 年需要尽快明确双向进入试点业务的具体范围和内涵，交叉发放业务许可；明确 IPTV、手机电视集成播控平台的功能、对接方案和分工；明确网络互联的技术方案和结算体系；明确网络和信息安全技术方案和管理分工。

同时，作为试点阶段的重要目标，还要继续探索建立分工明确、行为规范、运转协调、协同高效的工作机制，调整完善网络规划建设、基础设施共建共享、业务规划发展、网络信息安全和

广播电视安全播出、用户权益保护等管理体系，基本形成保障三网融合规范有序开展的政策体系和机制体系。

（三）积极推动号码可携带，促进用户权益保护再上台阶

（1）国内号码携带进一步推广是大势所趋

号码携带的技术实现与管制实践趋于完善，已成为全球趋势。从已有经验看，号码携带的技术实现方式基本成熟，全球已实施号码携带政策的国家约有 60 个，且从发达国家成熟市场向发展中国家市场扩展，各国监管机构已经形成丰富的、可借鉴的管制实践经验。从推进电信市场竞争看，号码携带成为电信市场开放和公平竞争的标志性政策，一方面有利于新运营商进入市场，在存量用户市场进行公平竞争，另一方面增加了消费者选择权，有利于保护用户权益。

（2）以试点为基础，政策有望全面推广

号码可携政策的实施采取了循序渐进的方式，在为期 6 个月的试验期间，在天津、海南实施了不同的携带方案。根据不同的试验方案，通过用户转网需求、市场格局影响、技术可行性验证以及监管政策措施等方面的监测和对比评估，以进一步调整和适时推广。从长远看，号码可携应实现无条件双向目标，将号码选择权还给用户，通过非绑定用户促进服务创新和差异化竞争。

（四）移动智能终端将成为监管工作的重要着力点

作为“十二五”期间的重点工作，三网融合在 2011 年将加快科技进步，加快融合进程。2010 年 12 个试点城市三网融合工作的开展，给设备监管带来新的挑战。融合进程中的网络发展扩建引入了新技术网络设备；新型融合业务快速增长，各种融合终端层出不穷，终端向互动高清多媒体方向发展，功能的兼容性和终端的智能化程度不断提高，融合需求将引发设备监管政策调整完善，可采取分步骤推进、分模块协同监管。

（1）针对三网融合设备如何监管开展可行性研究，密切跟踪 IMS、VDSL、IPTV 机顶盒等相关设备情况；

（2）探讨将 NGB 网络中与电信骨干网进行互通的设备及 NGB 网络终端设备纳入电信设备进网监管范围的可能性；

（3）对新型终端的无线或固定网络接口卡进行进网监管；对其与通信业务形式近似的各类新功能需要抓紧研究，有所准备。

互联网篇

导　读

2010年，全球及我国互联网发展呈现出新的特点：全球及我国互联网用户增长进入较为平稳的阶段，移动互联网的迅猛发展成为互联网用户增长的主要来源。平台化成为全球互联网应用发展的主导模式，我国互联网应用逐步向生产服务型转变。全球云计算和IDC的布局正在加快，新型应用基础设施在我国网络中的应有地位已经确立。全球IPv4地址储备库告罄，随着多语种域名的正式上线，全球域名管理变革成果初步显现。互联网日益受到全球资本的瞩目，但产业与市场管理亟待政府进行规范。全球互联网技术热点不断出现，我国互联网研发实力显著提高。

在2010年中，以下热点作为互联网领域进行深度观察的重要内容。第一，云计算在政府支持下快速发展，对ICT产业格局的影响日益显现。第二，全球域名资源管理体系正在经历深刻变革，负责域名管理的ICANN在互联网治理体系中的核心地位得到加强。第三，我国互联网产业发展进入新的阶段，竞争特点与管理思路呈现出新的特点。第四，微博作为过去一年中最为耀眼的互联网应用明星，现实影响与潜在价值非同一般。第五，移动互联网保持稳步高速发展，引领互联网的技术与应用创新。

展望新的一年，互联网将迎来新的发展与变革。预计中国互联网用户将超过5亿，其中手机上网用户规模有望突破4亿；伴随着用户规模的扩大，互联网应用基础设施建设将掀起新的高潮，IDC、CDN、云计算以及以IPv6为基础的下一代互联网将不断解决前进中的问题，获得新的发展；移动互联网和电子商务将延续目前的高速增长态势，成为互联网应用中的领军者；互联网的发展引发全球对关键资源管理的高度关注，新通用顶级域预计将在年内开放，"双刃剑"效应初步显现，我国对ICANN的参与力度则有望加强；美国一方面加强对互联网治理体系的控制，一方面以互联网自由作为对别国攻击的借口，继续增强其在国际互联网治理上的实力。

本篇作者：
何宝宏　姜华　刘越　覃庆玲　高巍　魏凯　李洁　周兰　郭丰　彭志艺　王亮　王雪飞

一、综　　述

（一）用户：全球网民突破20亿，我国网民发展迈入平稳增长期

2010年全球网民突破20亿，全球网民增速连续4年下降（如图1所示，2007年至2010年，增速分别为20.7%、19.3%、14.5%、9.3%），与全球GDP增速（见图2）相比，从超过GDP增速4倍回落至GDP增速1倍。

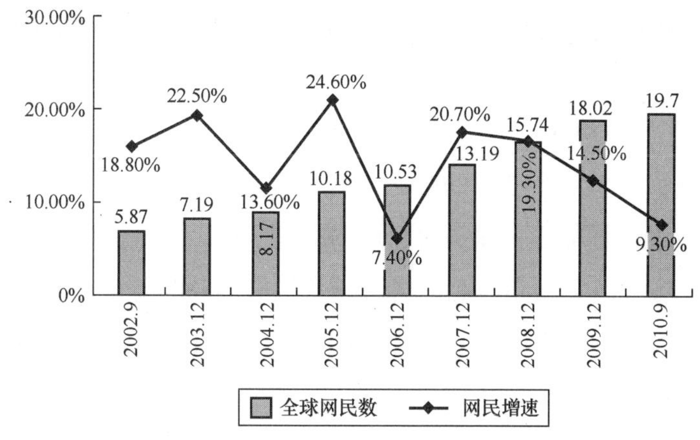

图1　全球网民数量及增速

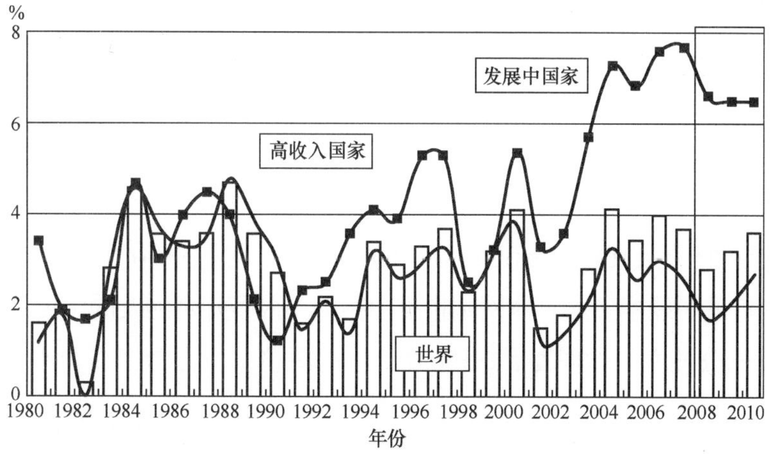

图2　全球GDP增速

如图3所示，2010年我国互联网网民突破4.5亿（其中手机上网用户3.03亿），渗透率达到34.3%。新增网民7300万，其中近7000万使用手机上网，移动互联网用户成为网民增长重要拉动力量。

我国网民增速连续4年持续下降（2007年至2010年分别为53.3%、41.9%、28.9%、19%），与我国GDP增速（2007年至2010年分别为13%、9%、9.1%、10.3%）相比，从超过GDP增速3倍回落至超过GDP增速1倍。我国互联网网民数量告别高速增长，进入平稳增长期。

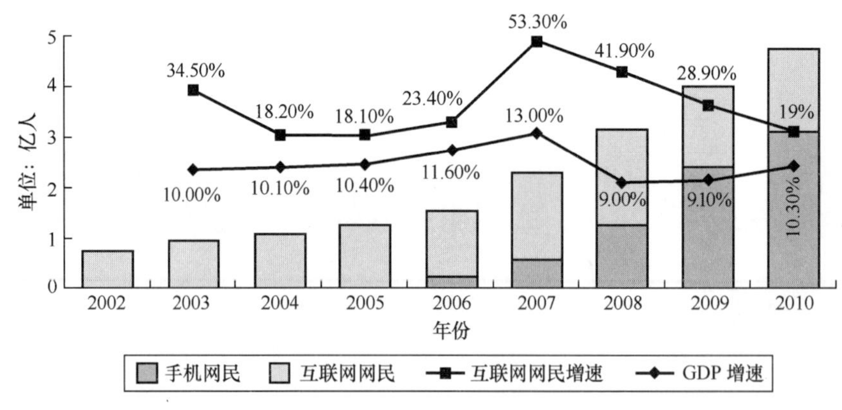

图 3 我国互联网网民数量、增速及 GDP 增速图

（二）应用：平台化应用成主导，我国互联网应用向生产服务型转变

1. 平台：趋势变现实，平台开放化

所谓开放平台，是首先提供一个基本的服务，然后通过开放自身的接口，使得第三方开发者得以通过运用和组装其接口以及其他第三方服务接口产生新的应用，并且使得该应用能够统一运行在这个平台之上，这种网络服务模式叫做开放平台。开放平台模式成功的要点在于，通过自身服务和第三方应用的互利互惠，提高用户对平台网站的粘性和使用频率，进而提高获利。同时，通过利益分享，达到平台自身和第三方应用循环刺激而产生的滚雪球式的增长。

早在 2007 年，Facebook 就已经推出了开放平台，几年间 Twitter、Google、Flickr、Youtube 等陆续开放了应用平台。对我国互联网企业来说，开放平台这一趋势在 2010 年变成了现实，百度搜索、新浪微博、淘宝、人人网、51 网、开心网等纷纷加入开放平台，连始终封闭的腾讯 QQ 都在财付通产品上做起了开放平台。如今，对互联网企业来说，开放平台已成为一个很热门的概念。

2. 微博：大型互联网公司主导微博

2010 年作为中国微博发展元年，不仅新浪、搜狐、腾讯、网易等门户网站相继推出微博，新华网、人民网、凤凰网以及和讯财经等多家媒体网站也推出微博。很多知名网友的主要活动阵地向微博转移。整体来讲，大型互联网公司主导微博发展，其中新浪为领军羊，并开放了微博平台，促进微博商业化。

2010 年我国微博注册用户达 8600 万，增长率高达 975%，覆盖用户 12521.7 万人，渗透率 36.9%，每天发布的微博数量达到 2500 万条。

3. 云计算：全球热挖云计算金矿

2010 年全世界都卷入了风起“云”涌的 IT 革命浪潮之中，云计算成为公认的未来发展方向。各国政府积极推动全球云计算发展，如美国政府对云计算产业进行了全方位的支持和引导，并建立联邦示范工程资助试点项目，日本经济产业省发布了《云计算与日本竞争力研究》报告，英国制定了 G-Cloud 计划，韩国公布了“云计算活性化”综合规划，我国国家发改委和工业和信息化部联合启动了五城市的云计算试点。

当前引领和主导云计算产业的是谷歌、亚马逊、IBM、微软等国际互联网和IT巨头，这些公司既是云计算概念的最初倡导者，也是云计算服务的最早提供者。我国互联网企业、电信运营商和制造商也在积极推动云计算的发展，如2010年中国移动正式发布大云平台，2010年底华为正式面向全球发布了云计算战略及端到端的解决方案。

4. 电子商务：团购网站初露头角

2010中国电子商务市场交易额已逾4.5万亿元，同比增长22%。2010年中国电子商务的一个突出特点是“千团大战”，团购正成为一场轰轰烈烈的消费运动，成为时下最为流行的网络消费方式。“Groupon模式”被称为团购2.0，以其清晰、简单、直接的商业模式红遍大江南北；传统的家居建材团购、论坛和商家自发组织的团购也得到了放大；除了吃喝玩乐，团购对象甚至涵盖了液晶电视、汽车、别墅等，全年团购销售收入达到88.6亿元。

电子商务发展的新特点还在于打造新品牌，通过品牌效应确立精准的营销思路，才能够在众多网店中脱颖而出，如淘宝推出的麦包包、裂帛、斯波帝卡等。

受益于电子商务的蓬勃发展，物流快递业务量迅速增加，2010年中国快递业务量增长的80%来自电子商务。但同时物流快递的不匹配发展使得其逐渐成为电子商务的瓶颈问题，如淘宝光棍节5折促销让物流遭遇灾难性考验，多个物流公司爆仓；物流快递停运导致电子商务失去春节蛋糕。目前较大规模的B2C企业意识到自建物流对于企业发展的作用越来越大，不但可以有效地树立品牌、提升用户体验，还可以加速资金流动性，同时完善整个电子商务生态链。

5. 移动互联网：应用程序商店和移动操作系统成焦点

2010年移动互联网热点不断，移动互联网业务繁荣发展。手机在线支付、手机微博、手机网上银行、手机网上购物、手机旅行预订、移动广告、位置服务、二维码等新业务也不断推出，业务种类增长迅速，多元化发展趋势清晰。除传统的手机音乐、手机阅读以外，移动即时通信、手机搜索、手机社交是我国移动互联网的发展最为迅速、渗透率也最高的业务。

移动互联网应用程序商店火爆，苹果App Store应用数量现已超过30万，累计下载量突破100亿次，独占全球应用下载市场份额的90%以上，领先地位明显。Android Market也引起了消费者和应用开发者的广泛关注，应用数量突破13万。当前已经有很多应用程序都是互联网信息的入口，应用程序商店模式向桌面互联网延伸。

（三）网络：新型基础设施成热点，商业网站IPv6起航

1. IPv6网络建设提速，三网融合推动国内网络升级

2010年全球IPv6发展呈现了一些新的特点：骨干网商用启动，网站支持力度增加，部分国家推

出新政策。如 Comcast 宣布 IPv6 商用；YouTube 支持 IPv6；印度公布 IPv6 路线图；韩国将在 2011 年全面启用 IPv6；美国发布了 IPv6 行动计划，2012 年底所有政府网站支持 IPv6。

我国三网融合政策落地，将推进电信网、广播电视网和互联网融合发展，实现资源共享，为用户提供话音、数据和广播电视等多种服务。我国宽带互联网建设提速，NGB 接入带宽声称可达到 100Mbit/s 水平。

2. 新型应用基础设施掀热潮

云计算的发展使 IDC 成为互联网承载内容、数据与计算能力的重要基础设施，2010 年全球掀起了建设 IDC 的热潮，各大互联网公司更是投入巨资打造数据中心，如谷歌全球拥有 36 个大型数据中心，Facebook 将 20 亿美元融资全部用于数据中心建设和并购，苹果的 iDataCenter 将承载 iTunes 云服务。

2010 年以视频业务为代表的大流量应用促进了 CDN 的发展，预计到 2013 年 90% 的互联网流量都来自于网络视频，2010 年我国 CDN 市场规模将达到 7.63 亿元人民币，增长率达 52%。

（四）资源：IPv4 地址库告罄，域名改革初见成果

1. IPv4地址即将耗尽，IPv6地址分配提速

IANA IPv4 资源已于 2011 年 2 月 3 日宣布告罄，APNIC IPv4 地址申请政策进一步收紧，可分配最小地址块从 /22 到 /24。

2010 年全球分配 IPv6 地址超过 2000 块，相比 2009 年增加 70% 多。2010 年底，中国 IPv6 地址超过 400 块，较 2009 年增长超过 300%。

2. IDN ccTLD批准上线，新gTLD再次被延期

互联网域名体系的变革取得初步成果。多语种的国家和地区顶级域名（IDN ccTLD）终于上线，简繁体“中国”中文国家顶级域名于 2010 年 6 月获批；新通用顶级域（gTLD）计划则由于多种原因再次推迟批准时间，新 gTLD 将为全球互联网带来新的资源，或者造成互联网秩序新的混乱，抑或只是一些企业新的敛财手段，仍有待进一步观察。2010 年，域名系统安全扩展协议（DNSSec）部署提速，根域名系统于 7 月 15 日完成数字签名密钥生成，11 月底全面提供服务。

（五）产业与管理：全球资本瞩目，产业市场亟待规范

1. 中国互联网概念受资本追捧，互联网新一轮上市热潮

继 20 世纪末的中国概念股在海外资本市场初次掀热潮，2004 年至 2005 年盛大、腾讯、百度第二次上市热潮，2007 年阿里巴巴、巨人第三次上市热潮之后，2010 年中国互联网公司掀起了第四波海外上市浪潮，赴美上市的 40 家中国企业中，互联网企业占 6 家（麦考林、当当网、优酷、土豆、

迅雷、千橡)。

在 Alexa 排名前 30 的网站中，国内网站占据 5 席，分别是百度、腾讯、淘宝、新浪、163。腾讯已跃升全球互联网企业市值第 3 位。百度自 2005 年上市以来股价攀升了近 50 倍。

2. 市场秩序亟待规范，隐私保护问题日益突出

市场："3Q"之争凸显我国互联网在法律、标准、道德、市场秩序方面的缺陷。

隐私：维基解密触动政府神经，政府信息保密与公众知情权——如何平衡？"政府隐私"该如何保护？这些问题尚待解决。

管理：互联网"扫黄打非"行动中，关闭涉黄及未备案网站 6 万 3 千多个，网络环境得到进一步净化。

（六）技术：技术热点频出，国内研发实力显著提高

1. 应用驱动技术组合，创新旨在改善用户体验且创新门槛降低

2010 年技术发展主要特点为：应用驱动技术组合，技术创新以改善用户体验为主，技术创新门槛降低。2010 年出现了很多技术热点，如增强现实、HTML 5、实时搜索、Chrome OS、Android、手机视频、平板电脑、地理定位、手机交易等。

在未来互联网技术发展方面，NSF 公布支持 4 项未来互联网研究项目：NDN(名字寻址网络)，MobilityFirst(移动性)，NEBULA(云计算)，XIA(多业务支持)。

2. 国内技术研发实力显著提升

IETF 大会首次在中国召开，中国参会人数超过美国，这是 25 年来第一次有国家代表数超过美国，且中国主导或参与的 RFC 数量激增，2010 年超过了 40 篇。

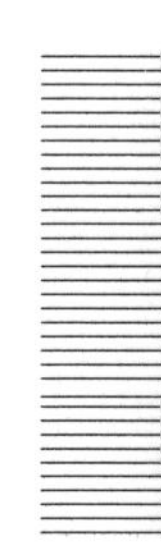

二、热 点 分 析

（一）云计算——从“浮云”到“腾云”

1. 云计算是IT与互联网多方面技术发展的结果

从技术上来看，云计算并不是一项“新”的发明，而是在已有 IT 软、硬件技术的基础上，通过与互联网和创新商业模式的结合而产生的新的业务模式。因此，云计算的产生也是计算技术、虚拟化技术、多租户软件技术、网络技术等多方面技术发展的结果。

云计算基本表现形式仍然是数据中心，但是，技术发生革命性的变化：从强调单机的性能（Scale Up）向“虚拟化、分布式、智能化”等方向发展（Scale Out）；通过海量低成本服务器替代传统专用大 / 小型机 / 高端服务器；通过分布式软件替代传统单机操作系统；通过自动管控软件替代传统的集中管理。

对于 IaaS 业务，以服务器、存储器等硬件设备的虚拟化技术为基础，主要通过虚拟化、虚拟机管理（VMM）、虚拟交换等技术实现对服务器、存储等资源的虚拟化。

对于 PaaS 业务，以分布式计算和分布式数据库为主要特征，通过类似 map-reduce、big-table 等技术实现任务的分布式处理，通过大量低成本计算单元实现高性能处理。并且通过提供系统 API，为新业务的快速生成和部署创造条件。

对于 SaaS 业务，主要基于应用软件的网络化及 SOA 体系的应用，通过互联网络实现传统软件系统的外包服务（outsourcing）。

不管是哪种云计算业务，都具有以下基本特征：

- 多用户共享基础设施；
- 为用户提供按需服务；
- 用户使用的资源具有可扩展性；
- 通过网络远程提供服务。

2. 云计算正在深刻改变ICT产业格局

面对云计算迅猛的发展趋势，ICT 产业链上各个环节都在寻求在云时代各自的新位置，以云计算为中心，ICT 产业原有的产业格局正在被打破。

互联网公司通过云计算建立互联网应用平台。云计算为互联网业务提供商带来了新的商业模

式——开放式业务平台模式。在这一模式下，互联网业务提供商一方面向用户提供应用服务，另一方面向开发者甚至其他业务提供商开放自身的开发接口，用他人的力量丰富自身的应用，并形成了平台—开发者—用户的新的商业模式。目前，以谷歌、Facebook 等为代表的新互联网业务提供商正在着力打造自己的业务平台，并在此基础上希望将浏览器打造为新的“网络操作系统”的入口。

IT 厂商通过着力开拓“私有云”市场，希望转型为“云集成商”。面对云计算，尤其是私有云市场的发展，IBM、微软、HP 等传统的 IT 巨头开始转变自身的策略，希望通过提供私有云解决方案，成为数据中心改造及新型数据中心建设市场中的获益者。2010 年 3 月 4 日，Ballmer 在关于云计算的演讲中称微软对于云计算将“全力投入”，同时透露，微软目前 70% 的员工在进行云计算相关的项目，2011 年这一比例将达到 90%。

电信运营商希望通过云计算实现在互联网市场中从“管道提供商”到“应用提供商”的转型。一些国际运营商已经开始尝试进入这个新的市场，AT&T 在北美提供 Synaptic Hosting 云计算服务，而 NTT 的 BizCity 服务已经覆盖了美国、欧洲和亚洲的许多国家，目标客户覆盖了大型企业、中小企业等各个层面，实际运行的虚拟机数量已达数千台。

ICT 产业旧的格局正在被打破，新的厂商结盟不断出现。要成为“云计算”的基础设备提供商，需要兼具网络 IP 技术和 IT（存储、计算）技术，由此引发出整个 ICT 产业新的联合和并购热潮。目前，国际上在云计算产业环节中具有竞争力的一些厂商已经结成产业联盟，并开始提供包含 IP 和 IT 技术的系统解决方案，如 IBM/VMware 的联盟、VMware/Cisco/EMC 的“VCE”联盟、微软与 HP 的联盟，等等。国内华为与赛门铁克公司的合作，也被认为是进一步向云安全、云存储等更多云计算领域渗透。

3. 美国政府的云计算战略开始逐步落实

美国政府高度重视云计算，认为云计算是在新一轮产业革命中确保全球信息技术领导地位的关键技术，是可以帮助美国早日摆脱金融危机困扰的新一轮信息技术变革，是美国提高信息技术实力战略的关键，是美国在 21 世纪夺取和保持竞争优势的重要方式。

● 2009 年，美国政府推出了推动云计算发展的战略规划，2010 年，美国政府的一系列政策开始逐步落实。

● 2010 年，谷歌、微软等云计算领域巨头的云服务架构相继通过了美国国家标准和技术研究院（National Institute of Standards and Technology，NIST）负责的认证，这就意味着这些 IT 巨头可以合法地向美国联邦机构提供云计算服务，打开了美国政府大规模采购云计算服务的大门。

● 2010 年 11 月，GSA 与联邦 CIO 委员会共同发布了 FedRAMP（Federal Risk and Authorization Management Program，联邦风险与授权管理程序）需求，向公众征求意见，FedRAMP 将负责对联邦机构提出的云计算应用进行安全审查。

● 2010 年 11 月，包括微软、AT&T、Amazon、Verizon 等在内的 11 个厂商获得了向 app.gov 提

供 IaaS 服务的总额 7700 万美元的合同，提供存储、虚拟机、web hosting 等 IaaS 服务。

从 2010 年的情况来看，虽然标准、安全等问题仍困扰着云服务的提供者和消费者，但美国政府对于云计算的推广工作仍按部就班地推进。

4. 我国云计算产业发展潜力巨大，但障碍犹存

2010 年，我国云计算产业已经开始进入了实质性发展阶段。

各地政府纷纷制定云计算发展计划，并将其作为战略性新兴产业的重要组成部分。2010 年 8 月 17 日，上海市发布“云海计划”，期望再造一个千亿级的新兴产业；2010 年 7 月 20 日，北京市启动“祥云工程”，计划到 2015 年形成 500 亿元的产业规模；深圳“十二五”规划中计划建设“智慧深圳”，建设华南云计算中心，预期带动信息服务业新增营业收入超过 1000 亿元。其他城市，如东营、东莞、佛山、成都、汕尾、武汉、苏州等都各自提出了发展云计算“产业中心”的计划。

电信运营商寻求新的业务领域。从目前的情况来看，电信运营商一方面是云计算技术的使用者或消费者，一方面也在寻求成为云计算业务的提供者。电信运营商商在 IDC 方面具有较大优势，IDC 市场中的份额在 60% 以上，如何利用 IDC 方面的优势在云计算竞争中占据一席之地，是电信运营商考虑的重点。目前，中国移动推出“大云”；中国电信已经与 EMC 合作，推出了“E 云”在线存储服务；中国联通也计划在 IDC 中进行云计算改造的试点。

互联网企业立足于内部挖潜，希望拓宽业务领域。为了节能降耗、降低成本，互联网企业自身对采用云计算技术产生了强烈的需求。目前，新浪、腾讯、阿里巴巴等 ICP 都已经或准备利用私有云来代替现有的服务器集群系统，以达到减少服务器需求、降低能耗的目的。另外，新浪、阿里巴巴等企业也在尝试利用自身的服务器资源对外提供公有云的服务，但目前这些努力还都处于试验阶段。

软件企业借助云计算概念实现发展。实际上，在云计算概念提出以前，软件业已经在向 SaaS 的方向发展。近两年来，国内许多软件厂商纷纷推出类似业务，如 XToolsCRM、800APP、伟库网、友商网、亿禧网、百会、领动在线、铭万在线 CRM、销遥行，等等。在云计算概念提出之后，还有许多软件企业利用云计算来进行包装，推出如“云杀毒”、“云计算中间件”等产品。

虽然我国云计算产业面临良好的发展机遇，但也面对着许多实际的障碍。

云计算关键产品与技术主要依赖国外厂商。目前，实现云计算业务平台的技术与产品主要都由国外厂商掌握和提供，如 VMWare 的 ESX，Ctrix 的 Xen，微软的 HyperV，谷歌的 Map-Reduce/GFS/BigTable 体系等。国内希望提供云计算的企业或者直接购买国外厂商的产品或解决方案，或者在一些开源平台上进行开发，但直接购买解决方案的方式无法提升我国产业自身的技术水平，而基于开源平台开发的系统很难投入商业运行或实现较大的系统规模。

宽带网络建设无法满足云计算业务发展的需求。根据 Akamai 公司 2009 年的统计报告，中国的平均上网速度只有 857kbit/s，而同期 OECD 国家的平均接入带宽则达到了 9.2Mbit/s，之间相差了 10 倍以上。由于宽带网络的普及率仍然不高、接入速率偏低、运营商间网络互联质量差，以及各地区网络发展水平不均衡等诸多问题，使用户使用高质量云计算业务的需求无法满足，很大程度上制约了目前云计算在中国的发展。

数据中心规模小、能耗高、技术水平低。数据中心是构建云计算平台的基础。无论哪种云计算业务模式，都需要有规模化、节能化的大型数据中心的支持。谷歌、亚马逊、微软等云计算技术与服务的先进企业同时也拥有目前世界上最先进的数据中心技术和基础设施。反观我国数据中心的发展状况，规模小、能耗高、技术水平低仍是显著的特点，没有自己的服务器资源，只提供机架、机房和带宽出租等基本服务，距离转型成为领先云计算平台提供者的要求相去甚远。

相关数据保护的法律法规以及行业管理制度缺失。云计算是一种公众服务，需要进行法律与政策层面的监督与管理。从法律层面来说，要解决服务提供商的责任与义务问题，并从法律的高度规定用户数据与隐私保护的重要性。由于云计算可能导致数据的跨境流动，也带来了地域法律适用性的问题。目前国际上许多国家和地区都在考虑原有法律是否能够适用于云计算服务的问题。相比较之下，我国在信息安全保护方面的法律还存在很大的不足，虽然 2006 年就有政协委员提议制定《信息安全保护法》，但此立法一直没有启动，这对于云计算服务的健康开展十分不利。从监管层面来看，我国对于互联网业务的监管目前主要依照《电信业务分类目录》，而对于云计算的相关业务形式目前在《分类目录》中并没有明确体现，这也导致很多希望提供云计算服务的公司对监管情况把握不清，因此迟迟不敢推出相关业务，一定程度上阻碍了云服务的发展。

（二）域名资源正在经历深刻变革，ICANN 地位得到加强

1. DNSSEC助美加强根区控制权，我国又增信息安全隐患

DNSSEC（域名系统安全扩展）是国际因特网工程任务组（IETF）开发的 DNS 安全扩展协议，其主要功能为：（1）为 DNS 数据提供来源验证——数据来自正确的域名服务器；（2）为数据提供完整性验证——数据在传输过程中没有任何更改；（3）提供否定存在验证——对否定应答报文提供验证信息。DNSSEC 能够较为有效地防止 DNS 欺骗，对提高现有域名系统的安全解析有一定作用。

在美国商务部的统一安排下，ICANN 与 VeriSign 共同推动部署 DNSSEC，特别是根区 DNSSEC 的部署。主要进程如下：

- 2009 年 12 月：根签协议交互试验；
- 2010 年 1 月：第一台根服务器开始进行根签试验；
- 2010 年 5 月：所有根服务器开始进行根签试验；

- 2010 年 6 月 : 根服务器部署 DNSSEC；
- 2010 年 6 月 : 第一届密钥签名密钥验证发布仪式；
- 2010 年 7 月 : 根区信任锚点，DNSSEC 根签完成；
- 2010 年 7 月 : 第二届密钥签名密钥验证发布仪式；
- 2010 年 11 月：根区密钥成为全球唯一“信任锚”。

由于 DNS 的层级特点与根区的唯一性，DNSSEC 部署之后，根区密钥的更新需征得美国商务部的批准，相当于美国为根区控制权再加一把锁，而且 VeriSign 在美国政府授权之下负责管理 A 根之外，同时负责管理根区 CA(Certificate Authority），因此美国政府及机构对根域名服务器系统的控制权进一步加强。

在根区部署 DNSSEC 的同时，VeriSign、Afilias 等大型企业提供技术解决方案，协助所托管的域名部署 DNSSEC。2010 年 12 月，ICANN 首席执行官宣称全球已有 50 个顶级域完成部署并接受根区签名，另外至少还有 15 个顶级域正在部署之中。随着越来越多的顶级域完成 DNSSEC 部署，未部署国家（包括我国）为避免成为 DNS 安全孤岛，可能会被迫加快进行这一进程，即 DNSSEC 的部署存在“倒逼”效应。而我国一旦部署 DNSSEC，则在根 CA 由 VeriSign、美国商务部掌握的情况下，我国用于 DNS 安全解析的密钥系统 / 数字签名将一定程度上受控于美国，从而导致面临新的网络与信息安全隐患。

2. ICANN巩固核心地位，对我参与互联网治理有一定影响

在当前的国际互联网治理体系中，以 ITU 为代表的政府间国际组织被边缘化。2010 年，ITU 多次被欧美国家指责为官僚机构，所发挥作用被欧美限定在普及互联网、基础设施建设及其安全等（2010 全权代表大会），并被要求与 ICANN 等私营机构合作。在联合国框架下的互联网治理论坛（IGF）原本是世界其他各国与美国进行关键资源管理权斗争的重要成果，但由于 IGF 只有清谈而无决策，因此在 IGF 上进行关键资源管理权的斗争声音渐弱，反而成为美国宣扬互联网自由和攻击别国的场所。2010 年，IGF 的五年期限届满，在欧美国家的支持下确定将延续召开，但预计仍基本维持现状，不具决策权和执行力。

作为互联网域名和地址资源分配与管理机构的 ICANN，则在 2010 年多次强调互联网治理要遵循多利益攸关方机制，并获得欧美国家政府肯定。2010 年，ICANN 按照其与美国政府签订的承诺确认文件（AOC）开展问责与透明度审查，这有利于改善 ICANN 决策流程，使其获得互联网社群更为广泛的支持。特别是 ICANN 主导制定多语种域名和新通用顶级域的政策，在美国政府统一指挥下与 VeriSign 一起积极推进 DNSSEC 部署，对关键资源管理权的掌控在 2010 年里继续加强，在互联网治理体系中的核心地位得到巩固。

ICANN 的地位不断提高，但是我国对 ICANN 参与程度不高，影响力有限，发挥作用存在一定困难。与参与 ITU 相比，我国参与 ICANN 的人员相对较少，时间较短，跟踪研究不足；我国政府代表仅作为 ICANN 的无投票权的政策咨询机构中的一员，没有决策权；我国在 ICANN 决策机构和主要组织中担任重要职务的人员极少，影响力有限。

3. ICANN加快推进多语种域名计划，争取各国支持

多语种域名是指用非拉丁语字符组成的域名体系，使用多语种域名有助于促进互联网普及和发展，符合文化多样性要求。由于多语种国家和地区顶级域（IDN ccTLD）事关各国主权与国家形象，ICANN 全力推动此事。自 2009 年 IDN ccTLD 快速流程正式启动以来，截至 2010 年底，共有 35 个国家和地区提交了申请，其中 13 个国家和地区的共计 16 个顶级域名获得批准；另有 9 个国家和地区的共计 16 个顶级域名已通过字符串审查，正在等待 ICANN 的批准。

在 2010 年 6 月举行的 ICANN 布鲁塞尔会议期间,“. 中国”和“. 中國”顶级域名获得批准,“. 香港”、“. 台湾”和“. 台灣”等顶级域名也同期获得 ICANN 批准 。“. 中国”和“. 中國”顶级域名，7 月写入根区，8 月实现全球解析。“. 中国”中文国家顶级域名的进展对于提高我国用户使用互联网有促进作用，且事关国家形象，是中文互联网发展历程中具有里程碑意义的大事。

由于 ICANN 是美国的私营机构，不受各国政府控制，因此 ICANN 加快推进 IDN ccTLD 有向各国示好的意味，希望与各国政府保持良好关系。ICANN 总裁在“. 中国”获得批准后对此事予以高度评价，并在 12 月的 ICANN 会议开幕式上以俄罗斯开放俄语顶级域注册后域名数量快速增长为例，表明 IDN ccTLD 的成功，为 ICANN 进行背书。ICANN 目前仍在开放 IDN ccTLD 快速申请流程，并不断完善对 IDN 顶级域名的支持。

4. CN域名注册量大幅下降，应采取措施使其稳步回升

与中文域名获得成功形成对照的是，.CN 域名注册量大幅下降。截止到 2010 年 12 月底，我国域名总量达 866 万个，其中 .CN 域名总量为 435 万，占比滑落到 50.2%。网站数量也大幅下降。2011 年头两个月里，.CN 域名注册量又减少了 100 万左右，落后于 .COM 域名注册量。

这一情况的出现与国家加强互联网的安全治理有关。部分用户因担心隐私泄露或不愿等待实名注册较长的审批周期而转向申请 .COM 等注册管理机构在境外的域名，甚至直接转到境外注册。当然其中也有不少是由于经营违法违规业务的网站为躲避审查转向使用非 .CN 域名。

由于 .CN 是我国自主管理的国家顶级域名，安全性和用户权益保护水平更高，因此政府部门应在巩固实名注册成果的基础上，逐步简化申请和审批流程，提高实名注册效率，同时加强对其他在我境内提供注册服务的顶级域的实名注册管理，打击非法域名注册及代理服务。更要出台政策鼓励用户注册包括 .CN、. 中国等国家域名，注册管理机构和注册服务机构应注意提高国家域名的注册保有率，从而保证我国国家顶级域名在国内市场的主导地位，为互联网的健康持续发展提供支撑。

（三）互联网产业发展进入新阶段

1. 具有国际影响力的互联网企业巨头初步形成

随着我国互联网产业的蓬勃兴起，我国互联网企业在门户网站、即时通信、搜索引擎、电子商务、网络游戏等领域形成了具备良性商业模式、可持续发展能力和一定国际影响力的骨干企业。在互联网原有市场格局颠覆和产业主导力量重塑后，2010 年腾讯、百度、阿里巴巴国内三大互联网巨头企业在全球互联网企业市值排名中进入前 15 名，腾讯公司市值已达 410 亿美元，超越了 ebay、雅虎，仅列谷歌、亚马逊之后位居第三，百度、阿里巴巴则分别排名第 5 和 11 位，如表 1 所示。目前，腾讯、百度和阿里巴巴依然保持较快增长势头，年增长率超过 45%，远远高于国内三大电信运营商。

表 1　　国际互联网企业市值排名

排　名	公 司 名 称	地　区	市值（亿美元）
1	谷歌	美国	1970
2	亚马逊	美国	760
3	腾讯	中国	410
4	ebay	美国	400
5	百度	中国	400
6	雅虎	美国	220
7	雅虎日本	日本	210
8	Priceline.com	美国	210
9	Salesforce.com	美国	150
10	Rakuten	日本	100
11	阿里巴巴	中国	100
12	Akamai	美国	90
13	Netflix	美国	90
14	NHN	韩国	80

注：企业市值截至2010年11月11日。

2. 国内互联网企业参与国际竞争，布局海外业务

由于国内互联网市场竞争的不断加剧，受制于市场利润增长单一化，国内互联网企业开始着眼在海外市场进行收购和投资，以开发新的利润增长点。除了百度公司在 2009 年进军日本市场迈出国际业务扩展的第一步外，作为国内第一大互联网企业的腾讯公司于 2010 年 4 月投资 3 亿美元参股俄罗斯社交网站巨头 DST。考虑到 DST 也是全球最大的社交网站 Facebook 的股东，这一投资使得腾讯与 Facebook 建立了联系。未来腾讯海外市场进一步拓展，相信腾讯会与类似 Facebook 等国外知名互联网企业展开全面合作，充分挖掘国际市场潜在价值。而阿里巴巴作为国内电子商务的领军企业，其外贸类业务收入是企业总营收的重要组成部分。为了实现其“把中国产品卖到全世界”向“把全世界产

品卖到全世界”的战略转变，阿里巴巴在美国及其他国际市场积极地捕捉投资目标，阿里巴巴以电子商务平台业务为核心，设立总价值 1 亿美元的投资计划，展开了一系列海外并购。阿里巴巴于 2010 年 6 月收购美国 B2C 电子平台 Vendio，随后在 8 月收购美国电子商务服务提供商 Auctiva。

除了国内三大互联网巨头企业布局海外业务外，国内互联网游戏企业也掀起一波海外并购热潮。第九城市以 2000 万美元获得美国网游开发商 Red5 Studios 多数股权；完美时空则以 2100 万美元全资收购日本网游代理公司 C&C Media；盛大通过 6000 万美元和价值 2000 万美元的盛大游戏股票，收购美国游戏分销和内置广告平台 Mochi Media。国内互联网企业的海外投资和业务扩展意味着国内互联网企业正逐步摆脱本土市场，实现多样化发展，探索中国模式的国际化道路。

3. 互联网应用创新活跃，商务应用方兴未艾

国内互联网商务类应用在 2010 年显示出了空前的发展前景。据中国电子商务研究中心统计，2010 年中国电子商务市场交易额已达 4.5 万亿元，同比增长 22%。国内电子商务 B2C 企业在经历长达 10 年的成长后，终于寻找到稳定的盈利发展模式。当当网、麦考林两家 B2C 企业赴美上市，立即获得国际资本市场追捧，当当网上市后企业市值直破 20 亿美元。

相比之下，基于社区关系的新型电子商务形式——团购，在 2010 年一登场就呈现出爆炸式增长的态势。根据 CNNIC 最新统计，截至 2010 年 12 月，我国团购用户数已经达到 1875 万人。在经历了初期独立运营网站后，团购频道已经逐渐成为主流网站的标配。因为业务门槛低，商业模式简单易复制等特点，国内现有网络团购企业数量已达 1880 家。

除互联网企业外，2010 年传统企业开始集中开展电子商务。年初，苏宁电器旗下电子商务平台苏宁易购网正式上线。11 月，国美以 4800 万元价格正式收购家电 B2C 网站库巴网 80% 股份，完成对库巴网的绝对控股。至此，国内两大传统家电销售巨头齐聚电子商务市场。其他类传统企业进军电子商务的还有富士康及其成立的飞虎乐购电子商务平台，中粮集团构建的我买网，中国邮政集团与 TOM 集团合资建立邮乐网等。传统企业已经充分认识到发展电子商务对其未来发展的重要性，通过自建、并购、合资或在第三方平台上建设旗舰店等形式，谋求占据行业未来发展的制高点。

4. 企业平台化促进业务跨界融合，客户端成为竞争热点

经过 16 年发展，我国互联网领域已经形成一批骨干企业。年收入规模在 10 亿以上的大型互联网企业占据了 80% 以上市场份额。其中，腾讯、百度、阿里巴巴、新浪、网易、搜狐等六大互联网企业占据互联网上市企业总营收的 68% 以上，如图 1 所示。在产业格局进一步集中的背景下，互联网企业在不断巩固既有业务和稳定用户规模的同时，逐步利用已有用户资源布局并抢占新兴领域。这已经成为了当前互联网企业做大做强的战略路径。基于企业平台化战略的

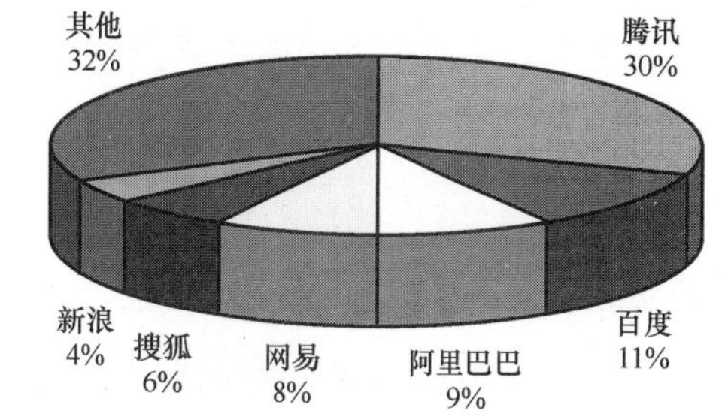

图 1　2010 年前三季度互联网上市企业总营收分布

指导，腾讯、百度、阿里巴巴、新浪、搜狐、网易等典型互联网企业业务范围涵盖了即时通信、电子商务、社交网站、搜索等诸多领域。互联网行业交叉融合竞争的现象日益明显，企业间竞争正从单一领域向纵深“跨界”蔓延，竞争程度日趋激烈。

互联网客户端成为互联网企业竞争着力点。现阶段的客户端用户规模是互联网企业竞争的核心。由于交互性强、用户体验丰富等特点，客户端模式已经成为了互联网企业业务竞争的主战场。目前，注册用户数或装机规模超过 1 亿的客户端就多达 10 多款，应用范围包括即时通信、安全软件、输入法、网络视频等各类网络应用。随着智能终端的多样化发展，客户端种类还将继续保持迅猛增长。

5. 国内企业创新动力不足，市场乱象丛生

目前，我国互联网中小企业在互联网业务创新上基本是照搬美国新兴的互联网模式，原始突破性创新较少；而国内大企业则引领创新的动力不足，往往采取直接拷贝嫁接小企业成熟的盈利模式应用到自身业务平台，实现风险极低的业务扩张。

除 3Q 事件外，2010 年各互联网企业间争斗事件不断，其中涉及不正当竞争行为形式多种多样，诸如争抢域名、诋毁商誉、恶意拦截、盗用版权等，如表 2 所示，凸显我国互联网的市场监管、商业道德、行业标准三大方面内容亟待完善。

表 2　　2010 年主要互联网企业争斗事件

事件类型	涉及企业
争抢域名	开心 VS 千橡
诋毁商誉	瑞星 VS 微点、腾讯 VS 360
恶意拦截	搜狗 VS 腾讯、百度 VS 360
盗用版权	优朋普乐 VS PPTV&TCL、大众点评 VS 爱帮、盛大 VS 百度

6. 互联网管理进入新阶段

伴随互联网发展进入新阶段，新应用新业态爆发式增长、市场竞争日益复杂多元等问题表现出互联网管理正处于变革的十字路口。互联网管理必须应对互联网不断变化的新特点和新规律，创新工作思路、强化制度和手段建设，以加强管理来促进互联网健康有序发展。

面对互联网市场的摩擦不断增多和逐步升级的新形势，国家互联网行业各分管部门纷纷发布或出台相关政策法规，进一步加强对互联网行业企业的管理和引导。为了专门应对互联网市场竞争中出现的问题，工业和信息化部公布了《互联网信息服务市场秩序监督管理暂行办法（征求意见稿）》，中国人民银行出台了针对第三方支付的《非金融机构支付服务管理办法》等。

作为市场主体的互联网企业也从企业自律的角度重新审视自身市场竞争行为。在中国互联网协会的倡导下，互联网企业共同协商发布了《互联网终端软件服务行业规范》，对互联网行业标准的建立和市场秩序的维护具有积极的意义。此外，许多互联网知名企业家在企业内部会议或对外宣传过程中，

都提出了建设公平公正有序市场的热切愿望和相关承诺，这些都为互联网行业自律和政府管理启发了思路，并起到了良好的宣贯作用。

（四）微博引领媒体新时尚

1. 微博发展进入新阶段

2007 年 5 月，就在 Twitter 在一次会议上一炮走红后两个月，敏锐的创业者就在国内先后开设了饭否、做啥等微博客网站，几家创业型公司率先将微博业务引入国内，成为国内微博的开创者。由于大多数用户并不了解微博，当年注册用户数仅十万左右，以小众个人用户为主，使用范围有限。当时大多数用户都使用 PC 终端访问微博。

进入 2010 年，微博在中国迎来新的发展阶段，无论是市场主体、应用规模，还是使用范围或使用模式都发生了质的变化，因此也被称为“中国微博元年”。截至年底，中文微博网站已经达到 36 家，新浪、搜狐、腾讯、网易等大型门户竞相发力，将微博作为业务发展重点，门户网站取代创业型网站成为微博领域的主要提供商。国内微博用户规模急剧扩张，注册用户达到 8600 万，覆盖用户 12521.7 万人，渗透率达到 36.9%，每天产生微博客内容 2500 万条，用户量最大的新浪微博用户数在 2010 年扩大了 25 倍多。微博使用范围从小众个人走向社会大众，全国 1300 多个政府机构，500 多家新闻机构开通新浪微博，政府机构和企业微博客兴起扩大了微博使用范围，迅速提升了公众影响，成为微博爆炸式发展的助推器。微博的使用方式也在悄然变化，通过客户端软件（调用开放 API）浏览和更新微博成为主流，而其中 38% 的流量来自手机终端，基因相近的移动互联网与微博融合发展趋势日益明显。

2. 微博客社会影响日益扩大

随着用户规模和使用范围的扩大，微博客覆盖广泛、交互性强、传播快速等技术优势进一步发挥，社会影响日益扩大，主要表现在以下几个方面。

一是成为形象展示新窗口。政府、学校、企业等机构的官方微博成为权威信息发布和形象展示的新窗口。在新浪微博的上千个政府微博中，公安 692 个，政府机构 216 个，官员个人 426 个，及时公开政务信息，在网络空间树立了良好的政府形象。国内清华、北大、复旦、哈工大、西安交大等 20 多所高校招生办开通微博，发布招生政策信息。新浪微博客企业用户超过一万家，经认证的腾讯微博企业微博数量也突破 3000 家，在扩大企业影响力、维护客户关系、获得新的宣传渠道、树立品牌形象等方面都发挥了重要作用。

二是成为网民参与公共事务新途径。北京、河北、安徽、无锡、广东、云南等地政府和公安机关开设的微博，发布政策信息，收集网民对政府工作的意见建议，开辟了社情民意和政务信息上传下达的新途径。各地警方纷纷开通“微博 110”并相互关联，不仅成为案情发布的平台，也实现了网络报案和信息相互关联及时联动。网民可通过微博完成寻物报案等事项，构筑社会治安新屏障。2010 年

底在全国掀起“微博打拐”行动，各地网友自发参与“随手拍”及时通过微博提供被拐儿童线索，促使多起案件迅速告破。

三是突发事件报道显优势。微博具有的使用便捷、传播迅速、传播广泛等特点，在一次次突发事件的报道中凸显优势。2010 年 4 月 14 日 7:49，青海玉树发生地震，震后一小时内，相关微博就达到数万条。在交通通信中断情况下，中国国际救援队通过微博不间断发布灾区消息，至 16 日晚 7 时，已有超过 200 万的网友关注中国国际救援队、公安部消防局等救援机构在搜狐网的官方微博上发布的救援信息。一个民间公益组织在微博上发布将有一架包机赶赴灾区的消息，征集各类救灾物资。几个小时后筹集到的物资就远远超出了预定数量。微博以其独特的信息传播方式，快捷、充分、立体、实时、具体地为民众提供了第一手信息，展现了独特魅力。

3. 微博巨大潜力有待进一步挖掘

微博不仅是一个孤立的信息传播工具，其作为平台的潜力非常巨大。随着微博社会影响日益增大，国内微博运营者也非常注重平台潜力的挖掘和微博客产业生态链的培育。未来在用户规模和应用开放程度上仍有巨大的发展空间。

应该看到，我国微博市场与国际上相比仍有明显差距。全球最大的微博 Twitter 到 2010 年末注册用户已达到 2.5 亿，已经逐步发展成一个平台提供商。Twitter 上的第三方外部应用程序数量也将近 30 万款，成为一个聚合各种应用的巨大社交网络平台，向商业化迈进了一大步。而作为国内最大的微博网站新浪微博，2010 年 10 月份用户达到 5000 万，但第三方外部应用数量仅 800 款，潜力有待进一步开发。

展望未来，紧密结合移动互联网的技术特点，与位置服务、SNS 等能力结合，微博在我国的发展将催生巨大的应用创新空间。

（五）移动互联网稳步高速发展

1. 移动互联网业务繁荣发展，多元化趋势逐渐清晰

目前，除了传统的手机音乐、手机阅读以外，**移动即时通信、手机搜索、手机社交是我国移动互联网的发展最为迅速、渗透率也最高的业务。**如图 2 所示，2010 年网民手机上网应用中，手机即时通信仍然是渗透率最高的应用，渗透率达到 67.7%，其次，手机搜索在网民手机上网应用使用率中排名第二，达到 56.60%。手机社交网站的渗透率增长较快，达到了 36.6%，展现出较好的成长势头。从内容方面看，手机上网应用主要还是集中在娱乐休闲类应用，音乐、文学、游戏、视频等应用都在渗透率中排名靠前；手机邮件、支付（2010 年 12 月使用率为 8.40%）等应用虽然渗透率较低，但在 2010 年也得到了一定的发展，除此之外，手机微博、手机网上银行、手机网上购物、手机旅行预订、移动广告、位置服务、二维码等新业务也不断推出，业务种类增长迅速，多元化发展趋势清晰。

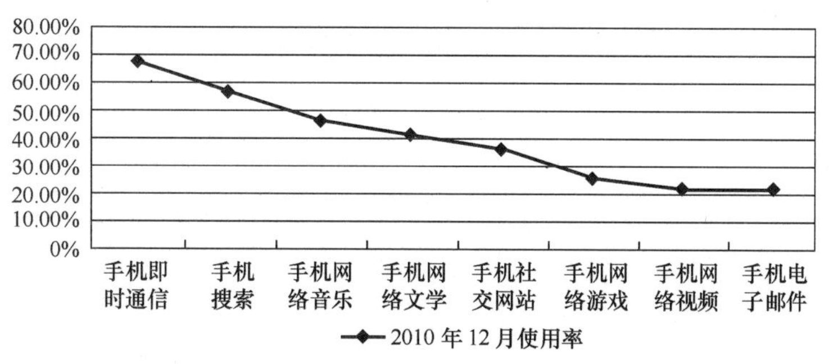

图 2 2010 年中国移动互联网应用渗透比例

我国目前移动互联网应用的发展仍然主要来自于互联网业务的迁移，如搜索、音乐、新闻、即时通信、游戏、视频、社交网站等，成为移动互联网的主流应用。与此同时，**基于融合创新的新型移动互联网应用形态渐现，**2010 年全球位置服务应用热潮在国内移动互联网界迅速蔓延，产业规模及参与者均不断扩大，并持续呈现上升状态。截至 2010 年底，中国国内包括立方网、多乐趣、玩转四方、贝多等类 Foursquare 模式的厂商突破 40 家。包括新浪微博、开心、百度、盛大等互联网巨头以及三家电信运营商的加入，更为 LBS（位置服务）的发展带来了更多的市场推动力，如新浪微博不仅成为大量第三方位置应用的重要生态平台，更及时的互动、交流、分享、转发等特质也大大提高了位置服务的影响力。

2. “花园围墙”由网络侧移动到终端侧

以 I–Mode 和移动梦网为代表、以移动网络为中心的封闭花园模式在新的浪潮中被颠覆和超越，互联网和终端成为业务开发的主要平台。产业力量以操作系统为核心重构，移动智能终端软件平台演变为整个产业竞合的战略制高点，智能终端软件平台成为控制产业链上下游的关键，国际巨头几乎同时把竞争的焦点指向终端软件平台，苹果的 iPhone 和谷歌的 Android 于 2010 年持续加力，全球市场占有率稳步攀升，诺基亚、微软的部署紧随其后，产业各方不断合纵连横，整个信息产业格局正在围绕着智能终端操作系统进行垂直重塑。

区别于梦网模式下移动的需求为中心，和终端耦合度低的特性，智能终端现已成为业务开发和提供的主导平台，决定业务入口和开发接口的核心要素。在此背景下，**智能终端制造与服务一体化趋势凸显。**当前产业巨头纷纷通过其对终端软件平台的控制力实现终端关键应用的排他性深度定制，移动互联网业务与智能终端软件平台的这种紧耦合导致智能终端制造与服务一体化，以应用程序商店为代表，服务成为智能终端发展的关键要素，Nokia 的 Ovi、苹果的 App Store、谷歌的 Android Market 都是终端（软件）制造商匹配其终端的关键服务。终端制造与服务的一体化改变了产业链上下游的产业关系，形成了立体化、多元化、更为激烈的市场竞争，推动了产业的空前融合。

3. 应用程序商店火爆，正逐步影响桌面互联网

近两年来，业界对苹果开创的应用程序商店模式广为追捧，就目前而言，已经集中了终端制造商、操作系统提供商、运营商、CP/SP、开发者、用户，以及广告商等在内的几乎移动互联网所有的

产业成员，呈现出蓬勃发展的态势。**2010 年，应用程序商店火爆依然，**苹果借助先发优势及 iPhone、iPad 等终端强大的号召力垄断地位明显，其 App Store 应用数量现已超过 30 万，累计下载量突破 100 亿次，独占超过 90% 的全球应用下载市场份额；Android Market 也引起了消费者和应用开发者的广泛关注，应用数量突破 13 万，截至 2010 年 7 月，累计下载量超过 10 亿次；Windows Marketplace 借由 Windows Phone 7 的推出而闪亮登场，2 个月时间内应用数量达到 4000 款，同比 Android Market 达到同样规模历时 5 个月，增长势头强劲。

我国应用程序商店发展喜色不少，目前，中国三家移动运营商以及联想、宇龙酷派等终端厂商均建立了应用程序商店，共有应用近 10 万，其中中国移动的 Mobile Market 应用数量达到 4 万，宇龙酷派的 Coolmart 中达到 2 万。除此之外，安卓市场、机锋市场等众多的第三方参与者等在应用程序商店领域也积极布局，对我国移动应用市场的繁荣也起了一定的推动作用。

以终端为平台的应用程序商店模式不仅深刻影响了移动互联网的发展，也正在向桌面互联网延伸，如 Google、苹果都推出了桌面应用程序商店。

三、展　　望

（一）2011年中国互联网用户将超过5亿，手机用户规模有望达到4亿

从2008年开始，互联网用户规模每年新增接近1亿用户，预计2011年这一增长趋势仍将继续保持，互联网用户规模在2011年中期有望突破5亿，完成一个新的跨越。届时将有超过40%的人口使用互联网。预计2011年移动互联网用户仍然保持着比互联网用户高的增长率，用户规模有望达到4亿。

2011年，互联网作为经济社会运行重要平台将发挥更大的作用。互联网将不仅成为经济发展和社会活动的重要载体，而且成为政府了解社情民意、与民众沟通的的重要平台。

（二）互联网应用基础设施现建设热潮

IDC/CDN：旧IDC将进行改造，新IDC将大规模建设，并初现泡沫；CDN建设在多方力量投入下渐成规模。

云计算：公众云计算开始（试）商用，云计算将迎来进一步发展的广阔空间。

未来互联网：未来互联网的创新环境继续受到各方关注。

IPv6/下一代互联网：IPv6成为发展下一代互联网的必选项，由于目前国际上对IPv6地址的分配政策较为宽松，各国申请力度继续加大；全球及我国将启动IPv6规模商用（包括网站改造、互联互通等），国家有望出台下一代互联网发展战略规划；IPv4和IPv6互通技术的不平衡仍然是阻碍IPv6发展的核心问题，IPv4运营商级翻译技术会越来越热。

（三）2011年移动互联网、电子商务延续高速增长态势

移动互联网业务将持续繁荣。2011年，跟随全球市场的快速发展，手机应用商店活跃用户规模增速将超过100%，高于移动互联网用户规模增速。移动互联网社交平台步入高速发展期，SNS、微博等热度不减，微博等在社会管理中的应用将更为普及。移动电子商务、手机定位应用等成为新的热点，2011年聚焦用户成为发展中的关键因素。

电子商务高速增长。2011年随着电子商务、第三方支付相关管理办法的实施，电子商务发展环境日益完善，预计互联网电子商务交易额将达到5万亿元。

（四）新通用顶级域“双刃剑”效应初现，参与ICANN力度有望加强

已多次推迟的新通用顶级域计划预计将在年内开放申请。现有域名注册管理机构和注册服务机

构、国际组织、地区性组织、企业、特定社群等各方力量将加入申请行列，首轮申请的顶级域名数量有望超过 200 个（目前为 23 个）。

新通用顶级域开放申请对于域名产业发展是一把“双刃剑”：

- 有助于企业扩大品牌影响和控制注册准入制度，但同时面临顶级域数量大增后较高的防御性注册成本；

- 有助于促进域名市场的竞争，但由于申请和运营费用较高，缺乏能力的中小机构会严重依赖于提供域名托管的大型企业；

- 有助于 ICANN 强制推广 DNSSEC，但多数申请者需要付出高额费用并依赖能提供 DNSSEC 解决方案的大型企业。

我国应在敦促 ICANN 国际化的同时加大 ICANN 参与力度。ICANN 作为美国私营机构必须遵守美国法律法规，与美国政府签署 AoC 承诺总部不离开美国，经美国授权依 IANA 合同规定管理关键资源，其受美国控制的事实短期内难以改变。因此，我国政府应积极争取在 ICANN 中的应有地位，调动并发挥社会力量对参与 ICANN 的积极性，推进 ICANN 的国际化，为国内机构参与新通用顶级域名申请争取有利环境和正当权益。此外，应适时调整域名管理政策，为应对新通用顶级域开放带来的影响早作准备。

（五）美国将继续增强其在互联网治理中的实力

美国将继续加强对互联网治理体系的控制。美国国会将继续加强国内立法，谋求美国对互联网单边控制权的法定事实；预计美国政府仍将与 ICANN 签署 IANA 合同，继续通过 ICANN 控制互联网关键资源管理权。与此同时，美国政府将继续敦促 ICANN 落实根据 AoC 所开展审查提出的各项建议，适当增加各国政府在 ICANN 事务中的决策权，缓和各国对美国的攻击。但美国仍将坚持互联网管理的多利益攸关方机制，继续阻挠联合国框架下推动政府主导互联网治理的进程，不会交出互联网关键资源的管理权。

美国将以“互联网自由”作为攻击别国的新借口。2011 年 2 月希拉里发表讲话批评包括中国在内的多个国家对互联网进行内容审查和应用限制，大力鼓吹互联网自由，这将成为美国干涉别国自主管理互联网的重要借口。

3G 及宽带无线篇

导　读

移动互联网业务的迅猛发展，带动2010年移动通信持续快速发展：3G用户快速增长、新技术与产业发展加快，数据业务流量激增，同时也引发了资源与收益的矛盾日益突出。

2010年无线移动通信热点分析。

—移动互联网引发信息产业发展模式变革：移动互联网继续推动跨界融合，应用商店成为主导模式；智能终端操作系统竞争愈加激烈，产业格局快速转变；移动终端软硬件成为通用基础架构，X-pad万众瞩目；电信业积极应对，推动网络开放和业务创新。

—我国3G从起步期走向良性发展期：我国3G用户发展态势良好，增长速度稳步提升；用户发展超过全球同期水平，网络建设取得阶段成果，处于走向良性成长的关键期；业务应用涌现新热点，需强化创新和普及推动良性成长；针对TD-SCDMA的发展，需政府和市场两轮驱动，确保顺利进入良性成长期。

—新一代宽带无线LTE将与3G协调发展：全球LTE刚刚启动，仍处于初期阶段；LTE要达到规模应用，仍需3年以上的时间；TD-LTE研发和产业化加速，同时面临全球市场的发展机遇；3G将与LTE长期共存，两者需要协调发展与推进。

—无线局域网与蜂窝网融合发展：无线局域网产业已形成10亿规模，我国市场潜力巨大；802.11n成为市场主流，新一代WLAN向更高速发展；无线局域网与蜂窝网融合发展，呈现爆发式增长；无线局域网与蜂窝网融合源自室内数据业务的需求，两者在技术上不断融合、产业上相互渗透。

展望2011年，移动互联网创新与竞争日益加剧，随着Web通用技术更加重要，将与应用商店相伴而行；移动终端开放阵营上升，封闭与开放博弈。移动互联网带动全球在未来5年内3G年增长30%，我国也将在2011年进入规模发展阶段，预计在2013年左右2G开始减少。

本篇作者：

王志勤　胡坚波　李珊　吴丽凤　许志远　林辉　罗振东　石中金　杨天一　宋颖

一、2010 年无线移动通信发展特点

受益于移动互联网业务的迅猛发展，2010 年移动通信持续快速发展：3G 用户快速增长、数据业务流量激增、网络压力加大、新技术发展加快。

（一）移动互联网发展带动全球 3G 移动用户快速增长

2010 年，移动互联网快速发展，促进全球 3G 用户市场继续保持了快速稳定的增长趋势，成为移动通信市场的主要带动力量。2010 年 3G 新增用户 2.1 亿，3G 总用户达到 8.2 亿。3G 用户与 2009 年相比增长 34.4%，在移动用户中占比由 2009 年的 12.9% 升至 15.2%，如图 1 所示。

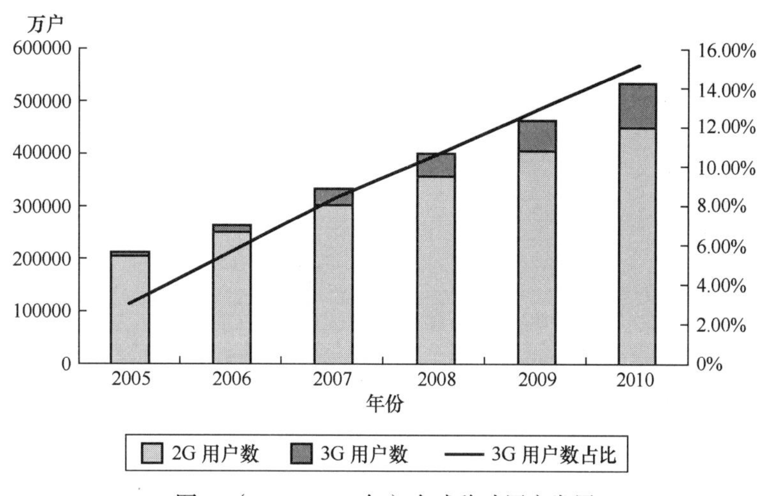

图 1 （2005–2010 年）全球移动用户发展

国内 3G 用户发展态势良好，用户规模持续扩大，发展速度逐渐提速，用户占比稳步提升：截至 2010 年底，用户累计到达 4705 万户，全年累计新增 3380 万户；3G 用户在移动用户中的渗透率达 5.5%，如图 2 所示；全年累计 3G 新增用户占移动新增用户比重超 30%；12 月单月 3G 新增用户占移动新增用户比重超 50%，较 1 月份提高近 40 个百分点。

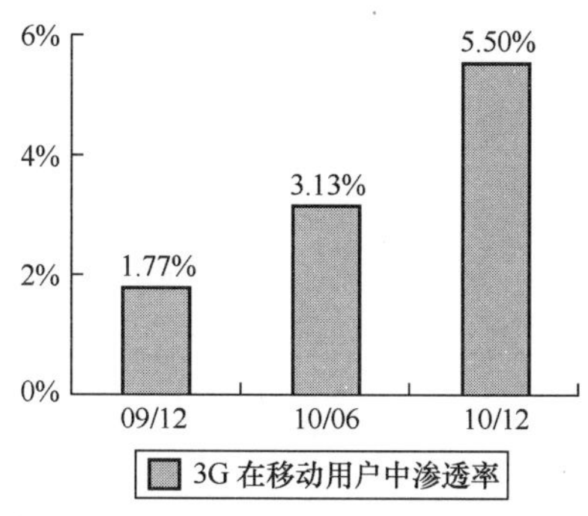

图 2 我国 3G 用户渗透率的提升（数据来源：工业和信息化部）

（二）LTE 起步发展，HSPA 更受运营商青睐

由于移动互联网的迅猛发展，3G 增强型技术市场份额提升，HSPA 在各类 3G 技术中用户占比已达到 43.7%。3G 运营商加速向 LTE、HSPA+ 等 3G 增强型技术演进。

2010 年全球 LTE 网络建设进入了起步发展阶段，截至 2010 年 12 月底，全球已经发放 LTE 许可证 48 张，共开通 16 个 LTE 商用网络，主要分布在北欧，以中小运营商为主，网络目前以热点覆盖为主。图 3 所示为未来几年 LTE 商用网络预测。

2010 年 12 月，Verizon、NTT DoCoMo 等部分主流运营商开通商用网络，对 LTE 产业起到实质性的带动作用。

LTE 网络及终端还需要 3-4 年才能逐步成熟，在此之前，具有清晰的演进路线的 HSPA 及 HSPA+ 更受运营商青睐。截至 2010 年 12 月，HSPA 新增网络为 88 个，HSPA+ 为 89 个，HSPA+ 已经成为主流，如图 4 所示。

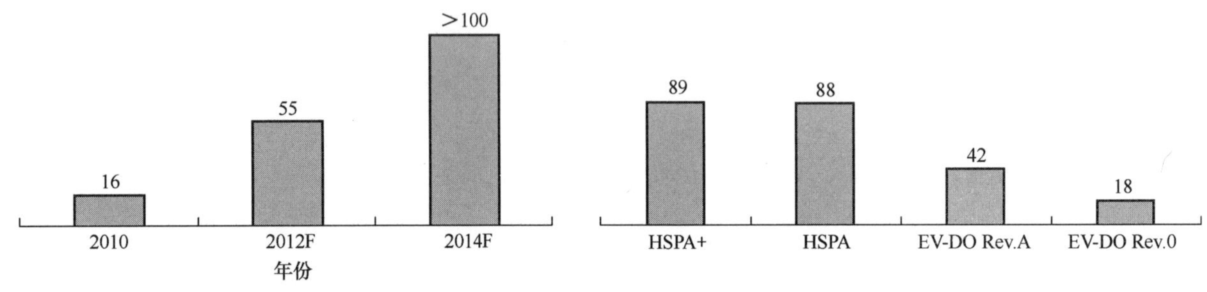

图 3　LTE 商用网络数量

图 4　2010 年 3G 增强型网络的新增数量

不同运营商对 LTE 和 HSPA+ 的态度也不同，部分运营商面临移动宽带需求压力更倾向于尽早商用 LTE，如 DoCoMo 、Verizon 等公司，而部分运营商则选择等待 LTE 成熟，在此之前采用 HSPA+ 以充分利用现有网络，如 Vodafone、Orange 等。

（三）移动互联网引爆数据流量，改变运营商收入结构

移动互联网用户快速增长。截至 2010 年 12 月，全球移动互联网用户已达到 9.4 亿，年复合增长率约为 69%。中国移动互联网市场用户规模将达到 3 亿，连续两年保持 100% 的高速增长率。

由于智能终端和 3G 业务逐渐普及，移动互联网蓬勃发展刺激了全球移动数据业务流量大幅攀升。如图 5 所示，根据爱立信 2010 年 8 月发布的全球网络数据流量测量结果显示，2009 年全球移动数据流量几乎增长了两倍，比话音流量的增长速度快 10 倍以上，且在 2009 年第四季度超越了话音业务流量。部分运营商的 3G 网络数据流量压力大大增加，例如北欧运营商 TeliaSonera 2008 年 3G 数据流量增长 700%；美国 AT&T 2009 年比 2008 年流量增长 200%。

和黄 3G（爱尔兰）、softbank（软银）和黄 3G（奥地利）及 NTT DoCoMo、KDDI 等部分 3G 运营商在 2010 年上半年的数据业务收入已经超过或接近话音业务，如图 6 所示。

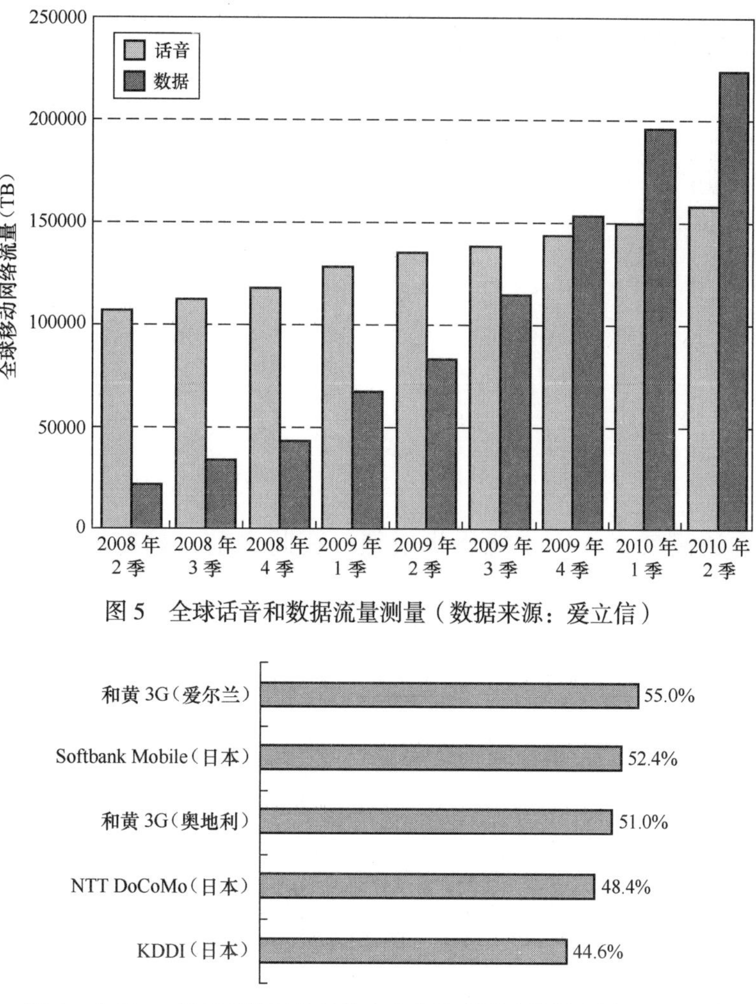

图 5　全球话音和数据流量测量（数据来源：爱立信）

图 6　全球 3G 运营商数据业务收入占比示意图（数据来源：Informa）

（四）无线资源占用与效益的矛盾日益突出

移动宽带业务发展占用的无线资源与效益之间的矛盾日益突出，其带来的收入增长远远无法与流量增幅相比：根据 Informa 公司的预测，2013 年全球移动宽带接入业务的收入是 2008 年的 1.88 倍，而数据流量则是 2008 年的 16.83 倍。如图 7 所示。

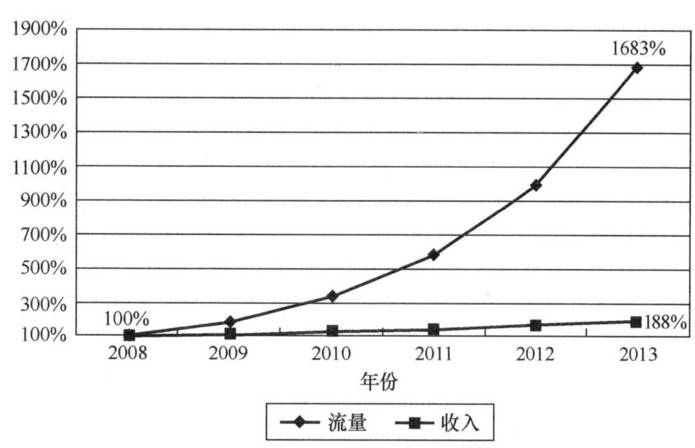

图 7　2008-2013 年全球移动数据流量及营业收入增长预测（数据来源：Informa）

2010 年我国移动业务收入中，话音业务占到 66%，非话音业务对收入增长的贡献超过 50%，其中数据流量和新业务成为重要增长点。数据流量业务成为双刃剑，虽然其收入占整个增值业务收入增量的 65%，但也占用了大量的网络资源，导致网络利用率不断攀升。如中国移动的移动数据业务占用 41% 的资源，仅带来 5.9% 的收入，如图 8 所示。

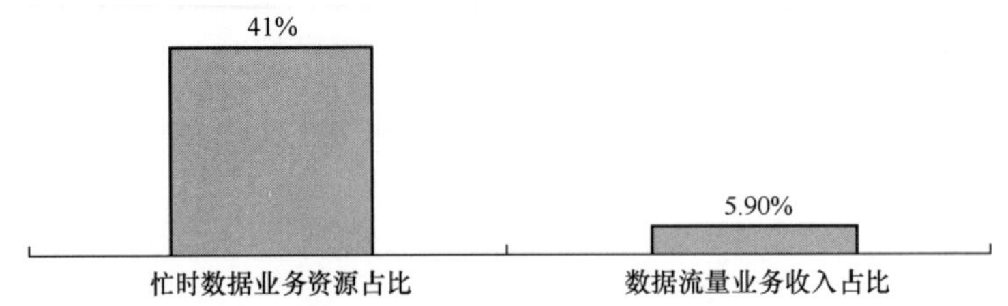

图 8　中国移动数据业务资源占比与收入的占比（数据来源：中国移动）

二、2010 年无线移动热点分析

（一）移动互联网引发信息产业发展模式变革

1. 移动互联网继续推动跨界融合，应用程序商店成为主导模式

移动互联网引发了信息通信产业发展模式的变革。移动通信与互联网两个产业的深度融合，推动了业务模式和商业模式的变革创新，业务开发、业务提供和产业链组织发生巨大变化，总体上看其在两个维度上对整个产业产生重大影响。

（1）服务业发展模式变革：在移动互联网服务与终端软件平台深度耦合的背景下，应用程序商店模式成为主导业务模式：以 I-Mode 和移动梦网为代表、以移动网络为中心的封闭花园模式在新的浪潮中被颠覆和超越，以苹果、谷歌公司应用程序商店的爆炸性成长为代表，形成了当前以终端和互联网为中心、基于接口开放和开发者广泛参与的开放和半开放模式，互联网和终端成为业务开发的主要平台。苹果的 App Store 发展仅三年时间，其在线应用软件下载量已超过 100 亿次，苹果公司的市值和现金储备也位列全球 IT 巨头的榜首。

（2）制造业发展模式变革，服务与终端（软件）制造一体化，应用程序商店、网络应用服务成为智能终端的必备要素，苹果、谷歌迅速发展并占据移动智能终端市场主导，谷歌 Android 仅用三年时间就超越 Symbian 夺得智能手机销量第一的宝座。

移动互联网发展持续加速，界面统一、搜索容易、价格低廉、购买方便、没有后续隐忧，满足了用户长尾的需求，应用程序商店模式在相当长时间内都将是主导业务模式。目前全球已有 40 余家应用程序商店，苹果的 App Store 应用数量接近 35 万，Android Market 应用数量超过 15 万，在 2010 年苹果 App Store 的应用数量翻了一番，而 Android 则在一年内激增了 544%，另外黑莓和诺基亚也分别增长了 268% 和 258%。开发成本仅有 10 万欧元的小游戏《愤怒的小鸟》只用一年的时间总下载次数达到了 5000 万次，超越了当年任天堂的头号经典游戏《超级马里奥》。中国三家移动运营商以及联想、宇龙酷派等终端厂商均建立了应用程序商店，共有应用近 10 万，由于难以解决终端和用户体验的一致性的问题，我国运营商在发展应用程序商店方面仍然远远落后于苹果和谷歌。

2. 智能终端操作系统竞争愈加激烈，产业格局快速变换

随着移动互联网时代的到来，信息产业基本格局发生变化，Wintel 联盟一统天下的格局变为 OHA、苹果、微软 &Nokia、Meego、bada 等多方混战。谷歌 Android 系统在过去的一年里狂飙突进，以惊人的 615.1% 年增长率一跃成为移动智能终端操作系统领域新的霸主；苹果 iOS 系统伴随 iPhone4、iPad 的持续热卖市场占有率节节攀升，继续引领行业潮流；曾经的王者 Symbian 全球市场

份额快速下滑，面对着“着火的平台”，诺基亚毅然投入 Windows 怀抱，结盟同为市场追赶者的微软，以期浴火重生，以谷歌、苹果、微软 – 诺基亚为代表的三大阵营已初步形成，未来的全球竞争将基本围绕这三大阵营展开。

当前我国移动智能终端操作系统市场为海外阵营大比例占据，如图 2 所示，Symbian 颓势尽显但仍以超过 70% 的份额占居头把交椅；Windows Mobile 市场表现平稳位列第二；与全球趋势类似，开源操作系统 Android 借助摩托罗拉、三星等国外厂商和我国的联想、华为、中兴、宇龙酷派等厂商的支持迅速崛起，不断挤压 Symbian、Windows Mobile 等老牌操作系统的市场份额，但相较全球而言新兴力量 iOS 及 Android 在我国市场份额远低于平均水平，霸主之势并未显露，而 Symbian 普遍被认为是一种不适合移动互联网时代的操作系统，因此本土移动智能操作系统至少在国内仍有较大市场机遇。

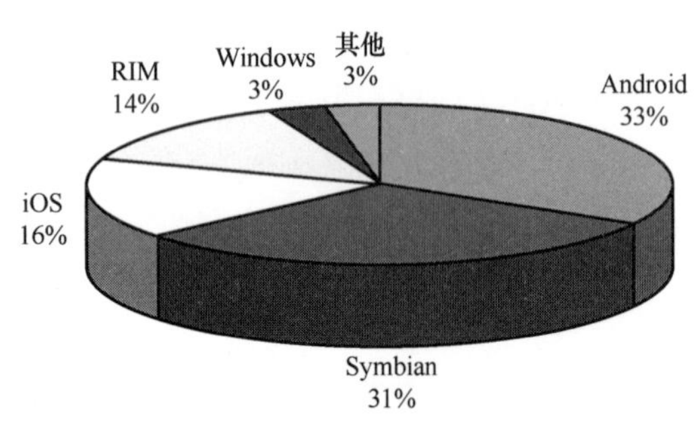

图 1　2010 第 4 季度全球智能手机市场份额

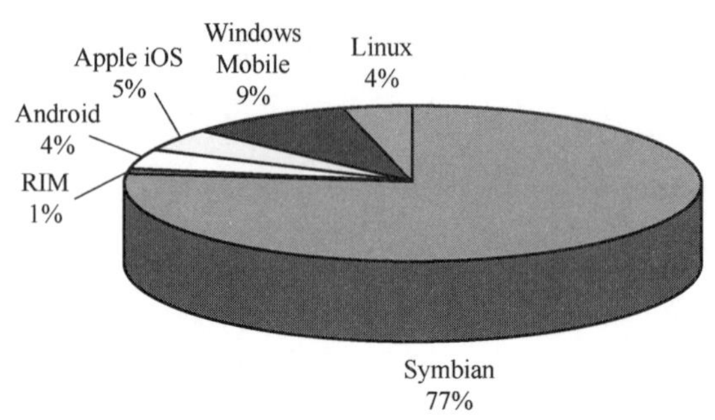

图 2　2010 第 2 季度中国智能手机 OS 市场份额（出货量）统计

3. 移动终端软硬件成为通用基础架构，X-pad万众瞩目

互联网公司、消费电子公司以终端与服务一体化模式延伸其互联网服务至更为广阔的领域，移动智能终端的软硬件架构正逐步演变为信息产业的通用基础架构，形成了横向演进跨平台发展的趋势。电纸书、掌上游戏机等采用移动智能终端架构的设备层出不穷，iPad 平板电脑即是其中代表，另外，谷歌和苹果以 Android 和 iOS 平台为基础，开始布局互联网电视市场，分别推出 Google TV 和 Apple iTV，谷歌还与占据 IP 机顶盒绝对市场份额的 MIPS 公司达成协议，IP 机顶盒未来将在 Android 平台上发展。

X-Pad 已经成为产业各方通向移动互联网的入口，各方开发各种移动智能终端的落脚点和核心是手机的软件平台（即操作系统），阵营间的竞争只是智能终端操作系统激烈竞争的延续，操作系统决定了业务入口、业务开发标准、开发者阵营、硬件适配，能够直接影响网络和信息安全，促使信息从以 PC 为中心演变为以手机为中心，是新时期国际技术产业竞争的战略制高点，其意义甚至超出了 PC 时代桌面操作系统。

4. 电信业积极应对，推动终端和网络开放及业务创新

在移动互联网新业务模式的冲击下，电信运营企业正逐步走向开放模式，开放网络能力和终端能力，尝试以自身的网络资源和能力为依托，吸引开发者，形成以网络为平台的开放创新体系。在终端

开放方面，中国的三家运营商、Vodafone、Verizon、SKT 等都建设了应用程序商店，全球 24 家知名运营商更是共同组建应用仓库 WAC 意图统一终端开发标准，共享终端应用。在网络能力开放方面，全球几大主要运营商均看到其重要性，纷纷在此方面展开布局，开放网络能力，以自身的网络资源与能力为依托，如认证能力、短信彩信、Push 信道、定位、计费等，用户位置和在线状态，通过开放 API，吸引开发者，形成以网络为平台的开放创新体系。

目前，Vodafone、Verizon、Orange，Telefonica、Sprint 等均探索开放短消息、彩信、位置、在线状态等网络能力，供第三方开发者使用，如图 3 所示。

此外，标准组织也广泛参与，从自身职责角度进行相关的标准制定及技术推动，以保证移动网络能力开放的统一性及安全性。如，GSM 协会（GSMA）制定了一项名为 OneAPI 的计划，致力于为全球移动运营商定义一个通用 API 集，以便为应用开发商提供开放的网络能力，并解决其中的安全管理、策略实施、支付调解、商业战略和业务模式等重大问题。

我国电信运营企业对移动网络资源拥有全面的把握能力，以此推动开放式开发的充分合作和商业模式创新的广泛尝试，有望在我国移动互联网产业发挥重要的主导作用。

中国电信在 2009 年 12 月上线了“天翼工厂”，同其他运营商一样希望借助“天翼空间”来为用户提供更好的服务，以此提升现有用户的粘性以及拓展新的客户。不过中国电信选择使用另外一种方式，即真正开放。全网、全终端、全开放，尝试开放部分电信能力接口，并采用云计算技术聚集互联网应用，将话音、短信、IVR、TTS、传真等资源通过该平台向开发者开放，开发者可以根据产品需求申请并调用这些功能。此外，天翼空间还聚集了大量互联网公司提供的公开的网络 API 资料供开发者参考。在运营上，天翼空间采用了“前店后厂”的模式，前店是面向终端用户的“应用商店”，后厂则是面向开发者的“应用工厂”。普通用户通过天翼空间这个“前店”来购买或免费下载应用，而“后厂”则通过为开发者提供开发资源、服务、测试、销售支持等获得更多的应用来支持“前店”，利用开放精神整合各方资源，形成互利共赢的模式，如图 4 所示。

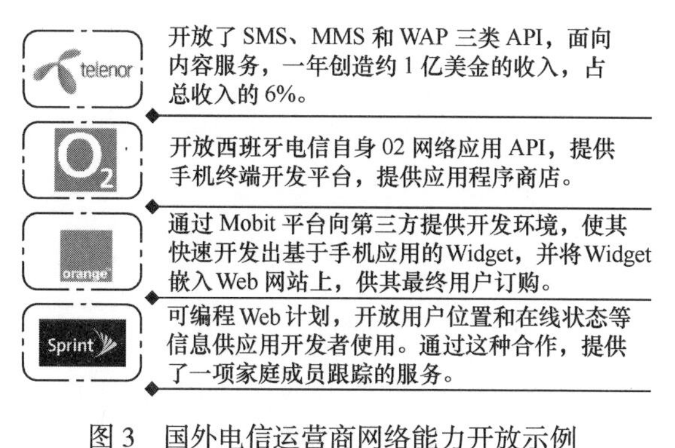

图 3　国外电信运营商网络能力开放示例

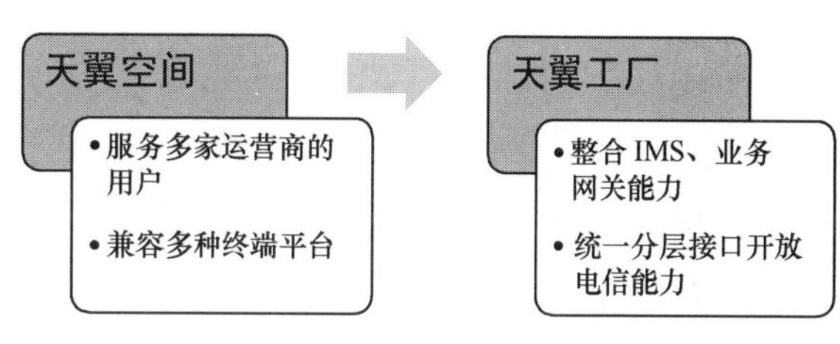

图 4　中国电信基于网络能力开放的“前店后厂”模式

中国移动目前也正在进行业务能力开放平台——OMP（Open Mobile Platform）的研发，尝试将 WAP 网关、短彩信、位置、GIS、状态等能力进行开放，基于统一的能力开放引擎实现管理和调度，满足 Web 应用、手机终端应用和 PC 客户端应用的需求。

5. 移动互联网对产业发展的影响及建议

对互联网服务业而言，机遇与挑战并存。移动互联网以应用程序为中心的模式冲击互联网 Web 模式，同时国际互联网公司凭借创新技术研发，从终端和网络两侧扩大对产业的控制力，但移动互联网开启了新的周期，中国本地需求巨大，这个蓝海市场孕育了无限商机，有以下 4 点建议：

（1）在业务体系、商业模式方面，积极探索向移动互联网转型；

（2）探索与终端厂商的合作新模式；

（3）整合移动互联网信息，推进新型信息服务；

（4）通过本地特色的应用占领移动互联网关键应用市场。

对制造业而言，机遇大于挑战，应用程序商店成为终端厂商必备的发展要素，终端厂商拥有内置应用的先发优势，有利于其扩展移动互联网应用，以下为 3 点建议：

（1）深入终端软件平台研发，提升对终端平台与网络应用服务的掌控力

（2）与互联网公司深度合作，推进业务与终端平台深度耦合的模式创新

（3）高度重视外围元器件技术应用。

对电信运营商而言，挑战大于机遇，以移动网络为中心的 I-Mode 模式、移动梦网模式受到巨大冲击，需要通过移动互联网以较低成本实现业务的个性化、长尾化，以下为 4 点建议：

（1）介入终端软件平台研发，增强对业务入口的控制力；

（2）推进网络能力开放，增强与互联网公司的博弈能力；

（3）利用移动网络日志，创新业务模式；

（4）充分利用异构无线网络，增强移动网络承载能力。

（二）3G 起步期走向良性发展期

1. 用户发展态势良好，增长速度稳步提升

在经历了 2009 年的 3G 大规模网络建设后，2010 年我国 3G 开始了全面的商业化应用，在用户发展、网络建设、业务发展、终端及产业链发展等方面取得了显著进展，由起步发展期走向良性发展期。

2010 年，我国 3G 用户发展态势良好，用户规模持续扩大，发展速度逐渐提速，用户占比稳步提升。

（1）用户规模持续扩大：截至 2010 年底，我国 3G 用户累计达到 4705 万户，全年累计新增 3380 万户，如图 5 所示。

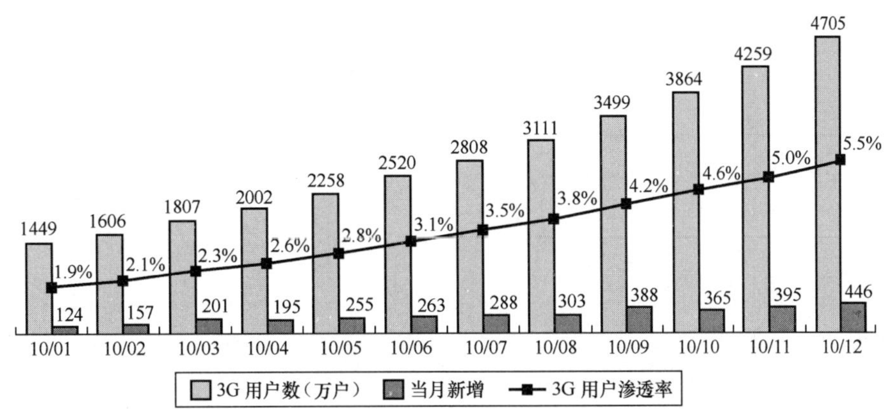

图 5　我国 3G 用户规模及渗透率（数据来源：工业和信息化部电信研究院）

（2）用户发展逐渐提速：2010 年 3G 用户单月增量呈逐月上升趋势，12 月单月新增 446 万，是 1 月新增量的 3.6 倍。

（3）用户占比稳步提升：全年累计 3G 新增用户占移动新增用户比重超 30%，12 月单月 3G 新增用户占移动新增用户比重超 50%，较 1 月份提高近 40 个百分点，如图 6 所示。

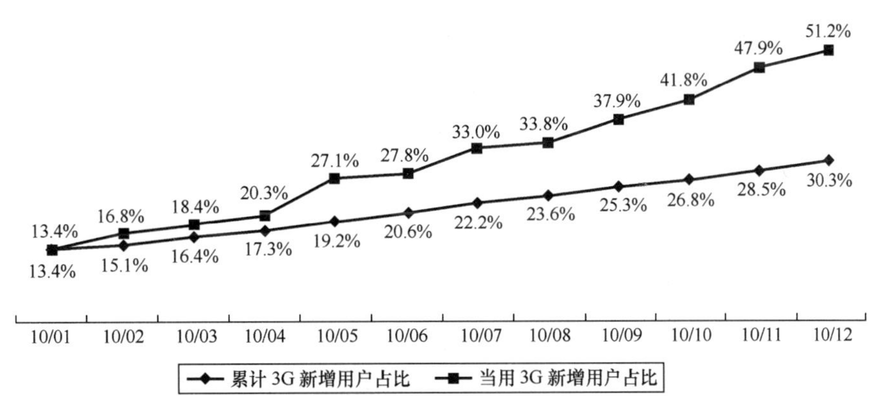

图 6　我国 3G 新增用户占移动新增用户比重（数据来源：工业和信息化部电信研究院）

2. 用户发展超全球同期水平，处于走向良性成长的关键期

从全球发展规律看，当 3G 用户渗透率超过 10% 以后，群体传播效应逐步显著，发展速度会明显加快，进入良性成长期。

如图 7 所示，对比国外发展情况，我国 3G 用户占比、新增用户占比等发展速度明显超过全球同期水平。目前，我国 3G 处于起步发展走向良性成长的关键期。

进入良性成长期后，我国 3G 用户的增长速度将明显加快，并随着智能终端的普及和移动互联网的快速发展，3G 业务应用也将快速普及。

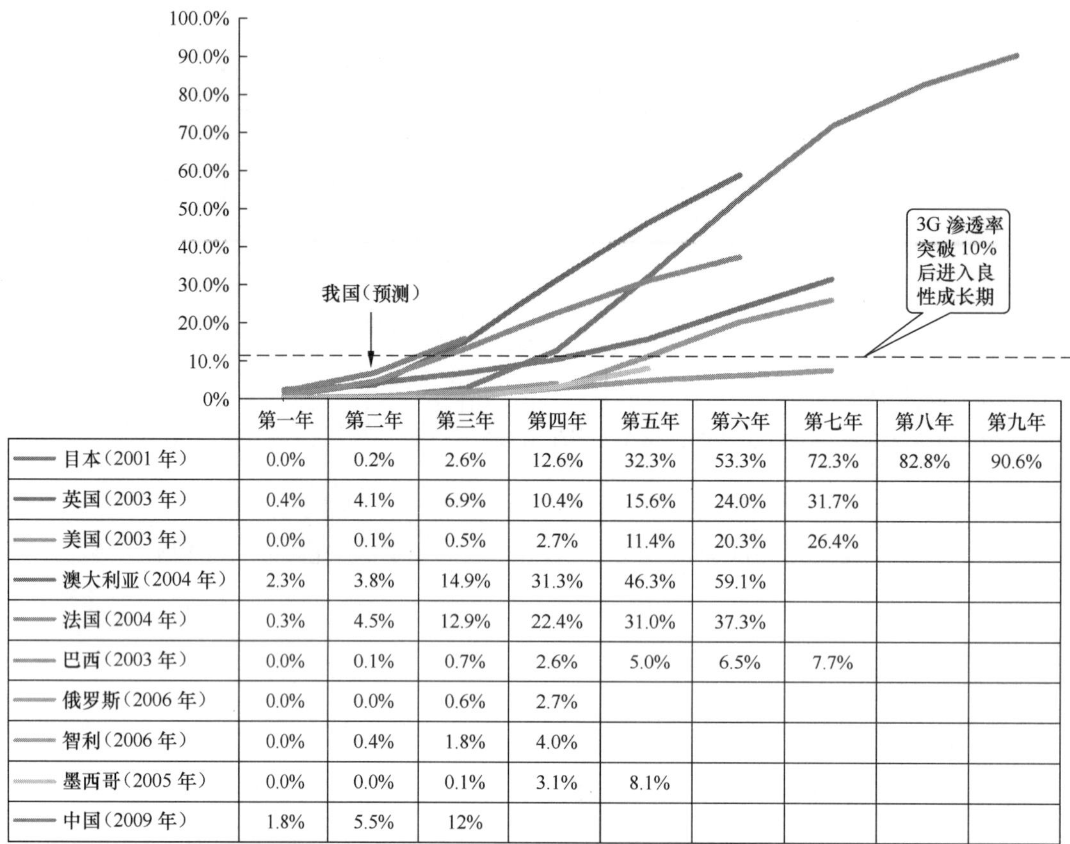

	第一年	第二年	第三年	第四年	第五年	第六年	第七年	第八年	第九年
日本（2001 年）	0.0%	0.2%	2.6%	12.6%	32.3%	53.3%	72.3%	82.8%	90.6%
英国（2003 年）	0.4%	4.1%	6.9%	10.4%	15.6%	24.0%	31.7%		
美国（2003 年）	0.0%	0.1%	0.5%	2.7%	11.4%	20.3%	26.4%		
澳大利亚（2004 年）	2.3%	3.8%	14.9%	31.3%	46.3%	59.1%			
法国（2004 年）	0.3%	4.5%	12.9%	22.4%	31.0%	37.3%			
巴西（2003 年）	0.0%	0.1%	0.7%	2.6%	5.0%	6.5%	7.7%		
俄罗斯（2006 年）	0.0%	0.0%	0.6%	2.7%					
智利（2006 年）	0.0%	0.4%	1.8%	4.0%					
墨西哥（2005 年）	0.0%	0.0%	0.1%	3.1%	8.1%				
中国（2009 年）	1.8%	5.5%	12%						

图 7　全球典型国家 3G 用户发展历程（数据来源：工业和信息化部电信研究院）

3. 网络建设取得阶段成果，是走向良性成长的关键要素

我国 3G 网络建设超过其他国家同期水平，取得阶段性成果。截至 2010 年 12 月，我国 3G 基站累计建成 62.3 万个，达到当前 2G 基站的 50% 以上，其中 TD-SCDMA 基站 16.4 万个，WCDMA 基站 25.5 万个，cdma2000 基站 20.4 万个，如表 1 所示。

表 1　　我国 3G 网络建设情况

2010 年 12 月	3G 基站数	3G 基站 /2G 基站	覆盖城市
3G 基站总量	62.3 万	52%	——
TD-SCDMA	16.4 万	12%	三期 238 个地市
WCDMA	25.5 万	50%	339 个城市、1911 个县城
cdma2000	20.4 万	75%	342 个城市、2055 个县城、2 万多个乡镇

3G 覆盖超过 2G 覆盖的 60%，是 3G 良性成长的重要特征之一，加快网络建设将是我国 3G 走向良性成长期的关键成功要素。

3G 网络运行及服务质量稳定提升，但基于网管的网络质量指标与实地拨测指标仍有一定差距，如图 8 所示，且网管数据不能完全反应用户对业务应用的感知，3G 网络承载了大量的新业务，需进一步提升用户可感知的网络质量。

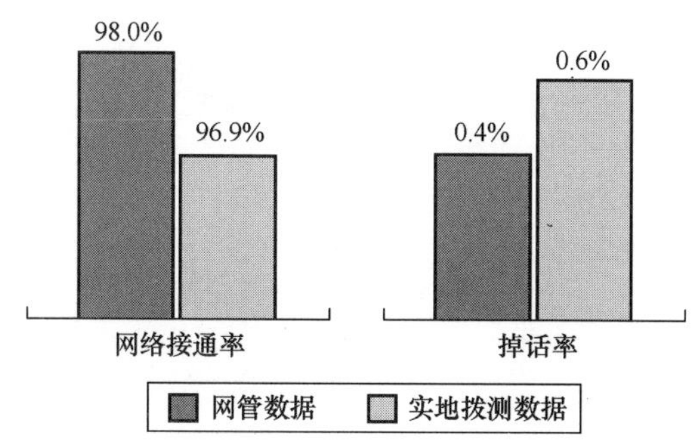

图 8　我国 3G 网络质量情况（数据来源：工业和信息化部电信研究院）

4. 业务应用涌现新热点，需强化创新和普及推动良性成长

2010 年，手机阅读、手机支付、手机视频、手机游戏等 3G 业务应用新热点不断涌现。其中，手机阅读用户数达 2 亿，手机视频用户超千万，手机游戏、音乐等业务热度不断提高；手机支付技术标准正在研究制定中，运营企业积极推进业务试点和商用；各运营企业纷纷建立业务应用产品基地，创新产品基地运营模式。

3G 业务应用在移动互联网、物联网等战略新兴业务领域也得到了积极培育。三家运营企业均推出应用商店，聚合数万应用；微博用户数突破 1 亿；国内多数大中城市开展无线城市应用；交通、电力、农业、环保等行业 M2M 应用快速增长，中国移动 M2M 用户超 500 万等。

但目前 3G 业务仍面临一些问题，需强化创新和普及，推动 3G 良性成长，主要表现在：3G 业务面临第三方业务应用少、3G 特色业务普及率低、业务差异化较差、促进两化融合作用有待提升等。

根据 3G 业务发展规律，在保障网络的基础上，多元化业务应用将是 3G 良性成长的最为关键因素之一，因此需强化 3G 业务应用的创新和普及，以推动我国 3G 的良性成长。

5. TD需政府和市场两轮驱动，确保顺利进入良性成长期

2010 年，我国 TD 产业化及商用化发展取得显著进展，用户持续增长，网络初具规模，终端不断完善，业务丰富创新，产业能力提升。

（1）截至 2010 年 12 月，TD-SCDMA 用户累计达到 2070 万户，用户市场份额达 44%，累计新增 1519 万户，新增用户市场份额达 45%，如图 9 所示。

（2）预计 2011 年上半年，TD 将完成四期网络建设，届时 TD 网络将覆盖县级以上所有城市。

（3）手机电视、可视电话、多媒体彩铃、视频会议、彩像、TD 无线城市等 TD 特色业务有序试点及推广。

（4）截至 2010 年 12 月，累计入网 TD 终端 524 款，超其他两种制式。

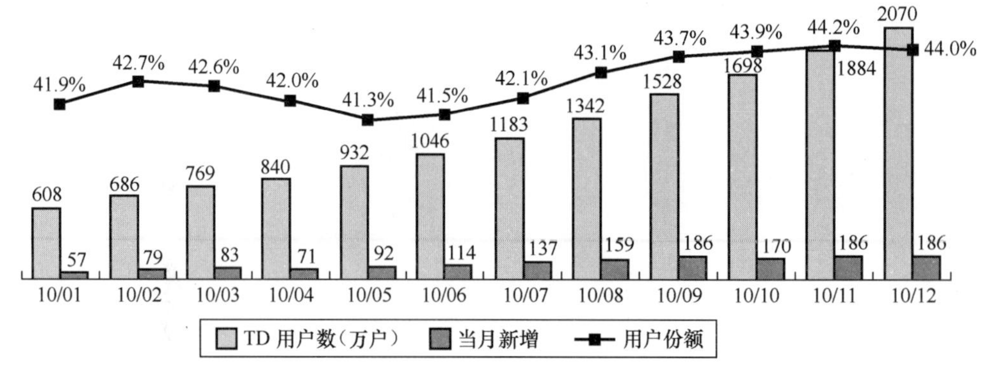

图 9　我国 TD-SCDMA 用户规模及用户份额（数据来源：工业和信息化部电信研究院）

我国 TD-SCDMA 在取得显著进展的同时，仍存在不少问题，用户、网络、业务、终端等质量有待改善，产业链整体能力有待提升。

● 用户方面，TD 无线固话占比高，超过 40%，部分省甚至超过 70%；TD 活跃用户占比低，不足 70%。

● 网络方面，TD 基站数占 2G 基站数比距 60% 仍有较大差距；用户感知的网络质量差，实测语音及数据接通率偏低，部分城市仅为 90%。

● 终端方面，终端存在死机、脱网、掉话等问题，且终端品牌影响力不足；终端只能在营业厅和少量社会渠道购买。

● 业务方面，第三方业务应用相对较少；特色业务渗透率偏低，吸引力弱；部分 2G 业务不能适配到 TD 终端。

● 产业链方面，产业链仍很脆弱，除华为、中兴外，其他企业人员规模、研发投入和销售收入与国际巨头均有 1-2 个数量级的差距。

TD-SCDMA 作为国家重大自主创新战略，需政府和市场“两轮驱动”，确保顺利进入良性发展期，共同推动做大做强。

强化政府部门的强力监管和有效扶持，发挥运营企业的主体作用和龙头作用，抓住 TD-SCDMA 产业化、商用化的重大机遇，推进 TD 网络建设、用户发展、业务应用、终端产业及产业链的健康良性发展。在网络建设方面，要加快网络建设，尽早启动网络五期建设，完善覆盖优化网络，提升 TD 网络整体服务水平；在用户发展方面，要加快用户发展，调整用户发展结构，加大手机用户占比；在业务应用方面，要进一步扩大和丰富 TD 业务应用，开放平台，积极引入第三方业务应用；在终端产业方面，要加快支持 TD 终端产业，重点扶持几家重点骨干企业，组织协调企业联合攻关，提高终端质量；在产业链发展方面，要发挥中国移动产业链龙头作用，避免关键环节过度竞争，实现多方共赢，保证产业链健康发展。

（三）LTE将与3G协调发展

1. LTE全球刚刚启动，仍处于初级阶段

2009年12月北欧运营商TeliaSonera开始运营全球第一个LTE商用网络以来，截至2010年12月底，全球共开通了16个LTE商用网络，其中Verizon和DoCoMo是传统的主流运营商，其余大部分为中小运营商；除了Verizon以外，其余网络目前的规模都比较小，以热点覆盖为主；以北欧、北美和日本为主。截至2010年12月，全球开通的LTE商用网络情况见表2。

表2　　全球开通的LTE商用网络

序号	国家和地区	运　营　商	开通时间		
1	挪威	TeliaSonera	2009.12		
2	瑞典	TeliaSonera	2009.12		
3	芬兰	TeliaSonera	2010.11		
4	瑞典	Tele2和Telenor联合（Net4Mobility）	2010.11		
5	波兰	CenterNet和Mobyland	2010.09		
6	德国	Vodafone	2010.12		
7	奥地利	A1	2010.11		
8	芬兰	Elisa	2010.12		
9	丹麦	TeliaSonera	2010.12		
10	爱沙尼亚	EMT	2010.12		
11	美国	Verizon	2010.12		
12	美国	MetroPCS	2010.09		
13	日本	DoCoMo	2010.12		
14	乌兹别克斯坦	Ucell（Telia Sonera所有）	2010.08		
15	乌兹别克斯坦	MTS-Uzbekistan	2010.07		
16	中国香港	CSL	2010.11		

按照国际移动供货商联盟（GSA）的预测：LTE的发展速度将快于同期的HSPA，截至2012年底，LTE商用网络将至少达到64个。预计将在2011年开始LTE商用的主要运营商有美国AT&T、韩国SKT、日本eMobile，以及美国对冲基金公司Harbinger Capital Partners（计划投资70亿美元，2015年前建设4.2万基站）。

针对2010年LTE商用网络的发展情况，在北欧、北美和日本作为前期建设LTE的地区。

（1）北欧：LTE的先锋。北欧地区经济发达，移动运营商数据业务增长迅猛，因此在一定程度上具有部署LTE网络的实际需要，运营商选择率先建设新一代网络，提供网络的业务承载能力。

北欧运营商TeliaSonera，全球第一个LTE商用网络北欧运营商，2009年12月在瑞典的斯德哥尔摩和挪威的奥斯陆两个城市开始运营全世界第一个LTE商用网络。网络的规模比较小，采用2.6GHz

的频率，在两个城市一共建设了 500 个基站，覆盖城市的中心区域。

由于初期系统设计还不够成熟，因此运营商在运营过程中对系统设备进行升级和优化。在 2009 年末的运营初期，斯德哥尔摩的网络采用 10MHz 的系统带宽，在 2010 年将设备系统带宽升级到 20MHz，达到 100Mbit/s 的峰值速率。2010 年第 3 季度，TeliaSonera 将 LTE 网络扩展到瑞典另外 3 个城市，包括哥德堡、马尔默和维斯比，后续计划逐步扩展到瑞典的多个城市。

终端方面也处于初级阶段，在 2009 年底网络开始运营的时候，仅有一款三星公司提供的 LTE FDD 单模数据卡终端，在 2010 年中期，开始提供升级的 3G/LTE 双模数据卡，这也是全球第一款提供商用的 3G/LTE 双模数据卡产品，如图 10 所示。

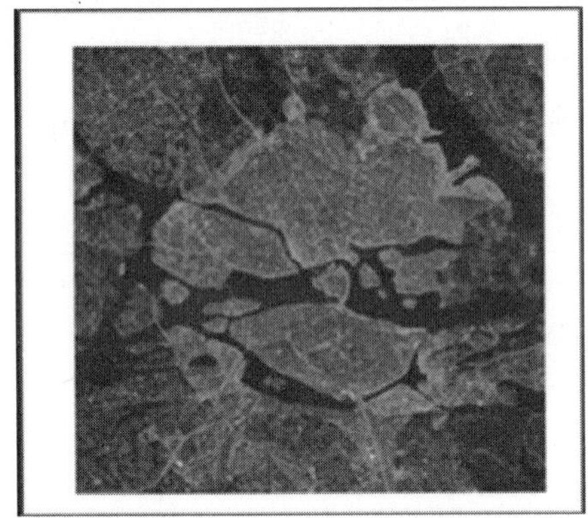
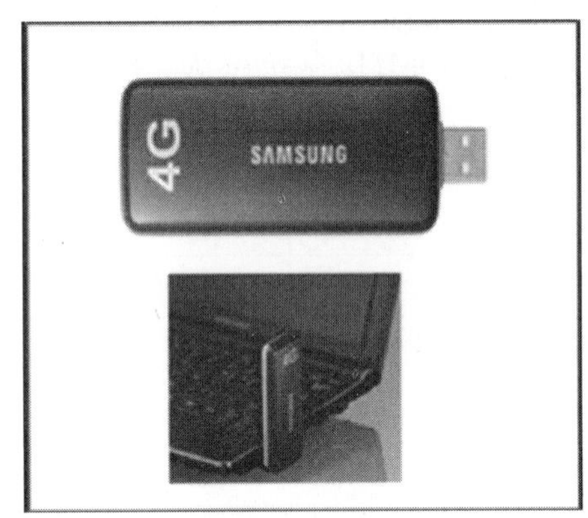

图 10　TeliaSonera 斯德哥尔摩 LTE 网络覆盖和数据卡终端

（2）北美：跨越建设 LTE。2010 年 12 月 5 日，美国最大的运营商 Verizon 在美国的 38 个主要城市和 60 个机场推出 LTE 商用服务。网络规模是目前 LTE 商用网络中最大的，采用 700MHz 的频率，在 38 个城市一共建设了约 1.4 万个基站，网络覆盖 1.1 亿人口。

采用 2×10MHz LTE FDD 系统，提供 5～12Mbit/s 的下行速率和 2～5Mbit/s 的上行速率，如图 11 所示。在终端方面，目前提供两款 LG 和 Pantech 的 CDMA/LTE 双模数据卡，目前还不支持模式间切换的操作，而采用两个模式独立工作的方式。目前还只有数据卡，计划在 2011 年推出手机形态的移动终端。在用户资费方面，目前运营商提供两档限定数据流量的套餐，分别是月租 50 美元上限 5GB 和 80 美元上限 10GB。

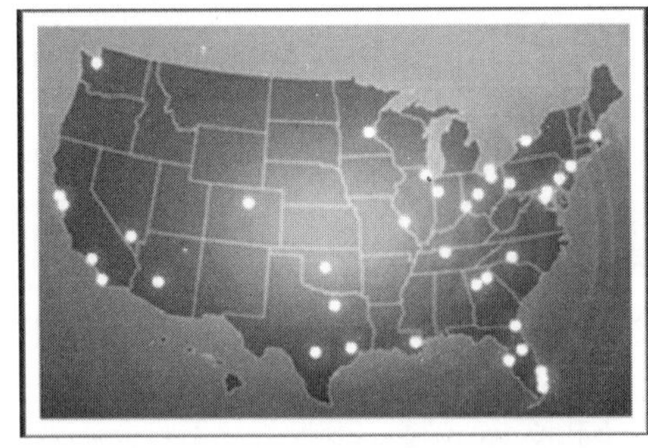
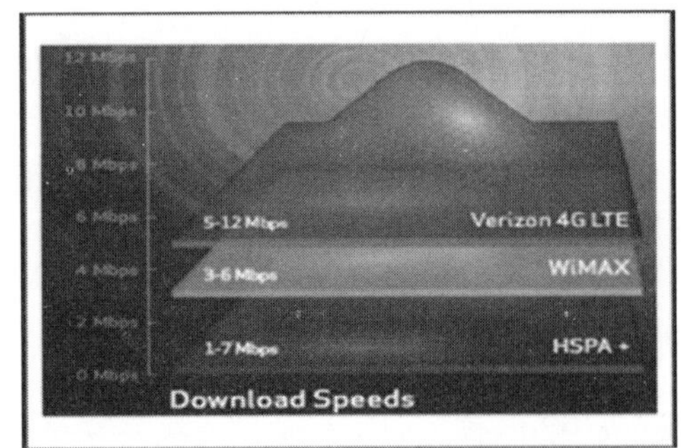

图 11　Verizon LTE 网络覆盖的地区和吞吐量能力

以 Verizon 为代表的北美 CDMA 运营商是目前 LTE 发展中最为激进的力量，采用从 CDMA 到 LTE 跨越型的发展策略。原因主要来自于技术发展前景的考虑以及频率牌照规划的确定性，因为与目前 3G 中占优势地位的 WCDMA 相比较，CDMA 技术的演进路线受阻，所以这些运营商处于竞争压力转而进行技术路线的跨越，希望通过快速建设 LTE 以获得竞争优势。同时，北美 700MHz 频段的频率规划和牌照已经拍卖完成，为运营商块数部署 LTE 提供了前提的可能性。

（3）日本：追求新技术。2010 年 12 月 24 日，日本最大的运营商 DoCoMo 在东京、大阪和名古屋 3 个城市的中心区域推出 LTE 商用服务。目前网络的规模不大，采用 2.1GHz 的频率，按照计划建设约 1000 个基站，覆盖 3 个城市的中心区域。

采用 2×5MHz 的 FDD LTE 系统，提供下行 37.5Mbit/s、上行 12.5Mbit/s 的理论峰值速率，仅有部分建筑物内采用 2×10MHz 系统带宽。与其他网络相同，目前仅提供数据卡终端，包括 LG 和富士通一共两款 3G/LTE 多模数据卡。在用户资费方面，采用限定数据流量的套餐，月租范围从 1000 日元（约 80 人民币）上限 3MB 到 6405 日元上限 5GB。

以 DoCoMo 为代表的日本运营商计划延续他们在 3G 时期所采用的领先型的发展策略。在 3G 时期，DoCoMo 是最先部署 WCDMA 的运营商，一直追求技术和创新业务领先的高端市场，日本目前是全球最发达的 3G 市场，3G 用户占日本移动用户总数的 90% 以上。另一方面，在日本 3G 和 4G 牌照都采用发放的方式，相比较于欧洲运营商牌照拍卖所付出的巨大支出，日本运营商在成本回收方面的压力较小。2009 年 5 月日本进行了 LTE 牌照的发放，共 4 家运营商获得 LTE 牌照。

（4）西欧：谨慎推进 LTE。Vodafone 计划在未来两三年内通过 HSPA+ 满足需求，预期 2012 年后开始规模部署 LTE。另一方面，作为德国 700MHz 频率拍卖的条件，向农村地区提供宽带无线服务，2010 年底在德国开始小规模商用 LTE，采用类似 DSL 的“LTE at Home”的概念。网络的规模不大，采用 700MHz 的频率，计划 2010 年底覆盖 1000 个社区，在 2011 年完成建设 1500 个基站。

采用 2×10MHz LTE FDD 系统，下行峰值速率 50Mbit/s。采用三星的数据卡终端。在用户资费方面，采用限定速率和总流量的套餐。

以 Vodafone 为代表的西欧 WCDMA 运营商倾向于选择较为保守的稳健性的发展策略。原因主要来自于投资成本回收方面的考虑以及频率牌照规划的未确定，欧洲运营商在 3G 牌照拍卖过程中付出了巨额的支出，这使得运营商面临很大的成本回收压力。目前 3G WCDMA 技术发展良好，HSPA+ 的技术升级可以满足未来 2 ～ 3 年的网络需求，与部署 LTE 新技术所需要的巨大投资相比较，运营商倾向于选择相对经济得多的 HSPA+ 技术升级，继续在 3G 进行投资，规模商用预期要到 2012 年。

2. LTE达到规模应用，仍需要3年以上的培育

按照新技术的发展规律、研发和产业化进程以及主要咨询机构的预测数据，我们认为 LTE 的规模应用，仍需要 3 年以上的培育。

新技术的发展需要经历技术标准的研究与制定、产品开发、开始商用直至规模应用的过程（这里规模应用指用户的数目超过 1 亿）。以 WCDMA 技术为例，1999 年完成了技术标准，随后经过了 4 年的时间，在 2003 年开始商用，再经过 3 年的发展，到 2006 年达到了规模应用的程度。参照这样的发展过程，LTE 的技术标准在 2008 年完成，经过 4 年，应该在 2012 年开始商用的部署，随着经过 3 年的发展，预计在 2015 年左右能够达到规模应用，如图 12 所示。

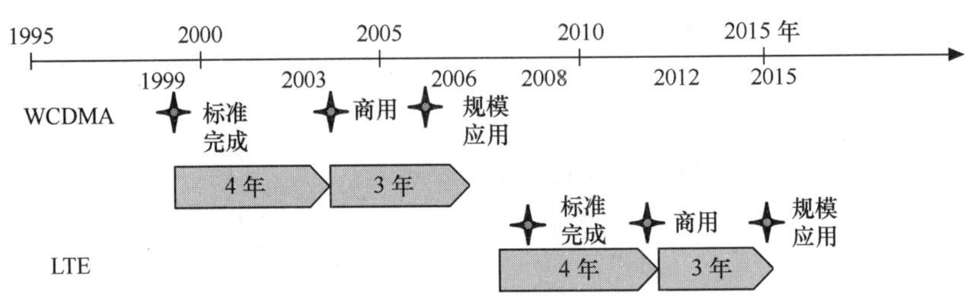

图 12　新技术发展规律判断

在 LTE 产品的研发和产业化进展方面，2010 年初始阶段的产品是单模数据卡，芯片的工艺水平主要是 65nm。在今后的 1 ～ 2 年时间年，预计将逐步发展到多模数据卡，芯片工艺将逐步过渡到 40nm 的水平。传统意义上的移动终端，即支持多模单待机的手机形态的产品，预计将在 2013 年后开始成熟。这样的进程符合我们对 LTE 在 2015 年左右达到规模应用的预期，如图 13 所示。

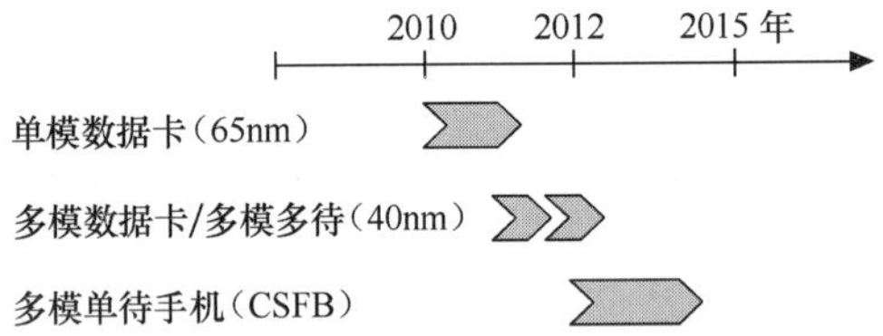

2010
2012
2015 年
单模数据卡（65nm）
多模数据卡/多模多待（40nm）
多模单待手机（CSFB）

图 13　LTE 研发和产业化进程判断

考察 ABI、Infonetics、Inform、OVUM 以及 Dell'oro 这几家通信领域最著名的国际咨询机构关于全球 LTE 用户总数目发展的预测数据，综合最乐观或者是最保守的预测，一个共性的判断是，LTE 的用户数目在 2014 年超过 1 个亿。这样的预测符合我们对 LTE 在 2015 年左右达到规模应用的预期。

3. TD-LTE研发和产业化加速，启动规模试验

为了推动 TD-LTE 的研发和产业化进展，由工业和信息化部牵头，在 2008 年底开始进行技术试验。按照“先单后多、先简后繁、先内后外、先小后大”的原则，分为三个阶段进行，包括概念验证、技术试验和规模试验。采用 2.3GHz 和 2.6GHz 工作频段进行试验，对物理层关键技术、系统功能、终端功能、组网性能等各个方面进行测试，如图 14 所示。

TD-LTE 已形成涵盖系统设备、基带和射频芯片、终端产品和关键测试仪表的完整产业链，国内外超过 100 家主要的研发和制造企业广泛参与、积极投入 TD-LTE 技术和产品的研究开发。

在系统设备方面，2.6GHz 系统功能和性能进一步完善，增加了智能天线技术，整体测试的结果较好，MIMO、自适应调度等关键技术的性能在不断优化和提升，发展进程与 FDD LTE 基本同步。

在终端芯片方面，2.6GHz 终端芯片已经开展了功能和性能测试，并逐步开始一些与系统的组合测试。多模数据卡和手机等已经规划，但是整体发展进程与FDD LTE存在1年左右的差距。在测试仪表方面，测试例和仪表的开发和验证工作在有条不紊地进行，2011 年将逐步开展终端一致性测试方面的工作。作为技术试验整体规划中第三阶段的内容，启动规模试验的工作。将在上海、深圳、广州、杭州、南京和厦门共 6 个城市开展，每个城市计划建设 100 ～ 200 个基站，分为单模终端和多模终端两个阶段推进。

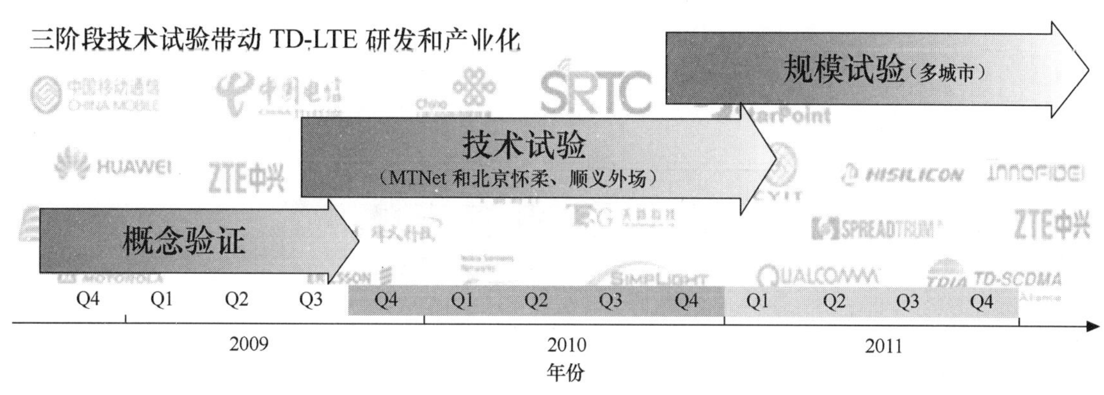

图 14　TD-LTE 技术试验三阶段安排

4. ITU 4G标准确立，我国提案成为国际标准

2010 年 10 月国际电信联盟（ITU）确立了下一代移动通信技术 4G IMT-Advanced 的国际标准，我国建议的技术方案 TD-LTE-Advanced 成功入选。

TD-LTE-Advanced 是第三代移动通信技术 TD-SCDMA 在下一代的演进。2000 年 5 月，TD-SCDMA 被国际电联接收为 3G 国际标准，成为 TD-SCDMA 技术发展的重要里程碑。在此之后，2005 年 10 月，ITU 确定了 3G 之后的新一代移动通信系统 IMT-Advanced 的概念，并开始准备相关的技术征集工作。2007 年 10 月，国际无线电通信大会 WRC-07 为 IMT-Advanced 技术分配了新的频谱。2008 年 3 月，ITU 发出 IMT-Advanced 技术征集通函，向全球征集 4G 技术标准。2009 年 10 月，IMT-Advanced 候选技术提案截止，我国提交了 TD-LTE-Advanced 的技术建议。在随后对候选提案的技术评估工作中，一共有 14 个外部评估组报名参加，到 2010 年 6 月完成了 IMT-Advanced 候选技术评估。根据评估结果，2010 年 10 月，ITU 最终确定了 IMT-Advanced 技术，我国建议的技术方案 TD-LTE-Advanced 成功入选。TD-LTE-Advanced 是继 TD-SCDMA 之后又一个由中国主导的国际通信标准，具有世界领先水平，是我国通信业的又一重大突破。

5. 宽带无线频谱发放，TD-LTE面临发展机遇

截至 2010 年 7 月，针对 700MHz/2.3GHz/2.6GHz，全球有 23 个国家一共发放了 108 个移动宽带无线业务许可证，其中有 41 个运营商仅获得 FDD 牌照，有 49 个运营商仅获得 TDD 牌照，9 个运营商同时获得了 FDD 和 TDD 牌照。WiMAX 技术在 2005 年就发放频率，未来这些频率资源有可能转向 TD-LTE。目前有越来越多的 TDD 运营商选择或者倾向于 TD-LTE，并陆续开展试验，TDD 频谱资源和关注度显著提升。

2G/3G典型的部署频段包括900MHz、1800MHz和2GHz，这些频段上大部分的频率资源都分配给FDD系统使用，TDD频谱只占用很小的比例。这种情况在4G有了一些改变，目前用于4G宽带无线通信的典型频段包括700MHz、2.3GHz和2.6GHz，如图25所示，一方面由于宽带频率中FDD系统需要的配对频谱难于寻找，另一方面由于TDD产业实力不断上升，因此目前在这些频段上，TDD频谱资源的比重显著增加，达到了1/3左右的水平，这为TD-LTE的发展提供了有利的基础资源条件。在今年6月份完成的德国和印度的频谱拍卖中，Vodafone、T-Mobile等国际运营商纷纷买入TDD频谱，单位价格与FDD相当；印度2.3GHz频谱牌照的总价达到82.3亿美元。

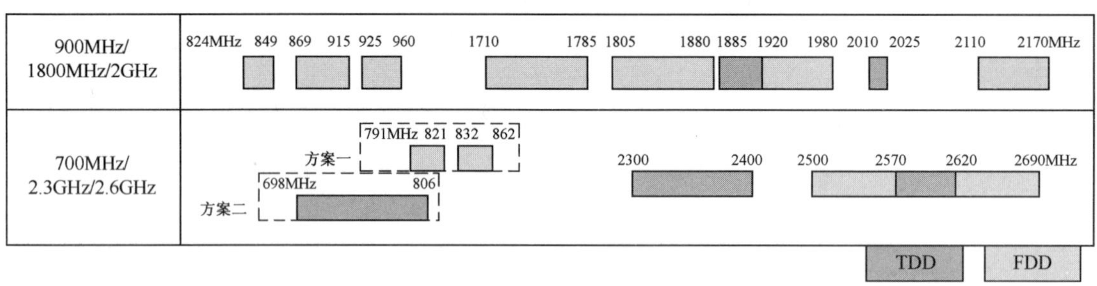

图15 FDD和TDD无线频率资源分布情况

目前TD-LTE已经有2个商用合同，并有20个以上的试验网络。TD-LTE存在3类潜在的运营商，包括"新获得TDD宽带频谱的运营商"、"现有WiMAX运营商转型"，以及"以FDD为主的传统运营商，同时拥有TDD频谱"。

（1）对于第一种新获得TDD宽带频谱的运营商来说，面临的技术选择是采用TD-LTE还是WiMAX，典型的例子包括印度的运营商Infortel和Aircel，这两家运营商在印度2.3GHz频率拍卖中赢得了最多的频谱，按照目前的消息，他们倾向于部署TD-LTE，而不是先前预计的WiMAX。另外，俄罗斯国有运营商RosTelecom，2010年初得到2.3GHz 30MHz TDD频谱，政府要求18个月内部署网络，因此他们的技术选择也值得我们关注。

（2）现有WiAMX运营商转型也是TD-LTE未来潜在的运营商类型之一，典型的例子包括美国运营商Clearwire，目前是全球最大的WiMAX运营商，正在考虑转向LTE技术，将同时对LTE FDD和TD-LTE进行试验。俄罗斯的运营商Yota，目前是全球第二大WiAMX运营商，宣布计划部署LTE技术，同时在2010年后停止对WiAMX网络的投资。

（3）以FDD为主的传统运营商，同时拥有TDD频谱，它们如何使用TDD非对称的频谱资源也是TD-LTE的潜在市场。Vodafone、T-Mobile是以FDD为主的传统运营商，近期在德国2.6GHz频率拍卖中，在买入FDD频谱的同时，他们以类似的单位价格买入了TDD频谱，这部分频率可以用作TD-LTE的部署，但是也可以作为FDD的扩展或者是下行广播业务，因此使得这一部分频率切实用作TD-LTE是TD-LTE全球化推广的关键任务之一。

6. 按照客观规律，3G和LTE需要协调发展

按照产业发展规律，3G 与 LTE 是长期并存的发展关系。从全球移动通信发展进程来看，每 10 年出现一代移动通信的新技术，每一代技术从产生到峰值的上升期都超过了 10 年，因此出现了多代技术并存的局面。GSM 在 1990 年开始应用，到 2010 年仍处于上升阶段；WCDMA 从 2001 年开始应用，2010 年进入到快速发展期，预计在未来 8-10 年内仍处于上升期；TD-SCDMA 从 2008 年开始应用，在未来 5-8 年内应处于上升期。

3G 不断发展的业务市场和产业群体也是 LTE 发展的重要基础。LTE 网络与 3G 的关系类似于 3G 与 2G 的关系，LTE 将依托 3G 网络建设，先在热点地区部署，再逐步扩大覆盖范围。LTE 的部署并不意味着对 3G 的替代，3G 仍会在相当长的时间内继续发展，与 LTE 长期共存、互补发展，如图 16 所示。

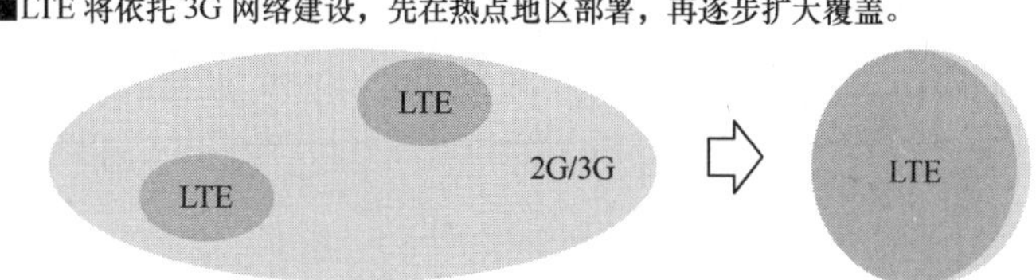

图 16　LTE 与 3G 长期并存发展

目前，中国移动无线数据业务的发展迫切需要 TD-SCDMA 的网络承载。中国移动拥有全球最大的移动用户群，其数据业务发展迅猛，对其网络造成很大的压力。目前其 GSM/GPRS 网络利用率已接近 80%，但由于 EDGE 增强技术终端产业薄弱，且中国移动在大城市已出现频谱紧张的现象，因此中国移动尚无计划引入 EDGE 增强技术。可见，中国移动单靠 GSM 网络是很难支撑未来 2-3 年的发展，更不用说未来 5 年。迫切需要有其他网络来支撑日益增长的数据业务发展。TD-SCDMA 作为 3G 技术，其提供的频谱效率和峰值速率均明显优于 EDGE 技术，产业链已成熟商用。中国移动应加快 TD-SCDMA 网络建设，优化网络，提升网络整体服务水平；加快用户发展，开发和丰富业务应用；支持 TD-SCDMA 终端产业做强，进一步带动制造业协同发展。

按照分阶段、有区别的原则，把握好 3G 和 LTE 的不同阶段的协调发展关系，是解决前述核心问题的关键所在。3G 是不可逾越的发展阶段，是 LTE 发展的基础；LTE 为 3G 的演进发展明确了方向，3G 与 LTE 是相互促进、协调发展的关系。TD-SCDMA 在可以预见的未来 5-8 年内，仍将发挥重要的满足业务市场需求和产业带动作用，应继续大力发展 TD-SCDMA。

现阶段，应加快推进 TD-LTE 研发和产业化，按照扶优扶强的原则，重点强化终端芯片和仪表等薄弱环节；采取更加开放的措施，吸引国际上有实力的企业加大 TD-LTE 芯片和仪表的研发投入；启动 TD-LTE 规模试验，拉动 TD-LTE 产业链发展，展示 TD-LTE 研发产业化成果；积极推进 TD-LTE 的国际化；开展 TD-LTE 发展规划的研究。

（四）无线局域网与蜂窝网融合发展

1. 无线局域网产业已形成10亿规模，我国市场潜力巨大

经过 10 多年的快速发展，无线局域网在全球范围内迅速普及，成为继蜂窝移动通信之后又一广泛应用的无线通信技术，在为人们提供便捷服务的同时，造就了巨大的市场规模。据 Wi-Fi 联盟统计，2010 年全球无线局域网设备保有量已达 10 亿部，累计出货量达到 20 亿部，全球有 1/10 的人在使用 Wi-Fi。

近几年，无线局域网产业还将继续保持快速增长。根据 In-Stat 的统计分析，2009 年全球无线局域网设备出货量已超过 5 亿，2010 年出货量接近 7 亿，预计到 2014 年出货量将接近 20 亿。无线局域网主要有 PC 和网络设备、手机终端和消费电子等几类设备，如图 17 所示。目前，PC 和网络设备的市场份额最大，但手机终端市场增长迅速，成为今后 WLAN 市场的主要增长点。

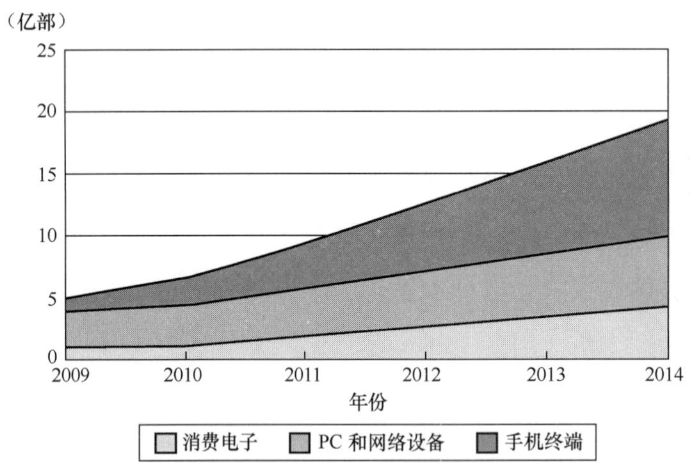

图 17　2009 年 -2014 年 Wi-Fi 设备出货量（数据来源：In-Stat）

我国拥有 WLAN 的巨大潜在市场，发展前景十分广阔。2010 年，我国手机用户已达 8.59 亿，互联网用户已达 4.57 亿，其中移动互联网用户数已达 3.03 亿，这些都是发展 WLAN 的重要市场。此外，“三网融合”政策的推进将进一步拓展我国 WLAN 的潜在市场，比如数字家庭、高清电视、IPTV、高清机顶盒、音视频播放器、有线电视宽带接入等。

2. 802.11n成为市场主流，新一代WLAN向更高速率演进

无线局域网技术不断快速发展，数据传输能力迅速提高。2009 年下半年，802.11n 标准正式发布，最高传输速率可达 600Mbit/s，比 802.11a/g 高 10 倍，比 802.11b 高 50 多倍。802.11n 标准成熟后，其产品迅速成为市场主流。根据 ABI Research 的分析，2010 年 802.11n 芯片出货量超过 802.11a/b/g 的总和，占 WLAN 芯片市场的 60%。

为了满足日益增长的高吞吐量无线数据业务的需求，目前 IEEE 正在制定新一代无线局域网标准 802.11ac/ad，其最高吞吐量将超过 1Gbit/s，如图 18 所示。

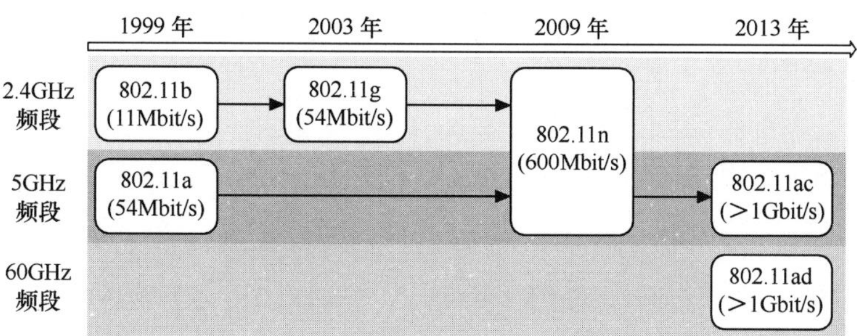

图 18　无线局域网技术演进路线图

● 802.11ac 是工作在 5GHz 频段的 802.11a/n 的演进版本，当前正处于技术方案征集讨论的关键阶段。根据当前的标准化进展，802.11ac 的吞吐量比 802.11n 将有大幅提升，80MHz 信道下的理论最高传输速率接近 3.5Gbit/s，160MHz 信道下的理论最高传输速率接近 7Gbit/s。

● 802.11ad 针对极高速短距离应用，是 802.11 向个域网领域的首次拓展。802.11ad 标准草案已形成，理论最高传输速率接近 7Gbit/s。目前，802.11ad 已经获得业界主要公司的支持，在与其他高速短距离技术（如 802.15.3c）的竞争中占据优势。WiGig 联盟与 Wi-Fi 联盟开展合作，共同推动 802.11ad 的产业化。

3. 无线局域网与蜂窝网融合发展，呈现爆发式增长

在终端方面，蜂窝 /Wi-Fi 手机终端快速增长，将成为近几年 WLAN 市场的主要增长点。据 In-Stat 统计分析，2010 年全球蜂窝 /Wi-Fi 手机出货量接近 2.3 亿部，比 2009 年增长 50% 以上，预计到 2014 年出货量将超过 9 亿部，如图 19 所示。另据 ABI Research 预测，到 2014 年约有 90% 的智能手机将内置 Wi-Fi 功能。

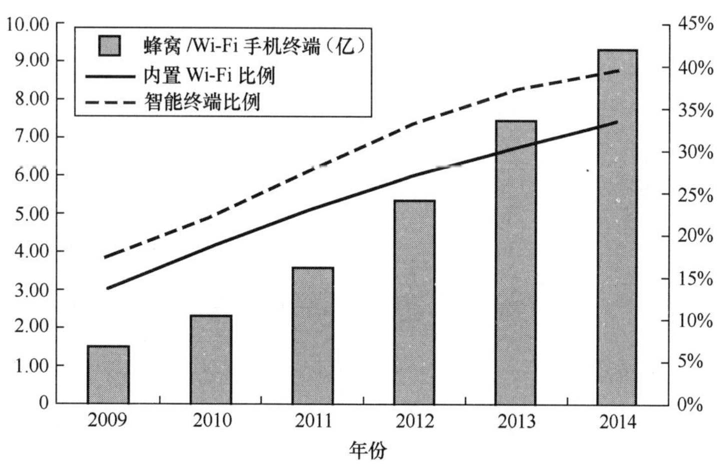

图 19　蜂窝 /Wi-Fi 手机终端出货量增长趋势（数据来源：In-Stat 和 Informa）

在网络方面，为了缓解蜂窝网数据流量压力，在蜂窝运营商的推动下，全球 WLAN 公共热点出现大规模增长。据 In-Stat 的统计数据，2010 年全球 WLAN 公共热点数达到 50 万个，比 2007 年 3 季度的 30 万个增长了约 66%。此外，Wi-Fi 漫游协议在全球开始推广。AT&T、Verizon、DoCoMo、

T-mobile、Orange 等全球主要蜂窝运营商积极响应，为无线局域网与蜂窝网在全球范围内的网络融合创造了良好基础。

我国“蜂窝 +WLAN”市场呈现爆发式增长。在终端方面，2010 年我国“蜂窝 +WLAN”手机出货量是 2009 年的 4 倍，达到 2800 万部，预计 2013 年将会达到 9700 万部，2009–2013 年复合增长率高达 95%。在网络方面，随着 3G 业务的不断深入开展，国内运营商高度重视 WLAN 的建设，积极推动“3G+WLAN”战略的快速实施。根据 In-Stat 统计，2010 年底，我国三大运营商 WLAN 热点数目达到 28.5 万个，比 2009 年增长 35%。

4. 无线局域网与蜂窝网融合源自室内移动数据业务快速增长

近几年，以 iPhone 为代表的智能终端驱动移动互联网呈现井喷式增长，蜂窝网面临巨大的流量压力。据 Cisco 等多家权威机构预测，移动数据流量将以每年约 1 倍的速度增长，未来 5 年将增加约 40 倍。3G 网络吞吐量远远不能满足需求。LTE 产业尚未成熟，网络和终端设备成本还很高，多数运营商在 3G 阶段已有巨大投入，需要收回投资并盈利，短期内不会对 LTE 大规模投入；即便要建网，也还需要几年的成熟期；尽管 LTE 的吞吐量可达一百兆量级，但还尚不足以满足移动数据业务量爆炸性增长的需求。

另一方面，尽管移动运营商在蜂窝数据业务上的投入巨大，但收入却没有因为流量增长而显著增长，快速增加的流量使得运营商需要不断增加投资以扩大网络容量，但扩大的容量很快又会被新增的业务量所占满，蜂窝运营商在经营上陷入了非常被动的局面。

因此，蜂窝运营商迫切需要更低成本、更高吞吐量的技术手段解决所面临的巨大流量压力。

根据 Informa 的统计分析，目前移动数据业务量的 70% 发生在室内，而且这一比例还将继续增长。受到室内环境的限制，室内数据业务不必支持很高的移动性，而且大多数室内数据业务是互联网业务，对服务质量（QoS）的要求并不高，而对吞吐量和成本更敏感。

传统蜂窝技术能够支持广域覆盖、高速移动、无缝切换和高 QoS，在室外环境有很好表现，但在室内环境其吞吐量却受到限制，数据业务成本难以降低，缺乏有效竞争力。家庭基站（Femtocell）在一定程度上可以改进蜂窝网室内覆盖，但仍受限于传统蜂窝网技术体系，在吞吐量和成本方面仍无明显竞争优势。

尽管无线局域网在频率干扰、服务质量、网络管理、安全性等方面还有不少问题，但由于具有高吞吐、低成本、简单易用等特点，而且无线局域网的应用非常普及，并且大多数智能终端、笔记本电脑、平板电脑已具备 WLAN 功能。因此，移动运营商纷纷在热点地区部署 WLAN，并引导用户使用 WLAN，从而分担蜂窝网流量压力，降低经营成本，提高全网服务质量，改善用户体验。

在技术方面，无线局域网与蜂窝网呈现出不断融合的趋势。一方面，无线局域网与蜂窝网采用越来越多相同的关键技术，如 OFDM、MIMO 等；另一方面，无线局域网也在不断地自我完善，在干扰抑制、QoS 增强、安全性、网络互通、网络管理等方面不断进行改进，以更好地满足蜂窝运营商的需求。

在网络和业务方面，无线局域网与蜂窝网呈现出互为补充的发展趋势。一是蜂窝网可以为用户提供大范围覆盖、高移动性、高服务质量的业务；二是采用固网作为回传链路的 WLAN 固定热点提供低成本宽带无线接入业务，为蜂窝网数据业务进行分流；三是 WLAN 移动热（即 MiFi）使用蜂窝网作为数据回传链路，大大提高 WLAN 热点覆盖的灵活性。

在产业方面，无线局域网与蜂窝网呈现相互渗透的趋势。一是移动通信芯片和 WLAN 芯片的优势企业纷纷向对方领域渗透，提供完整的“蜂窝 +WLAN”芯片解决方案；二是移动终端厂商将在更多的手机中整合无线局域网功能，提高产品的吸引力；三是网络设备厂商将蜂窝网络设备和无线局域网设备整合在一起，提供完整的“蜂窝 +WLAN”网络设备解决方案；四是运营商大量建设 WLAN 热点，与蜂窝网相结合提供差异化服务。

三、2011年无线移动通信发展走向

（一）终端Web通用技术更加重要，Web模式将与应用商店模式相伴而行

下一代网页标准HTML5的进步正促使Web由传统互联网内容平台向统一的应用层平台转变。Web实现了互联网内容的跨平台访问，苹果Widget技术的出现正式宣告了Web开始由内容平台向应用层平台转变。目前基于Web的应用在运行效率、系统能力调用、速度方面与原生应用还存在较大差距，随着HTML5技术的发展Web能力将得到极大扩展，富媒体、图形高级处理、终端能力访问、高性能JavaScript运行环境、3D渲染硬件加速、数据本地存储、数据本地查询等技术的引入最终将把Web打造成为全功能高效率跨终端的统一应用层平台，Web应用也将随之取代原生应用成为新的主流应用模式。

云计算的兴起进一步加速Web平台化发展。移动智能终端因为体积限制处理能力低下为云计算提供了大显身手的舞台，云计算模式将应用的“计算”从终端转移到服务器端，复杂的运算交由云端（服务器端）处理，从而弱化了对移动终端设备的处理需求，主要承担与用户交互的功能。受其影响业界出现了以Palm WebOS为代表的具有划时代意义的Web操作系统。

长期来看趋势不可阻挡，以浏览器为代表的高效率跨平台的移动Web运行环境未来很可能将取代操作系统，成为移动互联网竞争新的制高点，业务模式也必将继移动梦网、应用程序商店之后发生新一轮重大变革，基于浏览器的Web模式将与应用商店模式相伴而行。

（二）移动终端开放阵营将上升，封闭与开放的博弈愈加精彩

历史总是惊人的相似。如图1所示。1976年苹果公司以Apple系列计算机引爆市场打开了PC时代的大门，为争夺新兴PC市场1981年IBM联合微软、英特尔公司研发IBM PC，PC史上两个最主要垂直阵营相继诞生。IBM在研发中采取开放的策略大量使用标准组件取得巨大成功，1983年个人电脑市场占有率已超过76%一跃取代苹果成为市场新的霸主。随后市场逐渐进入水平化阶段，借助IBM PC及其兼容机在市场上的强势地位，阵营中的微软、英特尔逐渐演化为PC机的软、硬件事实标准，Wintel联盟的成立使其可以轻易的拿走PC产业链的绝大部分利润，而其他厂商只能在其涉足不深的中间件、应用软件等水平领域展开一轮又一轮的激烈争夺瓜分余下的微薄利益。

2007年苹果iPhone问世，移动互联网时代来临，为了争夺这个新兴蓝海市场，全球产业巨头纷纷以操作系统为战略基点展开垂直整合，一时间多方势力混战阵营体系林立。随着博弈的深入移动智

能终端市场也将逐渐走向成熟，垂直一体化逐步被水平分工产业结构所取代，PC 时代的历史很可能将重演，届时后来者再欲撼动既有格局极其困难。

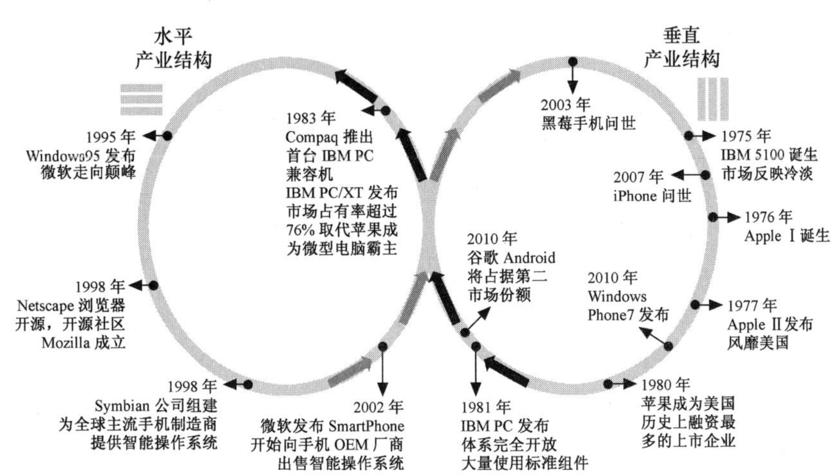

图 1　水平产业结构与垂直产业结构

苹果的封闭模式并不符合业界的一般发展规律，无论如何，苹果注定不能与整个产业的创新能力对抗。

从 CES2011 年一月展出的终端和平板电脑看，很多厂商推出的终端能力、功能、设计已经接近甚至超越了 iPhone4，我们预计苹果的领先优势将在 2-3 年内被急剧缩短甚至超越。

（三）未来 5 年 3G 年均增长 30%，2G 在 2013 年开始减少

截止到 2010 年底，全球移动普及率已超过 76%，市场将逐渐趋于饱和，移动用户增长将趋缓。预计到 2011 年，全球移动用户数将达到 59 亿，新增用户较 2010 年有所减少。中国和印度等发展中国家将是未来几年 3G 和 2G 用户增长的主要来源，对整个移动通信市场的发展影响重大。

2010-2015 年，3G 用户仍处于高增长阶段，年均增长速度高达 30%，远高于总移动用户 6% 的年均增长速度。预计到 2015 年，全球 3G 用户将超过 30 亿户，在总移动用户中的占比将达到 40% 以上。此外，以 HSPA 为代表的 3G+ 将在总新增移动用户中主导地位，预计 2015 年，HSPA 新增用户在总新增移动用户中占比将由 2010 年的 21% 上升到 76%。

预计，2G 用户将在 2013 年开始减少，但将占据一半以上的市场份额。预计 2015 年，全球 2G 用户累计将达到 43.3 亿户，在总移动用户中的占比约为 59%，如图 2 所示。

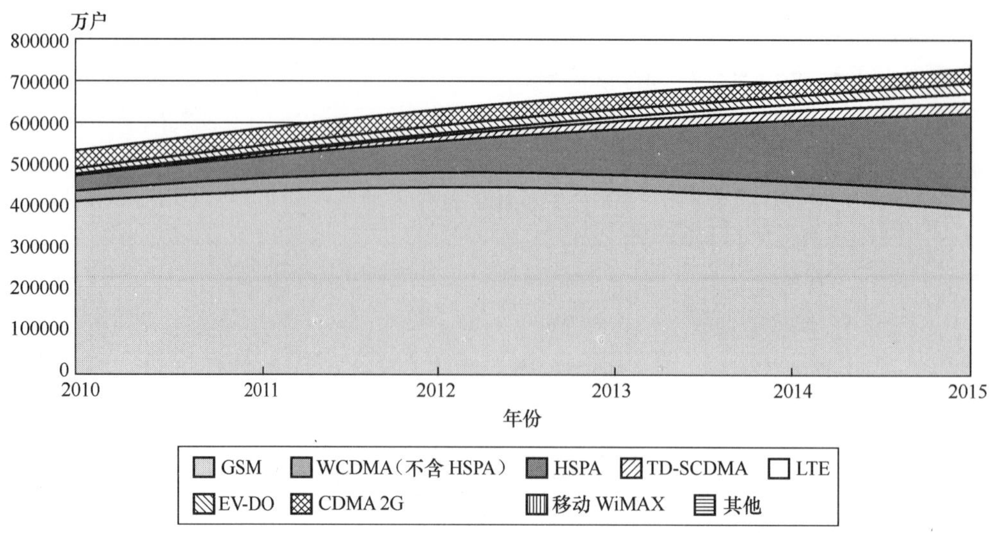

图2　2010–2015年各制式移动用户预测（数据来源：工业和信息化部电信研究院）

运营商的网络建设也已经开始全面向3G倾斜。2G网络投资从2008年就已经开始逐渐减少，并逐步被3G技术取代，预计到2014年全球基站出货量将达到200万台左右，其中GSM技术仅占3.6%左右。LTE基站出货量逐年增加，预计2014年LTE全球基站出货量将达到23万台左右，占总基站出货量的11.5%，如图3所示。

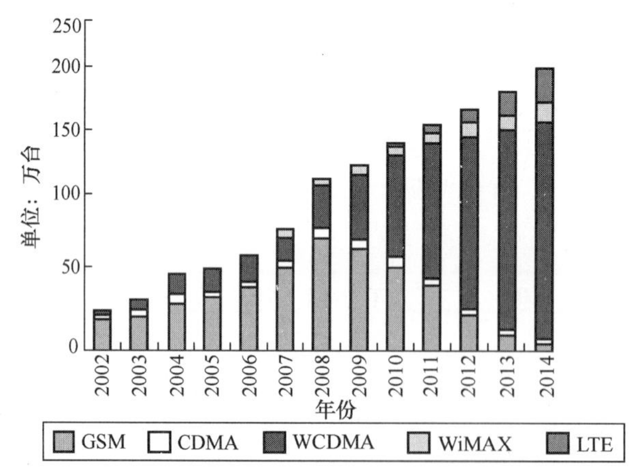

图3　全球各技术基站出货量与价格预测（数据来源：Dell’Oro Group）

（四）国内移动用户稳定增长，3G市场规模发展

2011年，移动通信刚性需求和资费下降推动移动用户继续稳定增长，预计用户增长0.8–1亿，达到9.4–9.6亿。2011年我国进入3G规模发展期，预计年底用户超过1亿，在移动用户中的渗透率超过10%。移动运营商充分利用不同网络间的优势互补特性，推进异构无线网络技术的有机融合，促进不同接入网络技术的协调发展，以缓解数据流量业务的快速增长对现有2G网络造成的压力。

预计2013年，我国的2G用户将出现负增长，净增用户全部来自于3G用户，如图4所示。

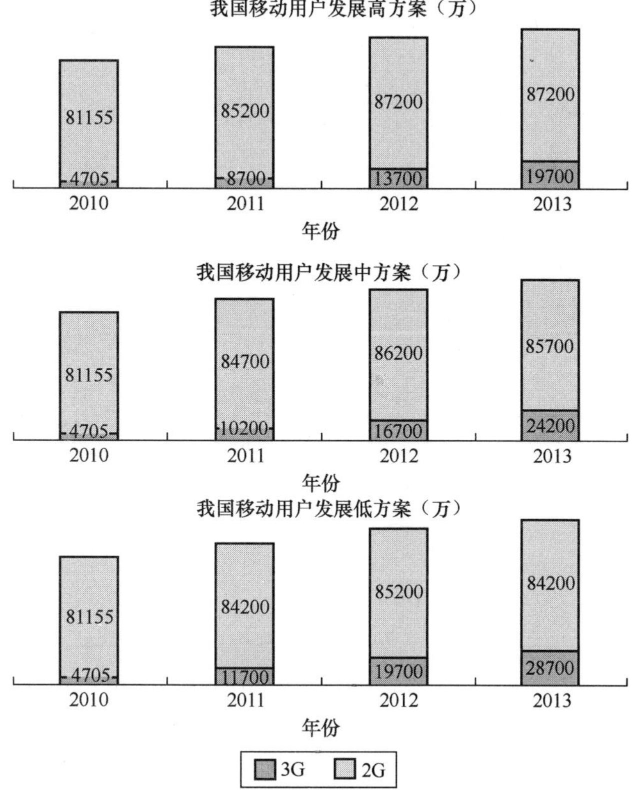

图 4　我国移动用户发展预测

下一代网络篇

导　读

下一代网领域一直是业界研究的热点，电信研究院下一代网领域研究组一直紧密跟踪研究网络的业务和技术发展趋势，同时还关注领域的热点问题。本报告的研究内容由三部分组成。

报告的第一部分首先总结了2010年下一代网络领域的总体发展状况。2010年下一代网领域是夯实基础，重点突破的一年，这一年中在政府、产业等多方推动下，下一代网领域的宽带、泛在等基础性网络能力得到了稳步提升；同时在三网融合、绿色ICT等关键环节，下一代网领域积极应对我国信息产业发展提出的挑战，逐步探索新的发展方向和发展方式，取得了值得肯定的突破。网络发展涵盖从基础网络到业务应用的各个层面，网络继续向着泛在化、宽带化、融合化、绿色化方面不断演进和发展，这既是对自身发展规律的继承和深入，又是领域未来发展的趋势和方向。

报告的第二部分主要分析了下一代网领域的四个热点事件。2010年的下一代网领域出现了“宽带提速”、“PTN标准之争”、“GSMA推进富通信”、“互联网电视兴起”等重大的领域热点事件。这些领域热点事件一方面反映了网络宽带化、融合化的技术趋势，也从产业的角度剖析了不同领域的竞争和融合的态势。

报告的第三部分展望了下一代网领域涵盖的泛在信息基础设施未来的发展趋势，并重点预测了网络在泛在化、宽带化、融合化、绿色化的一些网络技术的发展。

本篇作者：
续合元　王爱华　杨然　张海懿　李海花　杨葆莉　王锋　李洁　周旗　吴京文　胡昌军　刘谦
李芳　罗松　王晓燕　门汝静　毕然　乔亲旺

一、2010 年下一代网络领域总体发展情况

网络能力逐步提高，关键环节孕育突破，网络总体向着泛在化、宽带化、融合化、绿色化不断发展。对于下一代网领域而言，2010 年是夯实基础，重点突破的一年。这一年中，在网络技术发展的驱动下，在政府、产业等多方推动下，下一代网领域的宽带、泛在等基础性网络能力得到了稳步提升。同时在三网融合、绿色 ICT 等关键环节，下一代网领域积极应对我国信息产业发展提出的挑战，逐步探索新的发展方向和发展方式，取得了值得肯定的突破。

网络发展变化涵盖从基础网络到业务应用的各个层面，总体而言，2010 年下一代网领域向着泛在化、宽带化、融合化、绿色化方面不断演进和发展，这既是对自身发展规律的继承和深入，又是领域未来发展的趋势和方向。

- **“泛在化”全面推开。**泛在化主要体现在日新月异的无线接入、射频识别、人机互动、新型传感器等新技术的推动下，网络感知层能够利用各种感知、识别、采集新技术把物联接到网络，实现人与人、人与物、物与物之间随时随地沟通的无处不在的信息服务。随着我国物联网战略的实施，中央和地方各级政府通过规划、园区建设等多种手段积极推进物联网发展，同时泛在化应用的领域也在不断扩展，整体在我国呈现出全面推开的发展态势。

- **“宽带化”稳步提升。**宽带化体现在网络的接入、城域及核心网络的带宽越来越宽，网络的交换和转接能力越来越大，高带宽的有线 / 无线接入、光通信、未来网络将是未来采用的主要网络技术。2010 年宽带发展仍是全球各个国家关注的重点。各国政府宽带发展战略的落地，成为宽带建设最有力助推器。我国宽带用户保持平稳快速增长，宽带能力稳步提升。

- **“融合化”取得突破。**融合已经成为了通信业的主旋律。固定与移动走向融合；IP 技术在电信网、互联网和广播电视网的普遍应用，三网融合新政在整个产业持续“发酵”，带动业务、终端、网络不断创新突破。同时，一直不温不火的 IMS 网络发展也在“富通信”业务的推动下出现转机。随着通信技术与信息技术的加速融合，ICT 融合程度逐步深入，并在行业领域得到广泛应用。

- **“绿色化”逐步推进。**ICT 产业本身就是高能耗产业，例如整个通信行业年耗电量高达 200 亿度以上。ICT 产业的节能减排，将对整个国家的节能减排发挥重要作用。另一方面，整个国家的节能减排，更需 ICT 产业充分发挥技术优势，借助信息化的手段，帮助其他行业实现绿色发展。可以说，由于 ICT 产业在整个国家的节能减排战略中的重要地位，提供不仅会率先实现绿色发展，而且会成为绿色 IT 初始的源动力。

（一）网络泛在化发展情况

园区建设风起云涌，纷纷规划物联网蓝图。各级政府高度重视物联网，积极规划物联网发展，加

快物联网布局。2010 年是国家“十一五”发展的收关之年，面对即将进入的新的五年发展时期，各级政府积极制定物联网“十二五”发展规划。从国家发展改革委员会、工业和信息化部制定的国家发展规划、产业发展规划，到商务部、交通部、卫生部、公安部等部委制定的行业发展规划，再到北京、无锡、南京、成都等城市制定的城市物联网发展规划，一个自顶向下的物联网总体布局初步形成。

各地方政府积极落实物联网发展战略，利用物联网产业园谋求未来发展的领先地位。政府积极推动是中国物联网发展的核心要素。自无锡市国家传感网创新示范区正式获得国家批准以来，北京、天津、深圳、重庆等全国多个地区纷纷开始建立物联网产业园区。各地政府更是将物联网作为地区未来发展的战略性新兴产业，产业园区建设以“应用引领产业发展”的模式为主，旨在以产业园建设为载体，以应用为先导，逐步形成以特色加产业链的产业集群发展模式，为促进当地经济结构优化升级做出贡献。

我国物联网产业在快速突破的同时，也面临全面、协调、可持续发展的新挑战。目前，大部分物联网产业园区建设以技术研发、设备制造为主，各地对产业园的定位和发展思路类似，缺少国家层面的统一规划，另外对于下一步如何引导物联网产业园实现“应用引领”、“规模效应”以及“战略性新兴产业”也是物联网发展面临的重要问题。作为前沿高端技术，短期内物联网的客户需求空间相对较小，商业模式模糊，缺乏统一的物联网政策法规，研发同质化严重，使得物联网更易形成泡沫。这些问题也对中央和地方政府提出了物联网产业全面、协调、可持续发展的新挑战。

泛在化体现在网络不同层面，应用领域范围不断拓展。物联网并不是要完全重新构建一个全新的网络，而是更强调各种网络能力和资源的协同共享，特别是在现有网络基础上，根据人类生活和社会发展的需求，增加和拓展相应的网络能力、服务和新的应用。

- 终端泛在化：物联网在现有网络的基础上扩展了终端类型，既包括传统的终端，也包含了新型终端及一些网络化的终端形态。如手机终端利用其便携性和移动性特征，逐渐成为面向个人用户的行业应用集成平台。各种行业专用终端通过与通信技术结合，集成网络接入能力，逐渐向可联网的智能终端发展，如智能医疗终端，车载通信终端等。各种类型的新型物联网终端不断涌现，并和物联网应用紧密结合。

- 网络泛在化：物联网是要实现连接无处不在、服务无处不在。随着无线技术和近距离通信技术的发展，物联网延伸层已经可以通过使用蓝牙、超宽带、Zigbee 等近距离通信技术将通信能力延伸到广域网以涉及的区域，如环境监测、工业控制等。同时，网络泛在化要求不同接入技术在不同应用场景下可互补融合发展。如宽带光接入可为家庭基站提供回传业务；WLAN 将逐步发挥其对蜂窝网络的补充作用，同时也可以作为有线宽带网的延伸与补充，向家庭内部渗透。

- 应用泛在化：物联网的业务应用可分成四类，即行业专用服务、行业公众服务、面向大众的服务、多行业融合服务，领域涉及家庭、健康、物流、建筑、交通、安全等多方面。在“物联网”概念的总体牵引下，应用主要围绕传感器技术、M2M 和 RFID 技术展开。2010 年我国车用传感器市场或将超过 113 亿，RFID 在电子支付、物流、医疗等领域应用潜力巨大。同时，运营商推进的 M2M

应用已经初步形成一定规模，其中中国移动的 M2M 终端已超过 500 万。

（二）网络宽带化发展情况

发达国家宽带战略落地，政府推进接入网加速发展。目前全球已经有 98 个国家提出宽带发展战略，美、英、澳等国发布了具体的宽带发展计划，明确和细化了宽带发展目标、措施、政策，政府在宽带发展中承担了重要角色，支持力度空前，推进了 FTTH/FTTP/FTTN、Docsis3.0、LTE、WiMAX、宽带卫星等速率更高的下一代接入网（NGA）加速发展。

美国 2010 年 3 月提出宽带计划，目标是：10 年内用 100Mbit/s 速率连接 1 亿家庭；建立学校、医院示范基地：大于 1Gbit/s 超高速；移动创新世界领先，实现最快最广的无线网等等。为了确保宽带目标的实现，政府决定释放 500MHz 的频谱，改革普遍服务机制。

澳大利亚 2010 年 12 月明确了国家宽带网（NBN）的具体细节。澳大利亚成立国有 NBN 公司，政府对宽带网络建设直接投资，目标是用 FTTH 连接全澳 93% 的住宅、学校、医院和公司，网速为 1Gbit/s；固定无线连接覆盖 4% 的需求，网速不低于 12Mbit/s；卫星覆盖剩余 3% 的需求，网速不低于 12Mbit/s，2015 年将发射 2 颗 Ka 波段卫星。

印度 2010 年 12 月也提出了总投资 130.4 亿美元“国家宽带网”计划，63 大城市下载速率将达到 10Mbit/s，352 个城市的下载速率达 4Mbit/s，其余地区 2Mbit/s。电信部提议政府建立国家和邦级机构来建立光纤网络，提供宽带普遍服务基金，以及提供优惠贷款、进口免税、加快设备折旧等政策。

全球宽带用户突破 5 亿里程碑，中国保持高增长。2010 年第三季度，全球宽带用户数（固定宽带）突破 5 亿，占固定电话用户数的一半，但增长势头有所缓解。中国仍为全球宽带用户数最多的国家，新增用户也最多，占全球新增用户的 38.8%。值得一提的是：在全球宽带用户数增长趋缓的情况下，中国宽带用户增长率仍然较高，一直保持在 20% 以上，2010 年增长率是美国的 4 倍。

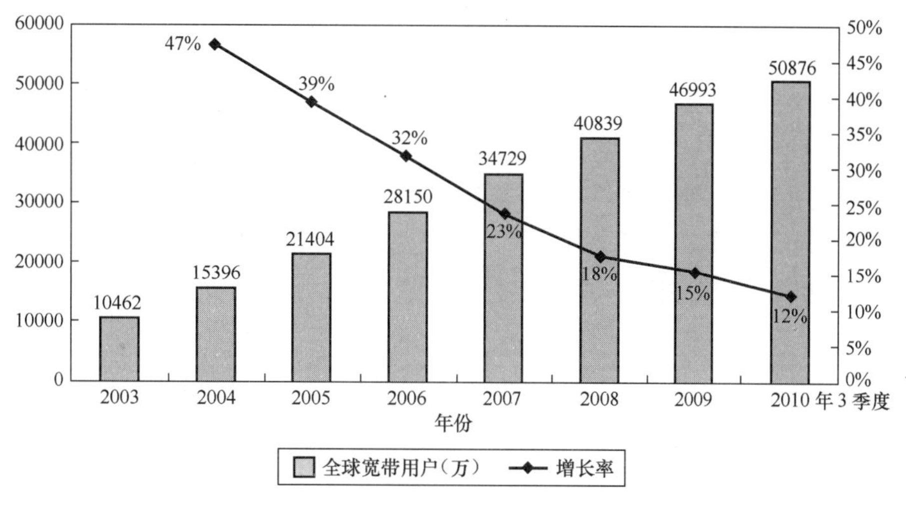

图 1　全球宽带用户规模及增长率（数据来源：Point Topic）

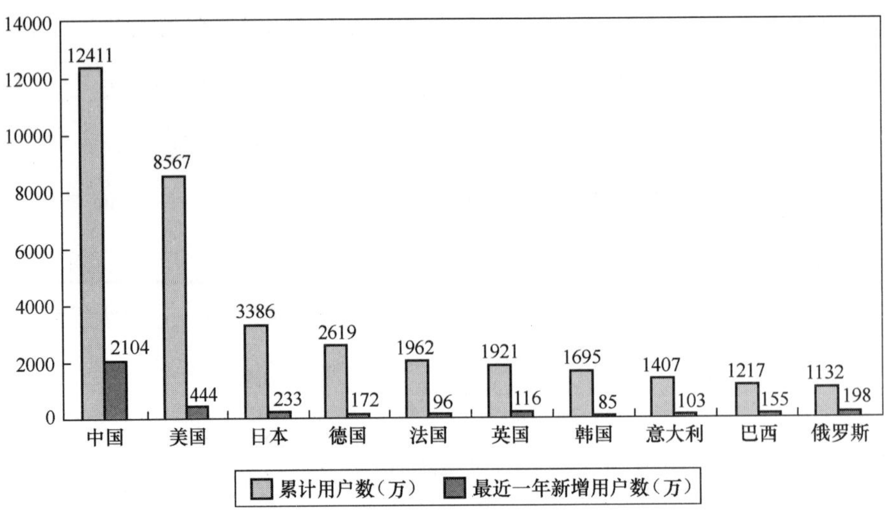

图2　全球宽带用户数最多的十个国家（截至2010年3季度）（数据来源：Point Topic）

（三）网络融合化发展情况

三网融合新政促业务融合，多屏业务进入发展阶段。由于技术进步和市场发展，近年来我国各省区市陆续开展了三网融合的相关业务试点，其中以IPTV、CMMB手机电视、互联网视频业务等为代表的典型三网融合业务合作模式已崭露头角，但从业务范围、规模和普及来看，2010年以前融合业务仍在发展萌芽状态，用户占比普遍较低，其中IPTV用户占宽带总用户比重为6%，低于全球平均水平，广电宽带用户占宽带总用户比重为3.8%。

2010年三网融合新政推出后，电信企业明显加快了IPTV发展速度。以中国电信为例，2010年IPTV用户增量实现翻番增长，其中中国电信在8个试点城市的IPTV用户规模达到220万，试点城市成为IPTV用户增长的重要来源，凸显了三网融合新政出台后对三网融合业务发展的正面作用。

作为三网融合的重要参与企业，广电系统已在超过20个省份发展宽带业务，2010年有线宽带用户已经达到500万。由央视负责的IPTV内容播控系统在2010年底建设完成，并基本实现中央、地方集成播控平台的两级对接。其中中央集成播控平台由央视（CNTV）牵头建设，负责区域有北京、深圳、杭州、南京、长株潭、绵阳、武汉、青岛。中央平台和文广平台落地要与当地电视台协商合作，中央和地方利益磨合为未来业务发展奠定基础。

在三网融合的业务形态方面，AT&T实验室研究指出，未来五年内的重要方向，同一内容和应用将在电脑、电视和手机（三屏）之间平滑过渡，多屏业务未来将成为“三重播放”业务的自然发展。2010年中国电信的多屏业务已经率先从概念炒作进入实质运营阶段，面向家庭用户推出的“翼视通”，为用户提供内容跨屏交互功能多屏业务；面向政企用户推出支持三屏的“天翼看交通”（武汉）。从产业链参与各方的行动计划和部署来看，未来多屏业务更广泛应用在面向不同客户群的信息娱乐和行业应用已经成为必然。

各方部署设施支撑业务融合，网络架构技术趋于一致。三网融合使网络从各自独立的专业服务网

络向综合性服务网络转变，网络架构趋向统一，网络性能得以提升，资源利用水平进一步提高。三网融合并不特指物理网络融合，更多体现在业务、技术等融合与互动。例如为提升互联网和视频业务质量，三大网络都引入了 CDN 将内容推送到用户边缘；电信网络部署组播和 QoS，拓展广播业务能力；广电系统部署软交换和 IMS，为实现话音通信奠定基础。

为全面支撑三网融合业务的规模发展，电信运营企业网络将进一步部署新的功能和设施，如部署智能 CDN 网络和 DPI 等，利用云计算、P2P Cache 等优化 CDN 功能，增强边缘网络智能，支持 IPTV、手机流媒体、互联网视频等自营业务发展。此外，为了优化和解决 CDN 的互联互通质量，针对性解决 CDN 网无法实现跨运营商互通，从而不能构成全国完整的 CDN 的问题，一些电信运营企业还为互联网企业提供 Web 加速和互联网视频提速等业务。

在业务平台层面看，统一的业务平台可以透过不同的网络提供品质一致、服务一致的融合业务体验，在业务和应用层面展现“百花齐放”的业务表现，并带动终端多元化、多功能化融合发展。三网融合业务发展需求，促使电信企业部署手机流媒体、IPTV、融合视讯等业务平台，支撑视频和宽带增值业务的统一经营，通过统一内容平台引入，完善电信业务网架构，使电信网未来成为支撑多媒体业务、互联网业务、实现内容经营的重要基础设施，并带来通信能力的大幅提升。

（四）网络绿色化发展情况

政府制定通信节能规划，企业积极落实节能措施。中国政府在哥本哈根会议上做出减排承诺，到 2020 年我国单位国内生产总值二氧化碳排放比 2005 年下降 40%～45%，作为约束性指标纳入国民经济和社会发展中长期规划，并制定相应的国内统计、监测、考核办法。2010 年国资委将运营商从“一般企业”转为“关注类企业”。《中央企业节能减排监督管理暂行办法》，针对所有央企，要求“十二五”万元 GDP 综合能耗下降 20%，并将节能减排纳入央企负责人任期考核指标。2010 年工业和信息化部启动“十二五”通信业节能规划编制工作，已形成初稿。工业和信息化部正在会同行业协会组织编制通信节能产品目录，指导通信行业节能工作。2010 年企业积极落实节能措施，主要表现在以下几方面。

观念转变：由政府推动变为积极主动。2010 年中国移动宣布其提前完成其承诺的减排任务后，又承诺 2012 年单位电信业务总量综合能耗比 2009 年下降 7%，2010 年中国电信承诺到 2012 年单位信息流量综合能耗将比 2009 年下降 30%，节能减排已成为企业塑造竞争力的重要方式。

2010 年企业方法转变：由单纯引入技术转为管理系统化。传统的节能工作模式侧重于节能新技术的引入和应用，但缺乏后期的监控和维护，使得未能发挥长期持续的节能效益，2010 年，企业逐步推进能源管理体系建设工作，重点转为管理的系统化。

2010 年企业考核转变：定性考核向定量考核迈进。运营商基本完成指标体系、统一检测体系、相关考核体系的建设，将节能减排定量指标作为综合扣分事项纳入 2010 年的经营业绩考核办法。

ICT 产业能耗增长较快，数据中心成节能焦点。电信产业年均增长率为 5 ～ 6%，电信能耗年均增长率为 10% ～ 11%，电信能耗年均增长率高于产业年均增长率。近几年，移动用户的数量保持了两位数的增长，带动电信运营商的总耗电量节节攀升。

数据中心年耗电量迅猛增加，成为节能焦点。2011 年美国数据中心耗电将达 1000 亿度，比 2006 年翻一番，占美国总用电量的比例从 1.6% 升至 2.5%。TB 级的数据库要求服务器具有很高的数据和业务处理能力，数据容量和流量均呈几何级数增长，造成数据中心耗电量迅猛增加。第三方调研公司数据预测，若不对数据中心进行节能改造，未来 5 年内，将有超过 90% 的企业因遭遇电源可用性限制而导致数据中心中断运行；更有 25% 的数据中心因此产生严重的业务中断。

二、2010 年下一代网络领域热点剖析

在网络发展的“四化”趋势下，2010 年的下一代网领域出现了“宽带提速”、“PTN 标准之争”、“GSMA 推进富通信”、“互联网电视兴起”等重大的领域热点事件。这些领域热点事件反映出下一代网领域未来发展的整体态势。

（一）宽带提速

政府推动、需求牵引，宽带提速加快进行。为了增强国家的竞争力，很多国家的政府都在推动本国宽带提速。例如：美国政府提出：2020 年用 100Mbit/s 速率连接 1 亿家庭。韩国政府提出：2012 年用 1Gbit/s 光纤连接所有家庭。日本政府提出：2015 年光纤宽带连接 100% 人口。法国政府提出：2020 年 70% 的人口接入速率为 100Mbit/s。与此同时，用户日益高涨的需求也在直接驱动网络提速，在 HDTV、3D 视频、云计算等需求的带动下，考虑到高清电视和上网，2010 年人们对带宽速率的基本需求为 25Mbit/s，2013 年预计会到 80Mbit/s，2016 年将达到 150Mbit/s（3 路高清，100Mbit/s 上网）。

为此运营商都在加快网络提速。在美国，Verizon 公司 2010 年底 Fiso（FTTP）覆盖了 70% 的家庭，2010 年 11 月推出 150Mbit/s 业务；Google 宣布将向 5 万家庭提供 1Gbit/s 业务。在日本，FTTH 覆盖 90% 家庭，NTT 开始提供 200Mbit/s 业务。在英国，BT 的 FTTC 覆盖了 40% 以上家庭，并新增 41 个城镇加入超快光纤网络计划，提供 40Mbit/s 业务。中国电信日前也提出了“宽带中国 光网城市”计划，在“十二五”规划末，全国县级以上城市地区实现光纤全覆盖。

PON 技术向下一代演进，为宽带提速做支撑。2009 年 10 月，ITU-T SG15 通过了 10GPON 的总体需求 (G.987.1) 和物理层规范 (G.987.2)，这两个规范于 2010 年 3 月正式对外进行了公示，正式开启了下一代 (NG)PON 标准时代的大门。2010 年 6 月的 ITU-T SG15 全会表决并通过了 10GPON 传输汇聚层 (G.987.3) 和通用 OMCI 标准（G.988），这标志着 10GPON 标准主体的初步完成。当前关于 GPON 的后续发展由 FSAN（全业务接入标准组织）研究，分为 NG-PON1 和 NG-PON2 两个阶段。NG-PON1 在兼容现有 ODN（光分配网）的基础上，通过扩展 GPON 标准过渡到 NG-PON，并有下行 10Gbit/s、上行 2.5Gbit/s 不对称的 XG-PON1 和上下行对称 10Gbit/s 的 XG-PON2 两个主要备选架构；NG-PON2 则不受现有的 GPON 标准和光分配网络限制，是全新光网络的长期的演进方案，WDN-PON 就属于 NG-PON2 范畴，速率更高，FSAN 目前正在评估无色 PON 等技术，标准预计 2015 年完成。

我国宽带大而不强，呼唤宽带战略政策。我国虽然为全球宽带第一大国，却在普及率、速率、单位带宽资费等方面刚刚达到或低于全球平均水平，与发达国家相比差距很大。我国宽带人口普及率在 2009 年底超过全球平均水平，2010 年 2 季度达到 9.2%，但是仍低于亚太地区的平均水平（10.3%）。与北美和西欧地区的 30% 相比，差距很大。根据网络调研机构 Akamai 发布报告，我国平均网速为

1.774Mbit/s，排名全球第 71 位，处于中等或偏下的水平。全球住宅用户 DSL（单一业务）平均水平为 5.9Mbit/s，中国住宅用户 DSL 业务平均下行速率仅为 2.5Mbit/s。Point-Topic2009 年 12 月统计表明，全球平均住宅 DSL（单一业务）每 M 带宽价格为 8.8 美元，我国为 13.45 美元。为了使宽带更好地服务于社会和经济的发展，提升我国综合国力，我们需要尽快出台国家宽带战略，加强政府对宽带发展与提速的支持力度，缩小与发达国家的差距。

（二）PTN（电信以太网）标准之争

PTN 技术选择尘埃落地。2008 年电信级以太网兴起，目的是在城域网汇聚接入层以较低的成本提供多业务的承载，业务定位主要是移动基站回传和企业用户的二层专线，其中 T-MPLS/MPLS-TP、PBB-TE（即 PBT）、VPLS 及增强型以太网四种技术竞相争艳。

目前在 PTN 技术选择方面，宣布支持 MPLS-TP 的厂商明显多于支持 PBT 的厂商，加上目前绝大部分运营商都拥有 IP/MPLS 核心网，MPLS-TP 脱颖而出成为 PTN 技术主导。支持 PBT 的主流厂商只有前北电、CIENA（收购了北电）和诺基亚西门子（目前，后两家正大力开发 MPLS-TP 产品，满足美国 Verizon 的应用需求），其余厂商均支持 MPLS-TP。北电是 PBT 的主要支持者，它的破产对 PBT 的发展有较大影响。

2009 年我国三大运营商启动 3G 规模建设，纷纷测试验证 3G 移动回传的分组化可选方案。中国移动率先完成 PTN 试商用测试，2009 年 10 月第一次大规模集采基于 MPLS-TP 的 PTN 设备；2010 年 6 月又启动了 PTN 第二期更大规模集采。中国电信和中国联通先后完成了实验室评估测试，并于 2010 年先后开展了 PTN 现网试点。综合来说基于 MPLS-TP 的 PTN 技术基本被产业界认可，并在 2010 年开始大规模商用。

MPLS-TP OAM 标准之争。MPLS—TP 是传送和数据技术融合发展的产物，是适应业务 IP 化、网络分组化的主流技术，但其国际标准化却经历了漫长曲折的历程。

ITU-T 自 2005 年开始开发传送一多协议标签交换（T-MPLS）技术系列标准，但该项工作受到 IETF 的强烈反对而停滞。经过 ITU-T 和 IETF 管理层协商，2008 年 4 月成立联合工作组合作开发更名后的 MPLS-TP 技术，IETF 主导协议开发，ITU-T 负责输入和确认传送需求，预定 2009 年 9 月完成标准开发。但由于传送和数据领域对 MPLS-TP 的网络环境及传送需求的理解、应用模式选择等方面存在很大差异，导致其国际标准化进展缓慢，至今尚未完成。

自 2009 年开始，在 MPLS-TP 的关键技术 OAM 和保护上分化为两个技术路线：一是传送领域 PTN 产品采用类似于以太网 OAM（Y.1731）和以太网线性保护（G.8031）的技术，二是数据领域产品采用扩展双向转发检测（BFD）和快速协议收敛（FRR）的技术，两种路线分别代表了传送和数据两个产业对 MPLS-TP 的技术选择。

中国通信标准化协会积极开展 PTN 通信行业标准制定，截至 2010 年底，《PTN 总体技术要求》

已送审，《PTN 设备技术要求》已征求意见，明确规定采用 G-ACh+Y.1731 方案为国内 PTN OAM 机制，取得了国内三大运营商和所有设备商的一致支持。

2010 年 6 月 SG15 全会，在我国 PTN 行业标准积极制定和产业应用蓬勃发展的背景下，工业和信息化部电信研究院联合三大运营商提交了国家文稿 C1058“关于 MPLS-TP OAM 机制的建议”阐述了对 MPLS-TP OAM 标准化的迫切需求，中国选择 GACh+Y.1731 的三大理由（产业成熟、标准化程度高、便于现网实施从 G.8114 的软件升级），并强烈建议 ITU-T 采纳 GACh+Y.1731 作为一种 OAM 标准方案。该文稿得到了意大利国家文稿 C832 和许多运营商、设备商的支持，反对者主要是思科 /Juniper/ 爱立信 / 诺西和 Verizon 的代表。在闭幕全会上，ITU-T 通过成员国投票表决接受了中国代表团正式声明（五个国家支持，没有国家反对），由 ITU-T 向 IETF 发联络函要求互联网编号管理局（IANA）为 Y.1731 OAM 分配 G-ACh 代码供 G.tpoam 标准使用。

2010 年 7 月 IETF 第 78 次会议，支持不同 OAM 方案的两派专家进行了激烈辩论，会议无果而终。2010 年 8 月初，ITU-T 与 IETF 进行了高层会谈，专题讨论 MPLS-TP 标准化合作问题，IETF 高层立场非常强硬，以不符合流程为由拖延代码分配。

2010 年 11 月中旬 IETF 第 79 次会议，MPLS 工作组拒绝为 Y.1731 OAM 相关文稿分配介绍时间，IETF 主席在会议上宣布 IETF 只开发 BFD/LSP Ping 扩展这一种 OAM 方案，坚持 One solution 有利于 MPLS 互通。

2010 年 11 月下旬 SG15 柏林 MPLS-TP 中间会议，采纳来自中国三大运营商、意大利电信、NTT、德国电信、西班牙电信（Telefonica）等七个运营商，中国 CATR 和韩国 ETRI 两个研究院，ALU、华为、中兴、NEC、富士通、日立、泰乐七个设备商的文稿建议，起草开发了包括 GACh+Y.1731 OAM 方案的 G.tpoam 草案，遭到了思科、爱立信、Juniper、诺西、Verizon、ISOC 六个成员的反对声明，OAM 标准之争正式激化为传送和数据两大阵营。

近年来，我国在基于 MPLS-TP 的分组传送网（PTN）的标准研制和网络应用方面已处于国际前列。华为、上海贝尔、中兴和烽火等厂家的 PTN 产品均采用 G.8114/Y.1731 的 MPLS-TP OAM 技术路线；自 2009 年开始，中国移动已在城域 3G 移动回传网中大规模部署 PTN（截止到 2010 年底，中国移动 PTN 设备采购总量达到 20 万端）；我国设备商的 PTN 产品也广泛应用在西班牙沃达丰、意大利电信、韩国电信、NTT 等国外运营商网络中；PTN 的 Y.1731 OAM 方案通过了国际上的三次公开互通测试（2009 年和 2010 年电信级以太网世界大会（CEWC）、2010 年 MPLS@Ethernet 世界大会），充分说明了传送网 OAM 方案在技术方案、产品开发、网络应用方面的可行性和成熟性。

MPLS-TP 和 PTN 的国际标准化对电信运营商的网络应用、互联互通以及通信设备商的产品推广有着直接影响，因此，OAM 国际标准之争是传送和数据两种产品路线市场竞争的另一个战场，随着国际标准化开展，可以预见 OAM 标准之争将在保护方案上重演。

（三）GSMA 推进富通信

互联网业务种类的日益丰富、用户群日益庞大，对传统运营商的影响日益显现。传统电信运营商为了避免成为纯管道运营商，也开始涉足互联网业务领域，如中移动飞信、各运营商 IM 客户端、设备商开发的基于 IMS 的客户端等，但这些无法与互联网业务抗衡，因此运营商希望构建一种能够和互联网通信类业务抗衡的业务或架构。 IMS 的推出及发展，受到了普遍关注，GSMA（全球移动通信联盟）更是在 IMS 的计划架构之上，提出了 RCS（Rich Communication Suite，富通信），即基于 IMS 的具有统一业务集定义的技术标准。具体来说，就是基于手机电话号码簿实现话音、消息、状态呈现等多媒体业务的总称（类似于互联网的即时通信业务，但不需要额外的编号或邮件地址，只要手机上存的电话号码，就可以自动显示该用户的在线状态，以此为平台方便实时地进行话音、图片、视频等多种方式的沟通），用户通过智能终端上的软件客户端来使用 RCS 业务。

可以说，GSMA 提出的 RCS 由于终端及众多运营商的支持，使得 RCS 业务本身就具有移动属性（移动终端天然支持）、互通属性（多运营商可互联互通）以及社交属性（与通讯录、呈现及其他多媒体等业务融合）。RCS 的目标是电信业通过标准化的软件客户端和通信协议，在全球范围内支持不同运营商 RCS 业务之间的互通，增强电信服务对用户的黏性，以应对 MSN 等互联网即时通信平台业务、社交网络等的竞争。

GSMA 在确定 RCS 业务集和技术标准的同时，还组织多家运营商测试校验业务的需求满足度、业务成熟度和业务互通性，以促使 IMS 快速商用，特别是促进终端出厂时 IMS 业务作为标准配置的产业化进程。目前 GSMA RCS 项目得到了众多手机终端厂商和运营商的支持，已有 100 多成员，包括中国三大运营商及主要设备商。因此“RCS（富通信）”可能成为运营商应对互联网挑战的机遇，同时推动电信网络向 IMS 发展演进。

到目前为止，GSMA 推进的 RCS 标准已经制推出了 4 个版本，R1 在 2008 年 12 发布，最新的 R4 版本，RCS R42010 年 12 月计划发布，2010 年重点讨论 RCS 与 SNS 互通整合以及 RCS 向 LTE 演进。具体各个阶段的发展路标如图 1 所示。

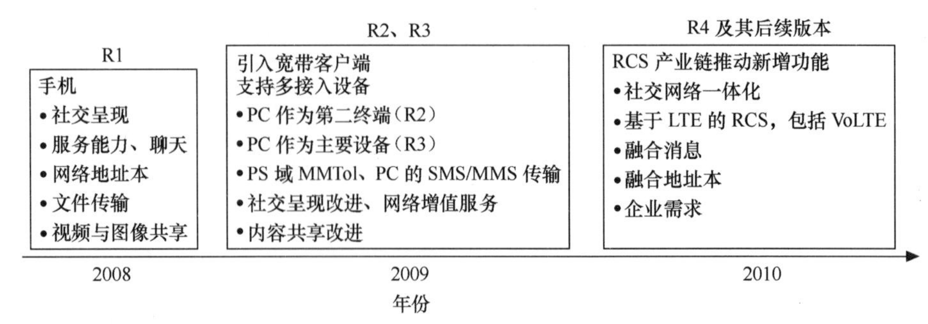

图 1　GSMA 推进的 RCS 标准

RCS 自 2008 年开始提出以来，推进相对比较缓慢，但是 2010 年取得了阶段性成果。首先支持

RCS终端有所突破。截止到2010年10月11日，已经有38款RCS终端。其次是2010年RCS进行实际商用测试，包括Orange、Telefonica以及三家韩国运营商、中国联通等都对RCS进行了商用测试，这些测试在一定程度上取得了成功，客户体验感知上有明显的进步，用户市场反馈良好，在试用业务后近80%的用户表示愿意使用。此外也证明了运营商之间的互联互通是用户对于RCS的基本需求。具体的测试情况如下。

- Orange主要测试了图片共享、信息共享、呈现高可用性和文件传输，测试结果相对比较乐观，80%的测试用户喜欢RCS应用，47%的用户感谢Presence(高可用性)和文件传输带来的便利性，但也暴露出终端稳定性差的问题。

- Telefonica的测试结果认为RCS最大的好处是移动终端的实用/简单/广泛性、最有价值的应用是IM和增强的通信簿，用户最喜欢的是照片分享；此外如果与MSN等互联网即时通信软件的竞争，应考虑进一步更快推动RCS PC和手机客户端的互通。

- 韩国的三家运营商部署了早期的RCS版本，并实现了3家运营商的RCS业务互通。根据其业务发展数据，在实现业务互通后用户数和业务流量迅速增长。

- 中国联通于2010年3-6月与华为联合举办了亚洲第一次RCS终端和服务器之间的IOT测试。参加公司共10家，包括诺基亚、三星、索爱等主流终端厂家，以及华为、爱立信、诺基亚－西门子等主流设备厂家。

虽然GSMA已经发布了RCS的R4版本，但国内在2010年底才刚刚开始讨论RCS的标准制定。而在支持RCS产业链方面，目前参加GSMA RCS测试的终端均为WCDMA制式，缺乏TD制式的RCS终端。

RCS的推进，将成为IMS网络部署新的推动力量，并且未来有可能逐渐牵引话音业务向分组网迁移。目前来看，推动IMS部署的主要有两个方面，一是固网的切实应用、二是GSMA对RCS的推进。在RCS取得阶段性突破切实推进IMS在移动多媒体应用的同时，IMS在固网领域也在稳步推动。目前IMS的商用案例基本都是在固网领域的应用，国内三大运营商也开始IMS在固网领域的商用推动：中国移动从2009年开始建设IMS网络，2010年年底完成网络建设，全国IMS网络规模可达1000万线左右。计划提供的业务主要有VOBB(宽带话音)、Centrex(虚拟用户交换机)；预计明年IMS网络可投入商用。中国电信2010年在完成了8省IMS试点基础上年底将进行IMS商用网络设备集采。随着国家对三网融合大力推动，中国电信决定在三网融合试点期内完成网络能力的提升，即今后两年加大了FTTH推进力度（基本完成城市覆盖），采用IMS接入FTTH用户。中国联通2010年启动了IMS五省测试项目，据称已完成一阶段外场测试。

因此，在IMS固网应用的基础上，RCS成为IMS部署新的推动，也体现出IMS的融合优势。IMS的融合网络发展路标可用图2表示。

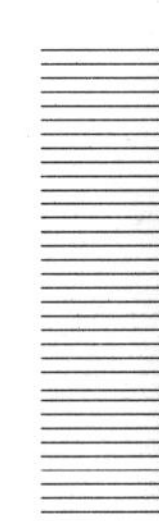

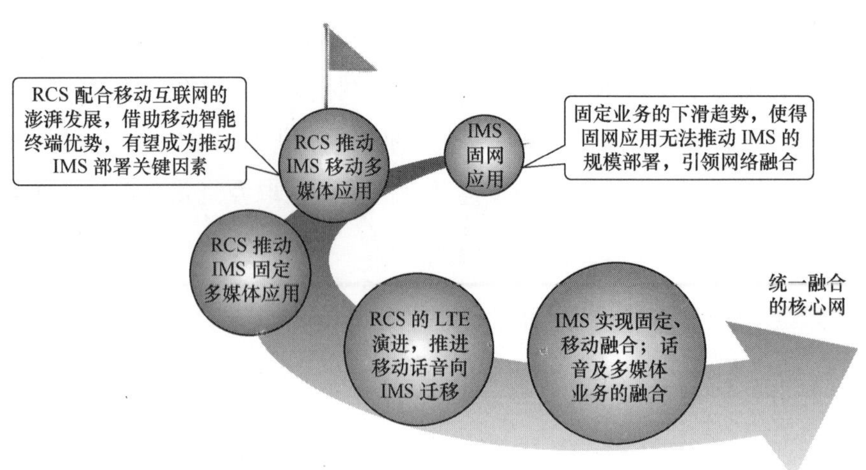

图2　IMS的融合网络发展路标

（四）互联网电视的兴起

电视机的网络化是当前最突出的热点，“有围墙的”IPTV、有线电视最终将趋向于“开放的”互联网电视。如表1所示，从流量角度看，Cisco的全球网络流量指数（VNI）研究报告表明，网络视频流量占比稳步上升，已经呈现出王者之象。

表1　　Cisco全球网络流量指数（VNI）

	2009	2010	2011	2012	2013	2014	CAGR
Consumer Internet Traffic	8,930	12,684	18,092	24,546	32,361	42,070	36%
−Consumer Video to PC	2,776	4,725	7,718	11,026	14,838	19,468	48%
−Consumer Video to TV	107	263	711	1,502	2,686	4,075	107%
（PC+TV）视频流量占比	32.28%	39.33%	46.59%	51.04%	54.15%	55.96%	

流量单位：PB per Month　　（数据来源：Cisco VNI报告2010.6.2）

网络视频已成人们获取视频数字内容的重要渠道。互联网已成为思想文化信息的集散地和社会舆论的放大器。据Informa统计，截至2010年底，互联网电视(OTT)用户数为0.25亿，同比增长97.57%，在视频流量中占比为1.84%；全球网络视频（Oline Video）用户数（面向PC）为11.74亿，同比增长18.21%；手机视频(Mobile Video)用户数为2.46亿，同比增长40.62%。根据CNNIC发布的《2010年中国网民网络视频应用研究报告》，截至2010年12月，我国国内网络视频用户规模达到2.84亿人，比2009年12月底增长4354万人。互联网电视带来的突破，将催生庞大的新媒体产业链，逐步成为全球电视产业发展的趋势。近几年，互联网电视机呈现出加速发展之势，其从2008年开始起步，到2009年已有2.12%的市场占有率。市场调研机构DisplaySearch报告显示，2010年全球出货电视中搭载网络连接功能的约为4390万台，占总量的21%，预计互联网电视市场在2011年可望增长到6,300万部，占电视整机市场40%份额，到2014年这一比例将提升至50%以上。

IT巨头与互联网公司联手，智能电视与内容/应用耦合。2008年是网络电视的概念启蒙期，2009

年是网络电视的功能成型期，2010年则开启了智能电视的概念。在此过程中，以下两个阵营既相互竞争，又合作，成为目前国际上互联网视频创新最活跃的领域之一。一个是国际互联网巨头与IT巨头阵营，国际IT巨头如谷歌、英特尔、苹果等公司高调进入互联网电视领域，在操作系统、软件平台、硬件等核心方面加大研究和合作，并强强联合以求在互联网电视领域上达成“战略联盟”。例如，谷歌和苹果分别以Android和IOS智能终端操作系统平台为基础，推出Google TV和Apple iTV，此外还有基于Widget的Yahoo! ConnectedTV，纷纷布局互联网电视市场，并逐步在与电视机捆绑的操作系统、中间件等核心领域占主导优势，对未来全球智能终端产业将产生深远影响。另一个是传统电视机制造商阵营，在国际上，三星通过电视Widget服务将在13个国家提供Internet@TV，其他还包括Sony等一批传统电视巨头。

在业务发展模式方面，终端、业务或内容方面具有优势的企业，倾向于自主建立一条覆盖“终端—业务—内容”的产业链。互联网电视已经出现了终端设备与特定业务或内容紧耦合的市场运作模式，这有可能成为未来一段时期内的主流发展模式。

对产业发展而言，互联网电视或将成为我国彩电行业自主创新的一大机遇。从市场需求看，在国内，2009年末互联网电视占电视总量的比重已经升至8%，预计2010年销售增速将超过50%，销量比重将会达到总量的35%以上，市场规模超过300亿元人民币，未来发展空间巨大。从监管方面看，我国的互联网电视国家广电总局采用牌照管制方式，目前颁发4张牌照，分别是杭州华数、CNTV(中国网络电视台)、上海文广和南方传媒。广电部门对互联网电视内容的监管力度有所加大，很大程度限制了互联网电视的内容扩展。因为在我国的三网融合背景下，互联网电视对传统电视运营业的冲击和影响是最直接的，其替代性特征十分显著，而相比之下，其对电信IPTV业务的冲击和影响更显长期性一些。

未来电视机产业的发展方向是互联网电视和智能电视。当前的互联网电视产业链主要包括芯片制造商、终端生产商、软件服务商、内容提供商等。我国的产业链齐全，也具有规模优势，但弱势主要体现在核心技术和标准的缺失方面。虽然2010年国内厂商在互联网电视领域集体发力，但由于尚未出现能够跨越厂商的统一技术平台，各厂商只能各自为营。可见当前亟需推进行业标准制订，尽快形成领军企业布局国际市场竞争。

三、下一代网络领域的未来发展趋势

在网络泛在化、宽带化、融合化和绿色化的趋势下，下一代网络的服务领域和服务能力不断提升，网络能力将得到不断的增强和发展。

网络感知层，终端类型不断丰富，电视机逐渐发展成为双向互动性交互的信息通信终端；更多的物体将嵌入智能和通信能力，并接入到网络中，扩展信息获取途径和人们与物理世界的交互能力，各种区域型、微型网络化终端逐渐出现。

随着网络获取信息量的增加以及对信息处理能力需求的提升，网络不仅仅需要提供信息传送能力，还需要提供与信息处理相关的能力，包括信息存储、信息的智能分析和处理，并正在逐渐发展成为重要的网络基础设施甚至是更重要的战略性基础设施，成为传统运营商、互联网服务提供商和新型市场力量争夺的新的焦点。

随着多媒体业务、物联网业务以及 ICT 融合，新型的业务网络和业务平台也在不断涌向，三网融合推进广播、电信网的双向改造，ICT 在人们生产生活方面全方位的渗透推进各种新型物联网的构建和发展（如智能交通、智能物流）；支撑各种应用的共性平台，如内容分发网、数据中心、云计算平台、融合业务平台等不断出现且能力逐渐增强。

信息通信技术在人们生产、生活等各方面的应用正在不断展开，除了人与人通信，人与物、物与物通信正在不断发展，并且通过各种智能节点的出现和部署，应用领域和服务领域不断扩展，除了面向个人的应用，面向行业和公众的各种智能应用正在不断创新之中。

（一）物联网技术的发展趋势

物联网体系架构日渐清晰，M2M 是其中重要的应用。物联网经过概念热炒期之后，对技术的认识逐渐实现了理性回归。物联网概念产生之初，不同技术领域和利益集团对其有着不同的解读。经过技术研究和产业实践之后，目前对物联网体系架构的认识逐渐清晰。物联网可分为三层：感知层、网络层和应用层，感知层是物联网的皮肤和五官，它包括传感器、执行器、RFID 和二维码标签等，主要负责识别物体和采集信息；网络层是物联网的神经中枢和大脑，它包括通信网与互联网的融合网络、各种专用网络等，主要负责将感知层获取的信息进行传递和处理；应用层是物联网的“社会分工”，它是物联网与行业专业技术的深度融合，通过与行业需求相结合，实现广泛智能化。

其中，M2M（机器到机器通信）应用由于其技术成熟度高，产业发展迅速，将成为未来物联网重要应用。M2M 是电信运营商驱动的物联网应用。它为运营商创造了新的发展机遇，更促进了网络的优化和升级。目前，国内 M2M 应用大都集中在电力和交通运输行业，这两大行业占 M2M 终端总数的 86.5%。金融和安防等行业及领域的需求也正在快速凸显。在电信运营商 M2M 业务规模化商用过程中，在具体行业应用层面，M2M 市场集中体现着技术标准规范不统一、产业集成度低、终端形态多样、产业链各环节缺乏协同等问题。为解决上述问题，运营商应牵头建立 M2M 业务开放式产业链，继续投资完善 3G 宽带网络，大力创新发展适合运营商网络承载的 M2M 业务并与应用开发商、终端厂商加强合作，建设标准化的行业应用，逐渐形成运营商建设、用户租用的运营模式。同时，运营商也应利用网络优势搭建全网统一运营平台。

感知延伸层技术纷繁，基于 IP 的技术或成新锐。物联网感知延伸层智能终端的组网技术可以采用两种不同的技术路线，一是非 IP 技术，主要是 Zigbee 产业联盟开发的 Zigbee 协议；另一种是 IETF（互联网工程任务组）和 IPSO 产业联盟倡导的将 IP 技术向下延伸应用到感知延伸层。采用 IP 技术路线，将有助于实现端到端的业务部署和管理，而且无需协议转换即可实现与网络层 IP 承载的无缝连接，简化网络结构。在感知延伸层采用 IP 技术路线将更能够满足物联网未来的发展需要。

从目前可用的技术来看，只有 IPv6 能够提供足够的地址资源来满足端到端的通信和管理需求。IPv6 引入自动配置以及重配置技术，对于 IP 地址等信息实现自动增删更新配置，提高了 IPv6 的易管理性。同时，IPv6 集成了 IPSec，用于网络层的认证与加密，为用户提供端到端安全。移动 IPv6 增强了终端的移动特性，为用户提供了永久在线的服务，这使得 IPv6 能更好地满足物联网智能终端的互联需求。但是需要对协议栈进行必要的简化，改进路由机制以满足低功耗、低存储容量、低运算能力的智能节点以及存在损耗的网络环境下的特殊组网需求。

目前，IETF 主要有 6LowPAN 工作组，ROLL 工作组和 6LowAPP 负责研究感知延伸层的 IPv6 应用和低功耗路由相关协议。6LowPAN 工作组的研究重点为适配层、路由、包头压缩、分片、IPv6、网络接入和网络管理等技术。该工作组目前已完成 IEEE 802.15.4 链路传送 IPv6 的 RFC 及配套协议。ROLL 工作组主要研究低功率损耗网络的路由问题。该工作组已经完成典型场景需求的 RFC 及 RPL 路由协议讨论。6LowAPP 主要研究基于资源约束的节点和网络应用，如无线嵌入式网络应用。成立于 2008 年的 IPSO 产业联盟也大力倡导将感知延伸层融合到 IP 技术体系中。目前已有 50 多家成员单位，并在原有通信制造业和能源行业的支持下，增加了电信运营商的支持。

总体来说，基于 IP 的传感器网络标准的成熟、产业推进力度和速度的加快，以及对物联网延伸层节点控制、管理及双向交互的需求，促进未来物联网感知延伸层由采用基于非 IP 的技术主导向采用基于 IP 的技术方向发展。

（二）网络宽带化的发展趋势

随着互联网和各种数据业务的爆炸式增长，网络宽带化的需求进一步增长，对网络的各个层面都提出了大带宽、大容量的传送和接入需求。随着 FTTH 地不断推进，接入技术的带宽不断提高，有线和无线接入技术进一步融合，将打造无处不在的泛在网络。在干线网上的传输通道已经可以达到 80×40Gbit/s，未来更向基于 100G 的 WDM 系统演进，同时在大容量的基础上，多种技术和业务融合，能够为网络提供多业务和更加高效的承载平台。

接入技术不断提高带宽，各种接入互补融合发展。在互联网、三网融合、多媒体业务的冲击下，接入带宽和多种接入方式成为业界关注的重点，接入技术的发展经历了从窄带到宽带的发展历程，可提供的带宽不断增加，同时有线接入和无线接入技术在不同的应用情况下互相补充，有线和无线接入方式的融合作将成为发展的趋势。

数字用户线（DSL）技术从 ADSL 到 ADSL2+ 再到 VDSL 以及 VDSL2，传输速率越来越高（从 ADSL 的 8Mbit/s 到 VDSL 的 100Mbit/s），传输距离随之缩短；随着光通信技术的逐步发展，光器件和系统的成本不断降低，以 PON 为代表的 FTTH 技术发展迅速，EPON 技术（上下行各 1Gbit/s）和 GPON 技术（下行 2.5Gbit/s，上行 1.25Gbit/s）都已经规模商用，速率可达 10Gbit/s 的 10G EPON 和 10G GPON 也在进行现网试点实验，随着下一代 PON 技术的发展，未来 PON 的技术将向着单波长上提供更高速率或多个波长提供传输带宽两个方向继续向前发展。

无线接入技术也有多种形式，无线局域网（WLAN）技术经历了从 802.11b 到 802.11g，再到 802.11n 的演进过程，目前正在研究可提供吉比特带宽以上的 802.11ac 和 802.11ad 技术。蜂窝接入则从 2G 到 3G 再到 LTE 技术演进。有线接入和无线接入技术使用的场景不同，可以互为补充地应用，而随时随地的接入需求也进一步推动了各种接入技术互补融合发展，让无处不在的网络成为可能。

40G 仍是主流传输技术，OTN 和 PTN 融合继往开来。随着电信网络 IP 化进程的不断推进，业务网络对于承载网络和传送网络的需求也有了一定的变化，在大容量带宽需求的基础上也提出了分组承载的业务需求，随着 LTE 等业务应用的进一步实施，对网络带宽、组网结构等都提出了新的需求，传送技术也在宽带化和融合化的发展道路上逐步演进。

为了进一步提高网络带宽，目前基于 40G 的 WDM 技术已经在干线网络规模商用，根据对 40G 传输需求和 100G 技术发展情况的分析，40G 技术在未来三年仍为主流的高速长距离传输技术，100G 技术由于模数转换器（ADC）和 DSP 芯片等处理技术水平的限制，预计 2011 年底或 2012 年上半年推出商用 100G WDM 设备，2013—2014 年规模商用。

随着移动网络 IP 化承载需求的提出，PTN 技术已经在中国移动等运营商规模商用，而 LTE 等业务需求的进一步提出，带宽需求不断增大，OTN 技术向汇聚层或者接入层下沉的需求也会出现。但是如何让下沉后的设备既能够提供大带宽传输同时还具有分组的处理能力，业界提出了 P-OTN 的概念，目前正处于技术研究的起步阶段，存在着多种想法和争议。P-OTN 融合了分组化处理能力的 PTN 技术和大粒度交叉调度的 OTN 技术，预计会成为将来传输技术的研究热点之一。P-OTN 很可能是同时支持光层、电路和分组层的光传送设备，这有待于在对于需求和技术不断研究的基础上进一步明确。

（三）业务网络的发展趋势

运营商制定超宽带，高清将是未来制高点。近两年来，视频业务逐步成为重要的宽带业务形态，视频网站风起云涌，其他互联网业务也逐步将视频纳入其原有业务形态中。目前我国三网融合新政的推行，将进一步推动视频业务的发展。各方将视频看做今后业务发展亮点的同时，高清将成为吸引用户的重要手段，也被认为是今后发展及竞争的制高点。尤其是用户对2009年奥巴马就职典礼和2010年世界杯网络直播的追捧进一步推动了业界发展高清视频热情，部分视频网站推出了高清频道，百度也在近日推出了高清网站。

高清的发展不仅是对今后需求的预期，同时也有产业链的驱动，以及可能带来的经济效益的驱动力。在产业链配合及驱动方面，一是高清内容显著增加，国外电信运营商已经开始在IPTV上提供3D视频业务，如AT&T的3D for 2010 FIFA World Cup，Verizon也有3D节目内容，目前全球HD内容频道已增加到500多；二是高清终端价格开始下降，预计未来70%以上出售的宽带视讯STB（机顶盒）都将具备高清功能，终端价格的平民化也将是推动高清业务发展的主要驱动力之一。此外，高清的发展将会有效的提升用户ARPU，从国外目前的高清业务运营情况来看，高清对ARPU的促进超过+30%，带动内容消费，提升用户粘性。

高清业务比传统标清业务宽带需求高出2～3倍，每路高清的带宽需求平均高达8M，因此高清发展将会拉动流量直线上升，对网络带宽的需求也将会成倍的增加，可简单用图1表示。

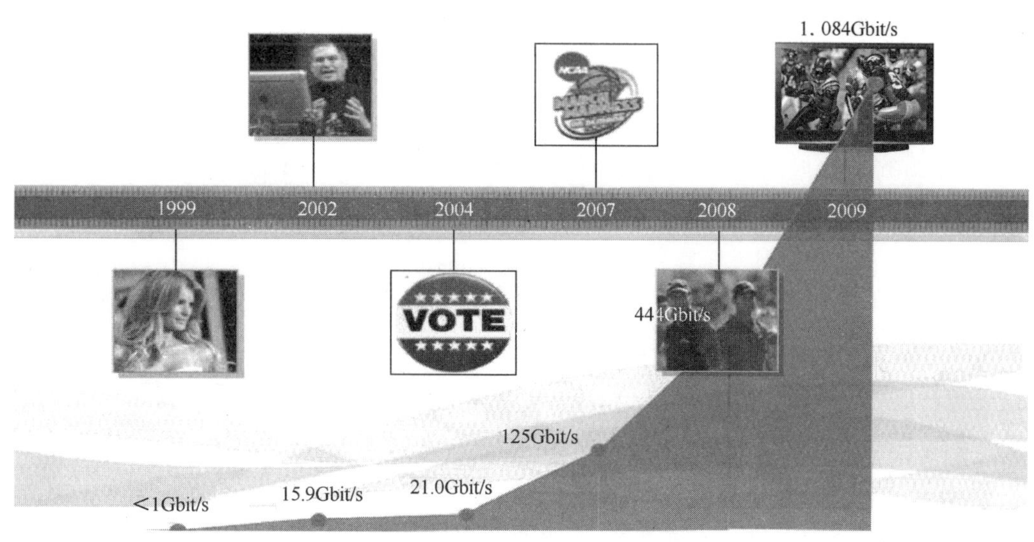

图1　视频带宽的发展需求

为了在今后的竞争中占领制高点，超宽带渐成全球电信运营商共同目标，各大运营商制定了超宽带计划（如图2）。“光进铜退”补足电信运营商高清短板，运营商将借势依托FTTx + IPTV打响宽带反攻战和客厅争夺战。

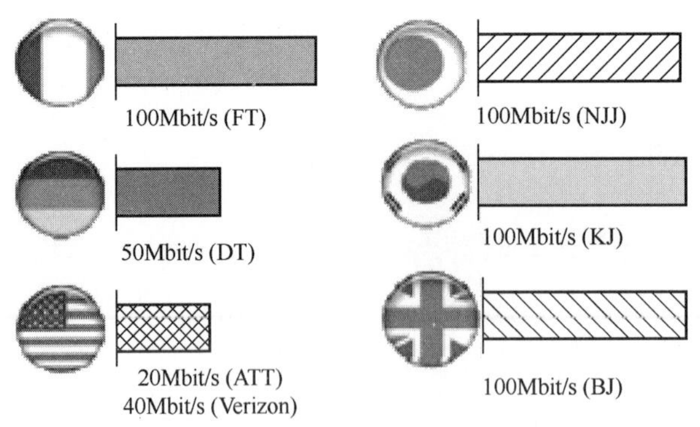

图 2 运营商的超宽带计划

智能管道构建分级分类管理目标，技术和商业模式仍在探索之中。互联网及移动互联网的发展，给运营商带来了巨大的冲击和挑战，网络带宽迅速消耗，用户通过纯数据通道接入互联网业务等。网络带宽压力和业务的管道化，促使运营商寻求新的管道模式，以便增加用户 APRU 值。

“智能管道”包含承载传送管道和业务服务管道两个层面。目前分组承载网络主要基于轻载的方式保障网络的服务质量，网络资源使用效率比较低。通过在网络上增强承载传送控制相关能力，可以提升对网络资源控制的智能。除了 ITU-T 给出的针对固定接入的资源接纳控制（RACF）机制和 3GPP 给出的针对移动接入的策略和计费控制（PCC）机制，新的发展趋势是将 RACF/PCC 与深度包检测（DPI）机制相结合，在基于业务应用层识别标准会话类业务基础上，结合 DPI 技术实现业务流的深度识别，以便满足承载精细化运营需求。

未来电信网提升竞争优势的途径应该是能够提供更多专业化、赢利性的业务服务管道，提升对不同类型数据的差异化服务能力，满足不同服务提供商、IT 企业、行业应用的需求。目前业务服务管道主要以窄带形式为主，如：短信管道为用户传递来自互联网的文本业务，彩信管道是为用户传递来自互联网的图片业务，WAP 管道是为用户传递来自互联网的浏览业务。这些窄带业务服务管道难以满足用户接入宽带多媒体业务应用的需求，促使运营商不断推进各种新型业务服务管道，例如 IPTV 和 Mobile TV 提供了视频业务服务管道，M2M（机器－机器，即基于电信网的物联网）是为物联网应用提供服务管道。

智能管道使运营商能够对整个网络的资源实现调度，设计更有针对性的管道服务，优化提升管道价值，但智能管道模式仍在积极探索之中。

（四）网络绿色化的技术发展趋势

云计算开启绿色数据中心创新，光进铜退加强绿色网络建设。云计算技术是实现数据中心绿色节能的优选技术：云计算通过集中管理和集中使用解决数据中心的能耗问题，通过虚拟化方式降低企业数据中心的应用成本，通过灵活可扩展的方式实现资源共享，提升企业运营效率。传统数据中心 PUE>2.0，云计算数据中心 PUE 可达到约 1.6 ～ 1.3；云计算的高密度部署特点，可降低数据中心 30% 的成本，并将传统服务器和网络设备的利用率从 20%~30% 提升至 60%。

移动网的节能减排需要多种手段并举。已有网络优化方案包括智能关断技术、空调系统替代技术、可再生能源供电、广覆盖技术、核心网设备集成技术等，新网络设计方案包括无线接入网 IP 化、无线接入网本地交换、网络扁平化、设备集成、网络传输光纤化。

光进铜退加强绿色网络建设。光纤具有带宽高、传输距离长、线径小、能耗低、抗干扰性强的特点，建设模式有 FTTC、FTTB 和 FTTH。2011 年全球光纤到户用户预计将达到 8500 万户，亚洲将占 70%，光进铜退将有力支撑绿色化、宽带化、融合化。

网络与信息安全篇

导　读

网络与信息安全篇共分“2010年通信网络与信息安全总体形势”、“2010年通信网络与信息安全热点分析”、“2011年通信网络与信息安全展望”三个部分。

第一部分“2010年通信网络与信息安全总体形势”，以综述的形式，从“网络战争威胁持续不断，各国政府持续实施网络信息安全综合行动”；“我国通信网络与信息安全工作有序展开，保障能力逐步提升”；“网络安全态势总体平稳，但是形势依旧严峻”；“我国非传统网络信息安全暴露新问题”；“新技术、新业务带来新安全隐患”等五个方面，介绍并分析了2010年全球范围内的网络与信息安全总体形势。

第二部分“2010年通信网络与信息安全热点分析”，对2010年全球范围内的网络和信息安全热点进行了浓缩和聚焦，从“伊朗遭‘震网’攻击，网络实战入侵工业领域”；“‘维基解密’，美国遭遇‘外交9.11’”；“360与腾讯纠纷，应用安全监管亟待强化”；“网络舆论引发危机，社交/微博新应用推波助澜”；“移动互联网新添安全隐患，智能手机显现新安全问题”等五个方面，集中展现了2010年全球网络和信息安全领域的重点和热点。

第三部分“2011年通信网络与信息安全展望”，以行业深度观察为视角，从“新业务和外资开放安全评估将步入监管快车道”；“互联网业务应用安全将成为关注重点”；“IPv6和域名安全问题将进一步凸显”；“云计算、物联网的发展面临安全方面的严峻挑战”；“网络空间越来越成为主权纷争重要战场”等五个方面，对2011年及未来全球网络和信息安全形势进行了预测和展望。

本篇作者：

魏亮　程学东　马志刚　谢玮　门汝静　落红卫　柳青等

一、2010 年通信网络与信息安全总体形势

（一）网络战争威胁持续不断，各国政府持续实施网络信息安全综合行动

1. 成立政府顶层决策机构

在内阁会议或者其他最高议事机构中，美国、英国等国家专门设立与信息安全有关的安全战略顶层决策机构，并直接为国家元首负责。

2009 年以来，奥巴马发布总统令宣布对白宫的国家安全体制半世纪来的最大一次改革。“网络司令部”就是其中的一项重要内容，它于 2010 年 5 月 21 日正式启动，并在 2010 年 10 月全面运作。兼任该机构司令的美国家安全局局长基思 · 亚历山大提议，政府应授权网络司令部更大的权利，以便更有效地维护美国网络安全。美国政府内部正在讨论是否给予网络司令部、FBI 或国土安全部等联邦机构新的权力，以保护美国国家基础设施免受网络攻击。

英国政府也成立了两个网络安全新部门——网络安全办公室 (Office of Cyber Security) 和网络安全行动中心 (Cyber Security Operations Centre)。前者负责协调政府各部门网络安全计划，后者的任务是协调政府和民间机构主要电脑系统安全保护工作。设立“网络安全行动中心”，表明英国政府承认必须采取更多措施，来反击它眼中的各类威胁，这些威胁来自某些国家、恐怖集团、犯罪团伙和恶意的黑客。

韩国在 2009 年 7 月 8 日的网络瘫痪事件后，韩国政府明确表示：“此次网络袭击事件，与过去通过病毒导致网络瘫痪的事件不同，是对韩国体系的攻击，是威胁韩国安全的挑衅行为。……政府必须从国家安全角度考虑，制定网络安全对策。”韩国决定把原计划 2012 年成立信息安全司令部的时间提前到 2010 年 1 月 1 日。韩国政府正在积极努力，争取让联合国下属的国际网络保安机构本部落户于韩国。

2. 应对网络战争威胁的配套措施

2010 年，网络和信息安全立法继续成为世界各国国家生活中重要的政治议程，涉猎范围遍及“计算机安全”、“数据隐私保护”、“信息内容安全 (通信清洁和儿童在线保护)”、“通信拦截和监控”、“电子政务系统和关键基础设施保护”、“信息安全事件的预警和应急响应”、“安全信息共享”等各个领域。

澳大利亚开互联网信息内容审查的先河。澳大利亚通信部长表示，为了限制日益泛滥的网络不良信息，为人们创造一个干净的网络环境，澳大利亚政府将推出互联网强制过滤器。内容安全从广播内容、电话侦听扩大到移动通信和互联网内容。

美国、英国等还对当前的网络安全形势进行了评估。英国在 2010 年 10 月份发布的《2010 年战

略防务与安全评估报告》中，将恐怖主义、网络攻击、涉及英国及其盟国的国家间军事危机、重大事故和自然灾害定为英国面临的四大主要安全威胁。报告称，政府及其他机构的计算机可能被恐怖组织或敌国黑客入侵，“无须任何潜在杀人犯登机”就能让客机坠毁。黑客也可能向核电厂和供电设施等基础设施发动攻击。网络攻击可能是另一次“珍珠港事件”。英国已将网络攻击列为最高等级的威胁。

3. 多国参加互联网实战演习

2010 年 9 月美国举行“网络风暴Ⅲ”演习，国土安全部、国防部、商务部、能源部、司法部、财政部、运输部，以及白宫和情报与执法部门的代表参与，来自澳大利亚、英国、加拿大、法国、德国、匈牙利、日本、意大利、荷兰、新西兰、瑞典和瑞士等 12 个盟国的技术人员应邀加盟演习。

2010 年 11 月份，欧洲网络与信息安全局（ENISA）和欧盟联合研究中心（JRC）也联合举办了一次名为“欧洲 2010 网络”网络安全演习，以促进各成员国之间在维护网络安全方面进行更广泛的合作。此次演习在 11 月的第一周启动，其主要目的在于测试在真正的网络危机情况下，面对语言障碍，欧洲国家间是否有能力进行相互沟通合作。该演习有欧盟 22 个成员国以及冰岛等非欧盟成员国共同参与，这也是欧洲举行的首次网络战演习，模拟病毒袭击战机瘫痪。

2010 年 11 月，韩国安装“数字碉堡（bunkers）”，以防止再次发生大规模分布式拒绝服务（DDoS）攻击。“数字碉堡”能在持续性的 DDoS 攻击情况下提供给受攻击的企业一个新的 IP 地址，DDoS 攻击继续攻击原来的 IP 地址，而企业则在新的地址下继续运作。

4. 围追堵截维基解密

“维基解密”爆料的内容在全球引起哗然的同时，围绕“维基解密”进行的网络安全“攻”与“守”在不断升温，已经成为了网络战（cyber-war）。2010 年 11 月 9 日 Visa 网站遭到黑客密集 DDoS 攻击，一度出现中断交易。此前 24 小时内，Paypal、Amazon、万事达（MasterCard）网站也遭到网络攻击，提供域名解析的 EveryDNS 也受到了严重攻击。目前，国外对“维基解密”采取的行动主要有：切断资金未来渠道、阻止进行 DNS 域名解析、停止托管服务。Visa、MasterCard 、Paypal 等都是因为公开表示终止对“维基解密”举报人转账而受到“维基解密”支持者发动的黑客攻击，瑞士的 PostFinance 也因关闭阿桑奇的账户在周三也受到了攻击。Amazon 和 EveryDNS 因不再进行“维基解密”服务器托管和进行域名解析而受到 DDoS 攻击。Facebook 和 Twitter 随后关闭了自称为“Anonymous”的松散黑客团体的账户，这个黑客团体曾对拒绝继续与维基解密合作的组织进行了一系列 DDoS 攻击。

“维基解密”也在“披盔戴甲”，抵御各种合法的攻击和 DDoS 攻击，维持网站正常运作。据 CNET 的报道：“维基解密”已经找到 14 个 DNS 提供商作为冗余备份，托管服务提供商也不下 5 个。与此同时，全球有 1000 多个支持“维基解密”的网站为其进行“网络镜像”。

（二）我国通信网络与信息安全工作有序展开，保障能力逐步提升

2010年我国通信网络与信息安全基础管理工作逐步完善。随着3G网络的普及及4G网络的研制，在固定通信、移动通信及互联网等基础网络不断壮大的基础上，移动互联网、泛在网、物联网、云计算等新技术、新业务不断涌现并成为主要发展趋势，我国“三网融合”也在多年的努力下正式进入实施阶段，启动试点工作。同时，我国通信网络与信息安全基础管理工作也逐步得到完善。

政策法规方面，《通信网络安全防护管理办法》、《基础电信企业信息安全责任管理办法》相继出台，为政府电信监管部门开展通信网络安全防护检查工作，规范管理基础电信企业信息安全工作提供强有力的政策依据。

政府监管方面，工业和信息化部完善了有害信息控管、应急事件处置等工作机制，建立了网络安全信息通报和共享机制、木马和僵尸网络防范处置机制，深入开展整治手机网络淫秽色情信息专项行动和网络电信诈骗专项治理，并进行全国通信网络安全检查。

技术标准方面，工业和信息化部研究制定了多源下载（P2P）业务监管技术要求，下发了《WAP网关过滤技术要求及测试方法》、《移动上网日志留存规范（试行）》、《关于加强互联网域名系统安全保障工作的通知》，并开展域名注册系统等12项网络安全和特殊通信标准的制定工作。

手机淫秽色情治理取得阶段性成果。自2009年底，工业和信息化部部署《关于进一步深入整治手机淫秽色情专项行动工作方案》以来，手机淫秽色情治理工作取得阶段性成果：各基础电信企业分别成立信息安全专门机构；加装WAP网关违法有害信息发现和过滤系统；建设手机网站内容拨测系统；统一落实移动上网日志留存要求；手机搜索引擎业务信息安全管理加强；违法有害信息举报受理力度加大，违法有害信息共享和联动处置机制逐步完善。截止到2010年10月，工业和信息化部共排查178.5万个网站，关闭涉黄网站6万多个，关闭未备案网站3000多个；共排查743家接入服务商，清退层层转租者89家；共完成域名信息真实性核验422.4万个，停止涉黄域名解析5200个；受理社会举报近19万件次。

重大活动网络信息安全保障能力大幅提升。2010年，在工业和信息化部的指导下，通信行业圆满完成上海世博、广州亚运会等重大网络信息安保专项任务，并取得了优异成果，得到各界一致认可。上海世博会期间，成功处置境内外519个木马和僵尸网络的控制端，执行相关信息安全专项任务3项；广东亚运会期间，为469个网站提供免费在线安全漏洞检测服务，发现1100个高危漏洞；处置境内外583个规模较大的木马和僵尸网络控制端及131个恶意域名；清除各类违法不良信息60554条。

（三）网络安全态势总体平稳，但是形势依旧严峻

2010年，我国通信网络安全态势总体趋于平稳，未发生类似2009年5.19暴风影音事件、造成重大影响的网络安全事件。但是随着网络规模的不断扩大，以移动互联网为代表的新技术、新业务、新终端的不断涌现，我国通信网络安全面临的形势依然严峻，主要呈现为以下几个方面。

病毒数量下降，但网民经济损失显著上升。2010 年，国内互联网上出现病毒 750 万个，比去年下降 56%。但是，据统计，在遭遇病毒的 7.03 亿网民中，遭遇网游网银被窃、电脑系统被破坏无法启动等严重病毒问题的网民约占 2%，其经济损失占全体网民经济损失的 70% 以上，直接经济损失达 10 ～ 20 亿元。

挂马网站威胁降低，钓鱼网站数量激增。据瑞星公司统计，2010 年共截获挂马网站 3382 万个，遭挂马网站攻击的网民从年初的日均 300 万人次，下降到 2010 年底的日均 140 万左右。但与挂马网站相反，钓鱼网站数量迅速增加，2010 年瑞星公司共截获钓鱼网站 175 万个（以 URL 计算），比 2009 年同期增加 1186%，受害网民 4411 万人次，间接损失超过 200 亿元。

僵尸网络问题依然严重。据 CNCERT 统计数据显示，2010 年上半年，我国大陆地区有 23.3 万个 IP 地址对应主机被僵尸程序控制；参与控制中国大陆计算机的境外僵尸网络控制服务器 IP 有 4584 个，主要来自美国、土耳其和印度。

被篡改的政府网站数量激增。据 CNCERT 数据显示，2010 年上半年中国大陆被篡改网站总数为 14907 个，比 2009 年上半年下降 21.8%。但是，被篡改的政府网站数量达 2574 个，比 2009 年上半年增长 222.56%，占整个大陆地区被篡改网站数量的 17.27%。

（四）我国非传统网络信息安全暴露新问题

2010 年，我国通信网络面临国际与国内双重压力，非传统网络信息安全问题更为突出。

网络信息安全法律法规仍不健全，特别是通信网络用户隐私保护、数据安全等方面的法律法规不完善。2010 年末，“3Q”大战及金山披露 360 所谓“最大规模互联网泄密事件”让广大网民对隐私保护、数据安全等问题心存质疑，相关法律法规的缺失使我国网民缺乏“安全感”，对互联网企业的行为缺乏约束。

增值电信企业特别是域名服务机构网络信息安全管理和应急处置能力仍相对薄弱，缺乏类似《基础电信企业信息安全责任制管理办法》的规范要求，增值电信企业很少设有专门网络信息安全机构，网络信息安全日常管理不规范，应急处置能力不强。其中，作为重要增值电信企业的域名服务机构，其网络信息安全管理和防护能力更是直接影响我国整个互联网的正常运行。如 2010 年初百度 DNS 被劫持，造成其网站数小时内无法被访问，再次暴露出域名安全依然为基础网络中的安全短板，其安全监管仍需进一步增强。

新技术、新业务、新终端日益增多，带来的挑战日益增加，网络信息安全问题不可预估，如加解密技术可逃避监管、移动智能终端可进行跟踪定位、微博客具有强大动员能力且难以有效管控等。但目前，针对新技术、新业务、新终端的应用普及，缺乏有效的网络信息安全评估机制，惯用的“一事一议”模式常造成“应急常态化”的局面。

（五）新技术、新业务带来新安全隐患

1. 移动互联网新添安全隐患

移动互联网的快速发展也带来了极大的安全隐患，不但有很多移动互联网设备会泄露用户隐私，而且还对国家信息安全造成了极大的影响。根据《华尔街日报》的调查，部分 Android 应用便在不断搜集用户位置信息，56% 的智能手机应用向第三方泄露用户隐私。华尔街日报的这次调查共涉及了 101 款热门智能手机应用，范围涉及 iPhone 和 Android 两大平台的游戏和其他软件应用。结果显示，有 56 款应用会在用户不知情的情况下将设备 ID 发送给其他厂商；还有 47 款应用会以某种方式对外发送手机定位信息；另有 5 款应用会与外部企业分享用户的年龄、性别和其他个人信息。

2. 智能手机安全问题突出

智能手机的普及也引发了较强的安全隐患。目前，手机病毒和恶意软件数量大增，到 2010 年底手机病毒及恶意软件数将达到 2400 个。手机病毒正在开始形成大规模的“僵尸网络”，手机上的“黑色产业链”已经形成并在不断发展。

黑莓独特的加密技术引发各国担忧，德国、印度、沙特阿拉伯、阿尔及利亚、黎巴嫩等国纷纷要求监控黑莓通信服务。黑莓独特的加密技术让这些国家的政府部门无法访问其加密平台，不能对即时通信软件、电子邮件和网络浏览服务进行监控、拦截或解密，恐怖分子可能会利用这个不受政府监控的平台传递信息。

二、2010 年通信网络与信息安全热点分析

（一）伊朗遭“震网”病毒攻击，网络实战入侵工业领域

2010 年 9 月，伊朗核工业和科研设施遭到“震网 (stuxnet)”病毒的攻击。截至 11 月底，攻击造成伊朗纳坦兹铀浓缩基地 3 万多台工业控制电脑中毒，20% 以上的同位素分解离心机转速改变或失去运转能力，致使布什尔核电站推迟了发电计划。该病毒采取了多种先进技术，具有极强的隐身和破坏能力。只要电脑操作员将被病毒感染的 U 盘插入 USB 接口，这种病毒就会在不需要任何操作的情况下，取得工业电脑系统的控制权。

该病毒拥有手术刀式的精确打击能力，能够针对现实世界中的工业控制程序实施精准的网络攻击，攻击对象为工业系统中广泛采用的西门子 SIMATIC WinCC 监控与数据采集 SCADA 系统的设备。

据计算机安全专家介绍，“震网”病毒有两个作用，一是让离心机失控，该病毒能够突然更改离心机中的发动机转速，这种突然改变足以摧毁离心机运转能力且无法修复。二是在离心机失控后仍向控制室发出“工作正常”的报告。

“震网”可同时在钢铁、能源、运输等多个重要工业领域进行传播。目前，“震网”病毒曾已侵入全球数万个工业控制系统，对于不属于打击对象的工业系统，“震网”会在留下了“电子指纹”后迅速撤离，继续寻找真正的打击目标。

伊朗工业电脑系统遭受“震网”攻击，标志着网络病毒投入实战。震网的影响也遍及全球，除伊朗外，印度尼西亚、印度、阿塞拜疆、乌兹别克斯坦、俄罗斯、美国、巴基斯坦等国家也都受到较大规模的震网病毒攻击。

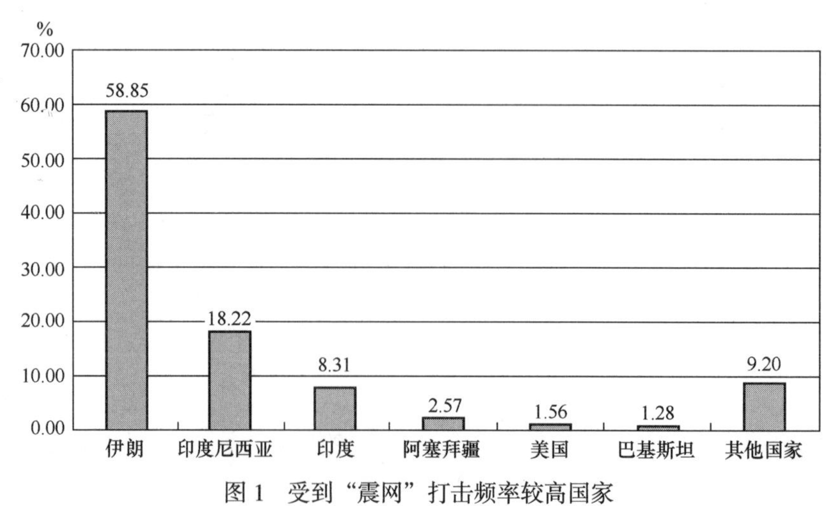

图 1　受到“震网”打击频率较高国家

同时，世界各国都对这一工业病毒表示了强烈的关注。2010 年 12 月 24 日，俄罗斯《独立军事评论》指出，信息社会的加速发展催生了新的非军事对抗形态，2010 年首次爆发大规模的网络战争——伊朗核设施程序遭遇电脑病毒攻击。 2011 年 1 月 19 日，《纽约时报》证实，以色列迪莫纳核基地和美

国能源部下属的国家实验室联合完成了“震网”病毒的开发工作。以色列曾在迪莫纳核基地内对“震网”病毒进行测试，并在2010年11月成功造成伊朗约20%的离心机因感染该病毒而失灵。2011年1月26发日，英国《卫报》报道称，“震网”是一种专门针对工业控制系统编写的恶意病毒，里面包含空前复杂的恶意代码，可以控制计算机的监控系统，被称为“网络导弹”。2011年1月26日，俄罗斯常驻北约代表罗戈津在北约总部对媒体说，北约应当与俄罗斯联手，对伊朗核设施2010年11月遭受“震网”病毒攻击事件展开调查。罗戈津表示，这种病毒给伊朗布什尔核电站已经造成严重影响，导致有毒的放射性物质泄漏，其危害不亚于1986年发生的切尔诺贝利核电站事故。

（二）“维基解密”，美国遭遇“外交9.11”

迄今外交史上最大规模的泄密事件2010年11月28日如期发生。当天，“维基解密”网站曝光逾25万份美国国务院的机密文件。此前，该网站已先后两次曝光美国机密文件。泄密文件中涉及全球多个国家的政治密事，该网站目前在多国遭到封杀。美国总统奥巴马谴责“维基解密”的做法“糟糕、悲哀”。国防部长盖茨批评“维基泄密”网站“不负责任”，只是曝光整个战争中无甚价值的东西。国务卿希拉里表示，强烈谴责维基解密的行为，是对美国外交利益和国际社会的攻击。国际社会普遍认为，这个事件类似于信息通信领域的一个“9·11事件 。

表1　“维基解密”基本情况

时　间	解密文件数量	涉 密 内 容
2010年7月	7.7万	美军有关阿富汗战争的秘密文件
2010年10月	40万	伊拉克战争相关密件
2010年11月	25万	机密美国外交电报

事件印证了网络失窃密是内外共同作用的结果。解密文件是内部人员在美国的内部网络下载的。另外，由于维基解密创始人和重要成员的“黑客”背景，不排除此前公布的其中一些解密文件是通过网络窃密获取。为防止内部人员有意或无意泄密，美国国务院紧急切断了外交数据库与SIPRNet(涉密IP路由网络）的连接；美军中央司令部则重新封杀了对可移动设备的使用，并要求任何机密文件向不安全设备的下载都需要第二人批准，而计算机上也将安装软件监控对机密信息的恶意使用。今后为防止外部窃密，美国联邦政府实施计划代号为“爱因斯坦”的网络安全工程。美国联邦政府设在互联网上的2400多处“接入点”将处于严密保护之下，从而防止黑客盗取各类敏感信息。

“维基泄密事件”敲响国家秘密信息安全保密警钟，国家秘密信息将遭受一场空前的安全管理考验！必须确实加强涉密信息的管理。涉密信息管理必须严格执行国家法律法规，在访问控制、鉴别认证、通信加密等诸多以往的安全保密措施，需要继续强化之外，特别强调的重要措施有二点。一是涉密信息必须封闭在物理隔离的网络中。在我国没有完全掌握信息通信基础设施核心技术和当前的密码技术难以确保通信保密的情况下，国家秘密信息不能在公众网络或与公众网互联的网络上传递，对于涉及国家秘密的保密网络建设中坚持物理隔离原则，是无容置疑的。二是要加强互联网防窃密监管。以法律法规为保障，依法对网上信息进行秘密监控，一旦失密并在公共互联网上传递就需要通过网络监控加以封堵和截获；同时，对于敌对势力、恐怖分子利用互联网传递情报、进行鼓动宣传，甚至组

织实施犯罪活动等行为要进行实时监控，通过“看不见的手”无时无刻不注视着互联网上的一举一动。

（三）360 与腾讯纠纷，应用安全监管亟待强化

2010 年，“3Q 大战”可称作是中国互联网“核大战”，对广大网民、政府监管部门以及整个互联网行业都带来了极大的震动。我们先看看 360 与腾讯纠纷的始末：

—9 月 27 日，360 安全卫士推出个人隐私保护工具“360”隐私保护器，指责腾讯 QQ 软件窥视用户隐私；

—10 月 14 日，腾讯正式起诉 360 不正当竞争，要求对方停止侵权，公开道歉并做出赔偿，360 随后回应称将对腾讯提起反诉；

—10 月 27 日，腾讯联合百度、金山、可牛、遨游共同成立联盟对战 360；

—10 月 29 日，360 推出“扣扣保镖”安全工具，“阉割”QQ 的多项功能；

—11 月 3 日 16 时 33 分，腾讯发布“致广大 QQ 用户的一封信”，决定将在装有 360 软件的电脑上停止运行 QQ 软件；

—11 月 4 日上午，腾讯召开媒体沟通会，称让用户“二选一”是无奈的选择，并提供证据证明 360 恶意攻击腾讯，随后，360 否认攻击腾讯，当天下午，360 称在有关部门的调解下，双方软件恢复兼容。

究其根源，360 和腾讯的这场恶战，就是赤裸裸的利益之战，是 360 安全卫士和 QQ 电脑管家（前 QQ 医生）之间的恶战，是争夺国内网络安全市场利益之战。

360 和腾讯的这场恶战带来了极其恶劣的影响。首先双方在以高科技和道德感为名的旗帜下，“绑架”亿万网民，涉嫌侵犯网民的个人隐私，践踏了网民合法权益；其次，双方最终的结局是偷鸡不成反失把米，他们的行为丢掉了广大网民的信任，信誉下降，自然导致用户流失，在今后相当长的一段时间内，双方都要为这次不负责任的恶战自食苦果；再次，这场恶战也给政府监管部门带来了消极的影响，政府监管部门面临新型监管压力。

通过这场恶战，我国互联网行业也应该及时总结和反思，消除当前互联网行业存在的恶疾，加大对广大网民合法权益的保障力度，促进我国互联网行业的健康有序发展。

这次 360 和腾讯之争主要暴漏了三方面问题。

（1）广大用户权益很难得到保证

首先，在互联网行业的企业竞争中，用户的权益常常被漠视，特别是网络隐私权，难以得到保护；从这次 360 和腾讯的恶战中，我们可以看到包括 360 安全卫士和 QQ 电脑管家在内的诸多终端安全软件，都涉嫌对用户的隐私进行扫描，尤其是在推出不久的木马云查杀业务中，终端侧客户端扫描发现的、本地特征库无法匹配的可疑文件都会被上传的厂商侧的服务器中，这就存在巨大的用户隐私泄露

的风险，是对用户隐私的窃取行为。

其次，目前互联网软件大部分缺乏稳定盈利的渠道，为了实现盈利，软件里面经常被埋入大量插件、垃圾软件，软件厂家利用后台进程更新程序和向用户推送广告、静默强制安装，绑架用户，谋取利益。

（2）大规模应用软件存在安全隐患

包括腾讯 QQ 和 360 安全卫士在内的大规模应用软件一旦出现安全问题，可能引发严重的后果，但目前仍然没有得到足够的重视。另外大规模应用软件的用户群安全知识普遍不足，自我安全保护意识普遍薄弱。

（3）政府需要提升互联网安全监管能力

我国互联网的发展异常迅猛，目前我国互联网相关的法律出现了相对滞后的局面，一些互联网上出现的问题找不到法律依据，在互联网用户权益保护等方面表现均较为突出。腾讯与 360 发生的激烈冲突，为我国政府监管部门及有关主管部门提出了新型监管课题，政府监管部门面临新型监管压力。

通过总结 360 和腾讯这场恶战的根源和存在问题分析，我国应该尽快在以下两方面开展工作。

（1）亟需强化大规模应用软件的安全监管力度

首先我们先看两组数据。

据艾瑞统计，截至 2010 年 6 月，360 安全卫士，用户量超过 3 亿；360 杀毒用户量超过 2 亿。

2010 年 3 月 5 日，腾讯公布旗下即时通信产品 QQ 同时在线用户数突破 1 亿。即时通信软件具有实时性和社会动员能力强的特点，易导致恶意代码、非法内容的传播。

可见腾讯 QQ、360 安全卫士这些互联网软件应用范围之广、涉及用户数量之大。一旦出现安全问题，会引发非常严重的后果。包括杀毒、即时通信、电子商务等主流互联网应用软件，系统软件，以及关键节点网络设备等事关全网安全，政府有必要实施必要的安全监管，提升安全水平。

建议我国从以下方面开展相关工作：

我国应尽快致力提升系统软件、网络设备、重要应用软件的的国产化程度；政府监管部门应进一步针对性的对应用提供商在安全技术手段建设、安全管理手段建设和安全事件上报机制等方面提出要求，同时加强基础运营企业相关责任，更好的落实政府监管要求；针对互联网应用大规模安全事件的监控，政府应具备完备的技术手段；政府监管部门应建立应急预案和建设专业应急组织，在互联网领域出现紧急事情时，能够提升应急及协调能力；政府可考虑实现不同即时通信软件之间的互联互通，实现互为备份。

（2）亟需加强用户权益的保障力度

图 2 为本次 360 和腾讯恶战过程中，金山毒霸官方微博展示的 360 搜集新浪网友账户和密码证据，和微软 Process Monitor 验证的 QQ 自动访问用户上网记录等隐私数据，并进行网络通信的证据。

【360 收集用户隐私内容】

一、收集用户名和密码信息

1. sina 用户名和密码
用户名：gyncny@
密码：
相关行为
78a9fc598bc35141134e3bc1c8fa333（此为机器加密段，可据此判断是同一机器行为）
http://mail.sina.com.cn/?retcode=0+http://login.sina.com.cn/sso/login.php?username=gyncny@&entry=cnmail&gateway=1&returntype=META&url=http://mail.sina.com.cn&password=ncny+http://m1.mail.sina.com.cn/classic/packan.php+http://mail.sina.com.cn/cgi-bin/login.cgi+http://mail.sina.com.cn/expiregb.html

2. chinahr 用户名和密码
用户名：nasixiangni
密码：
相关行为
cf71d02b36e29276ab5794f9f32b5484 http://www.chinahr.com/
cf71d02b36e29276ab5794f9f32b5484

图 2　360 安全卫士和腾讯 QQ 侵犯用户隐私证据

安全软件、IM 软件、系统软件等都会对用户本地数据进行扫描，危害到用户的数据安全和合法权益，需要从多方加强保障力度。

建议我国从以下方面开展相关工作：

个人用户需要加强自我安全保护意识，注意软件下载和软件使用过程中的个人隐私保护；企业用户需要规范员工上网行为，有必要通过安全技术手段对企业机密数据进行重点保护。涉及到国家安全的数据应该严格做到与外界互联网隔离；政府管理部门需要从组织、法规等方面建立有效措施；早日出台《个人信息保护法》，对公民个人隐私给以全面的法律保护；建立中立、权威的检测机构，就网络运营或软件中存在的相关问题进行有效鉴定；建立科学有效的互联网安全与个人隐私保护警示定期公布制度；规范网络安全市场，加强行业自律教育，引导行业健康稳定发展；加大对危害网络安全、侵害用户权益机构及个人的打击力度，严厉处置违反国家法律法规或行业规定的违法违规行为。

（四）移动互联网新添安全隐患，智能手机显现新安全问题

迅速发展的移动互联网与日趋智能的手机终端日益结合，不仅催生了诸多业务应用，同样也促进了智能手机发展。但与此同时，由于移动网络本身的脆弱性和互联网的开放性，以及手机的日益智能化和逐步开放化，2010 年也发生诸多与移动互联网和智能手机相关的安全事件，呈现出总的特点是：移动互联网新添安全隐患，智能手机显现新安全问题。事实上，移动互联网和智能手机呈现出的安全问题究其根源包括终端、网络和业务三个方面。如图 3 所示。

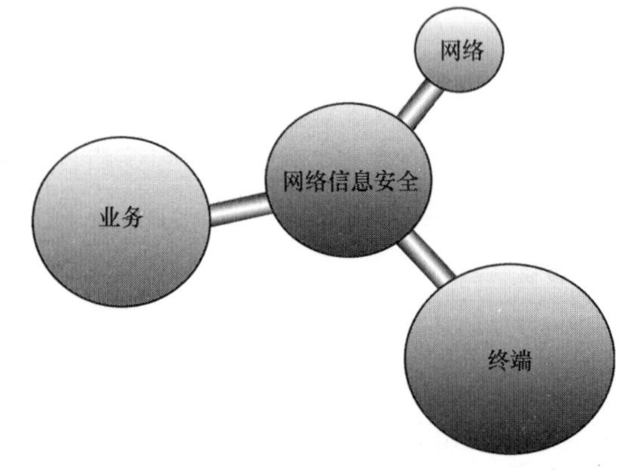

图 3　移动互联网安全问题示意图

移动互联网不同于传统移动通信的最主要特点是：扁平网络、丰富业务和智能终端。扁平网络的核心就是 IP 化，故此移动互联网和智能手机不可避免地也要面对 IP 技术与生俱来的安全漏洞；而丰富多样的移动互联网业务虽然给用户带来不同体验，但同时也带来传统业务从未面对过的安全问题；同样，智能终端的 PC 化，也使其非常容易受到包括病毒在内的多方面安全威胁。

业务方面，2011 年主要安全问题发生在加密通信、应用程序商店、媒体特性等方面。

一些移动互联网应用由于采用了私有的加密协议或 VPN 等加密技术，由于不能获得应用传输的密钥以及私有协议内容，因此对这些移动新应用传输协议的破解非常困难，给合法侦听带来了巨大的挑战。典型的例子有 RIM 公司的邮件推送业务：黑莓手机到黑莓企业服务器（BES）之间采用端到端压缩加密技术，而且所有的邮件数据都要经过位于加拿大的 RIM 数据中心路由。由于该邮件推送业务采用私有协议以及加密传输，给合法侦听带来了一定的困难。

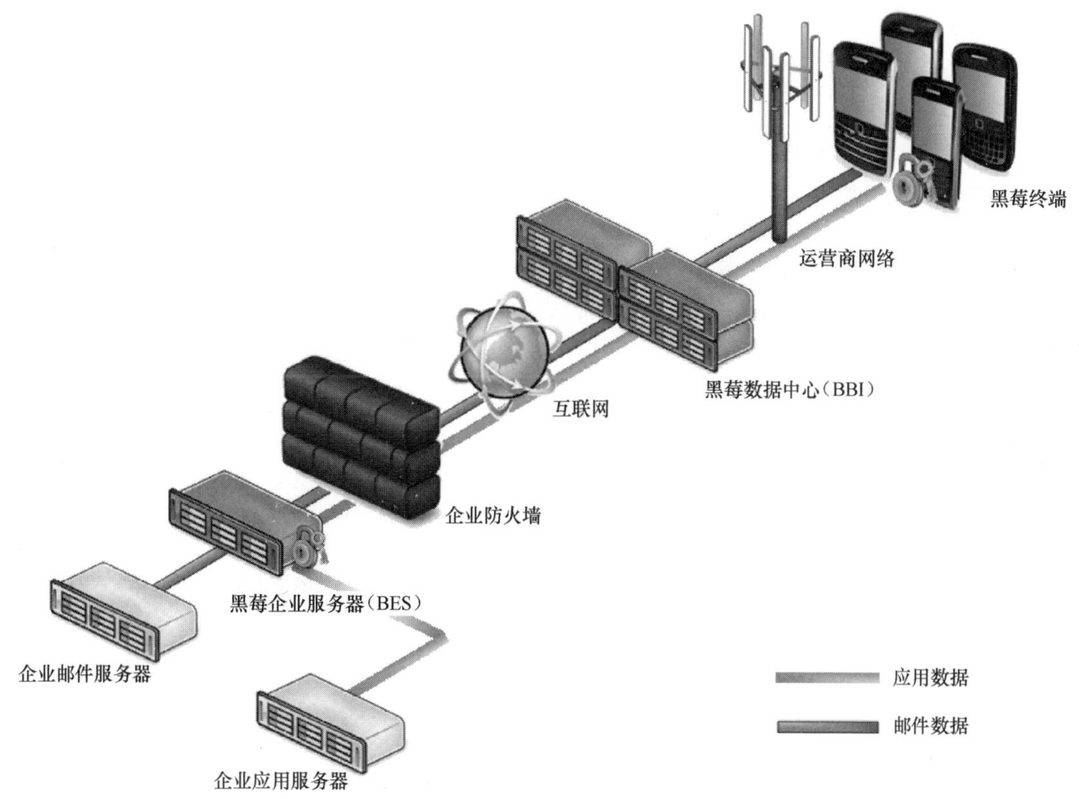

图 4　黑莓邮件推送业务示意图

受智能手机发展带动，包括苹果 App Store 在内移动应用商店发展迅速，众多软件被下载安装，但是应用软件审核技术和机制却相差甚远，导致非法信息和恶意代码肆意散播。特别是目前国外移动应用程序商店占主导地位，由于意识形态、法律法规存在极大差别，导致应用程序商店成为非法内容传播工具与平台。

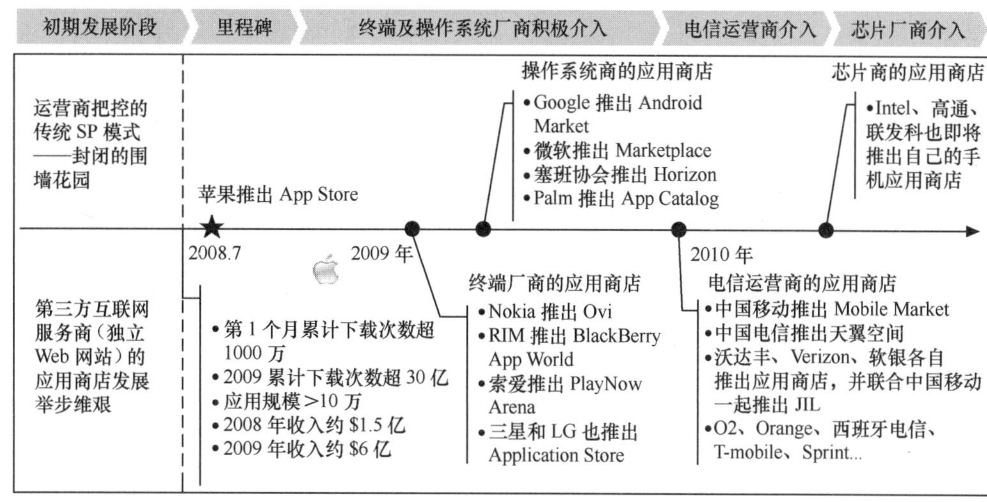

图 5　主要移动应用商店

微博客、SNS、即时消息、视频网站等具有群体性和实时交互性的移动互联网应用兴起，其用户群体巨大，传播极为迅速，在一定程度上充当了新型媒体平台的角色。

终端方面，智能手机安全问题逐渐上升为国家安全问题。首先，移动智能终端本身类似计算机的本质特点决定其必然会有网络信息安全问题；其次，通信网络发展增加了其受网络信息安全问题感染的渠道；最后，业务和应用能力扩充了其网络信息安全内容和影响力度。

具体来说，安全隐患主要体现在国家安全、网络安全、终端安全、用户安全四个层面。

国家安全：移动智能终端的新媒体特性被利用来散播反动信息、组织协调反动活动；移动智能终端的灵活性和难于追踪的特性也可能被利用来从事恐怖活动，对国家安全造成严重影响。

网络安全：采用各种形式来攻击和控制网络设备，致使网络设备瘫痪或者按照攻击者设定目标工作；利用网络协议漏洞，来对网络进行攻击，使得正常的用户的正常业务将会被拒绝。

终端安全：侵占终端内存或者处理器资源导致移动智能终端死机关机；修改系统设置导致移动智能终端软硬件功能失灵。

用户安全：盗取隐私，对机主的信息安全构成重大威胁；恶意吸费，导致机主通信费用及信息费用剧增；针对用户信息：传播各种不良信息，给社会和青少年身心健康造成伤害。

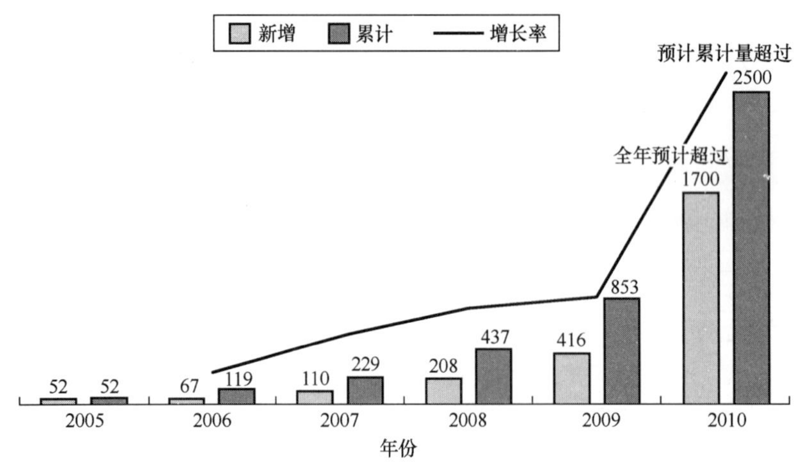

图6　2005—2010年病毒新增和累积增长比例（数据来源：网秦“云安全”数据分析中心）

2010年恶意软件中造成系统破坏、恶意吸费、隐私窃取是排在头三名的。其中系统破坏是传统的危害方式，恶意吸费是新型的危害方式，而且由于利益驱动，恶意吸费软件呈大幅上涨趋势。另外隐私窃取对用户个人安全影响很大，而且目前新的恶意代码常集多种危害于一体，给用户造成极大的安全威胁。如图7所示。

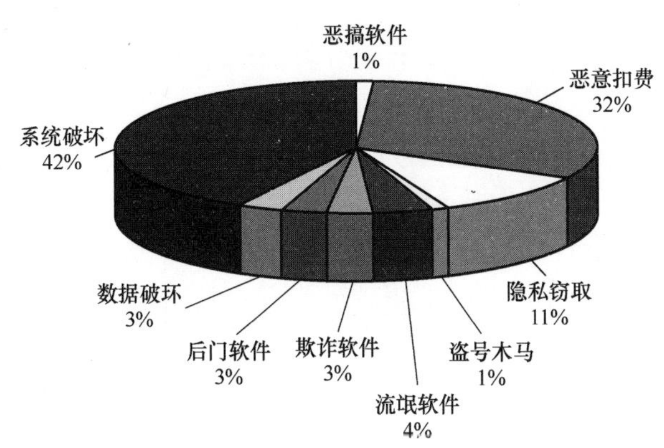

图 7　2010 年新增恶意软件的类型分析（数据来源：网秦“云安全”数据分析中心）

移动互联网和智能手机监管最终目标是确保安全情况下，促进整个移动互联网和智能手机的健康快速发展。相应建议如下。

加强和完善通信产品进网管理。非常有必要在现有进网检测的信息安全检测平台上扩展搭建出一个包括移动终端、业务平台以及信息安全监测的完整的信息安全检测和评估服务平台，并制定相应的技术标准，从而能够对智能终端和业务平台的信息安全进行全方位的检测和评估，来有力的推动和保障智能终端信息安全技术的发展。

制定和实施相应的法律和法规，包括：设立智能终端设备的市场准入规则；对应用软件内置预装、数据传输加密、终端远程控制等业务运行机制提出明确的法律要求；明确规定基础电信运营企业的信息安全责任，特别是对于移动智能终端的内容安全。另外，建议对智能手机应用商店出台监管政策，使电信监管部门和文化监管部门通过制度介入应用软件的审核。

建立和健全企业行业自律制度。监管国内运营商与国外公司签订的联营合作协议，应当符合各自国内法律法规的相关规定，尊重社会公德，不得扰乱社会经济秩序，损害社会公共利益。在智能终端设备的入网联营协议方面，基础电信企业尤其要发挥主导作用，承担起自觉维护国家信息安全的责任，完善双方联营协议规范，建立健全智能终端设备的协议准入安全约束制度。

加强和实施终端市场监督抽查。通信产品进网管理主要解决的是通信产品制造商的门槛问题，而终端市场监督抽查解决的是通信产品长期保持合格状态的问题。两者有机结合才是全面保证移动智能终端各方面合格的手段。

同时，配套机制也需要相应建立，包括：建设和实施安全在线监控平台，搭建和推行用户安全投诉平台，制定和实施安全信息发布机制。

其实，最关键的就是发展国内移动智能终端核心技术，包括终端芯片、操作系统、应用软件、业务创新和安全技术等。

三、2011 年通信网络与信息安全展望

（一）新业务和外资开放安全评估将步入监管快车道

随着新业务不断推出、对外开放不断推进，我国将加强 IPv6、三网融合、云计算、物联网、CDN 等的信息安全问题研究，加强对新技术、新业务带来的网络信息安全风险的跟踪研究，建立新技术，新业务网络信息安全评估机制，电信业务对外开放网络信息安全评估机制，推进计算机自主可控关键软硬件应用。

在新业务安全评估方面，2011 年我国将建立互联网新技术、新业务信息安全评估制度，明确新技术、新业务网络信息安全评估原则、要素、标准、流程，建立跨部门评估工作机制，实现互联网的可管可控，并开展新技术、新业务网络信息安全评估和跟踪监测；将根据新技术、新业务安全规范和评估规定，修订《试办新型电信业务管理暂行办法（草稿）》，建立电信新技术、新业务准入与安全评估相结合的管理机制，把好新技术、新业务市场准入关。

在对外开放安全评估方面，2011 年我国将针对外资进入我国互联网市场，区分不同业务，建立信息安全评估机制，防止出现安全隐患；将可能修订《电信设备进网管理办法》等部门规章，在发证前对各类智能终端设备进行信息安全评估，以此作为依据，再展开智能终端设备的进网检测和进网许可。

新技术和新业务的顺利应用和推广，网络与信息安全的有效保障是必要条件，随着新技术和新业务的不断推出，安全评估愈显重要。

（二）互联网业务应用安全将成为关注重点

近年来，我国 IDC、CDN 等应用网络和 IT 基础设施发展迅速，业务规模和产业影响力巨大。

IDC 是互联网数据的存储中心和流通中心，是各种互联网应用赖以运行的基础设施。当前我国 IDC 存在机房管理松懈、网络结构混乱、用户及内容审查不严、网络安全监控设施和手段不完善、缺乏配套的网络安全组织机构等安全隐患。

CDN 提供资源提供商和内容服务商之间的快速通道，通过综合利用互联网基础资源（包括跨运营商）构建安全可信任的互联网络。当前我国 CDN 存在缓存内容即时失效机制缺乏评定标准、国外 CDN 国内非法落地、非法缓存信息检测能力不足、安全保障措施缺乏等安全隐患。

应用网络和互联网 IT 基础设施的安全运行是上层业务应用安全的保证。针对以上安全隐患，国内现有的应用网络和互联网 IT 基础设施还存在诸多监管盲区，行业呼唤新的监管模式和更有效的监管手段。

面向应用层网络、IT 基础设施和应用系统的行业安全管理办法、标准规范和技术手段的建设是未来行业的工作重点。对 IDC、CDN、应用系统的分类分级精细化监管势在必行。

（三）IPv6 和域名安全问题将进一步凸显

我国运营商都已制定了 V6 的部署计划，IPv6 网络部署开始进入实质性推进阶段。但我们还要看到 IPv6 仍面临的安全挑战，如内置 IPSec 有可能导致加密滥用，以目前的技术能力，建立在内容识别基础上的安全技术手段会失效或能力下降；IPv6 组播、报文中“逐跳选项头”“路由头”等扩展头、移动 IPv6、ICMPv6、ND、PMTU、DHCP 等协议均存在已知、未知的协议漏洞，带来新的安全隐患；现有 IPv6 网络设备未经电信级业务和用户规模的检验，成熟稳定程度不如 IPv4 设备。

随着 IPv6 网络的逐步部署，其安全问题逐步凸显，我国需要及时完成相关安全设备系统的升级改造，建立相关的配套安全验证和管理机制（尤其是 IPsec 加密滥用问题的应对），并不断升级优化。

同时域名体系的安全问题也不容忽视：CNNIC 的《中国域名服务及安全现状报告》显示国内超过 4% 的递归域名服务器端口随机性较差，易遭受 DNS 劫持攻击，远高于全球 0.98% 的平均水平；国内 57% 的域名解析服务处于有风险的状态；域名注册信息实名率仅 23%，中国已经成为世界上第二大拥有仿冒域名及网站的国家；在 DNS 体系不同层级之间建立安全可靠的信任关系（DNSSEC）势在必行。

2010 年发生的“百度被黑”事件凸显域名安全已经成为基础网络中的安全短板，需要从实名制准入、定期审查、检查惩戒等环节加强全过程监管能力。

（四）云计算、物联网的发展面临安全方面的严峻挑战

云计算和物联网毫无疑问是当前的热点，注定也是今后发展的趋势，我国正在逐步推动相关产业的发展。云计算和物联网本身的特点也加剧了固有的安全风险或者是带来了新的安全风险。

云计算带来的安全风险主要体现在存储数据安全、黑客攻击损失以及保护隐私的法律风险等方面：用户数据和应用托管在云计算上面临泄漏和非授权使用的风险；承载大规模业务和用户的云计算平台本身易成为黑客攻击的目标，而一个大规模云计算平台的瘫痪对于用户的损失是不可估量的；云服务大规模的资源能力如果被黑客或者病毒利用，可能造成比僵尸网络更大的网络危害；计算和数据属地的分布性导致更难确定不良信息源，大网络流量造成更难进行在线内容审查，多种应用在云平台上部署使得很难对单一应用进行精细化防控。

物联网的安带来的安全风险主要体现在安全传输、恶意入侵和隐私泄密等方面：物联网实现对真实世界的连接，将互联网的安全风险扩散到实体社会的相关领域；物联网通过互联网承载，用户的隐私泄密和实体财产安全风险大大提高；物联网的不安全性会给水电煤气等国家基础设施带来巨大风险。

云计算与物联网的发展无法阻挡，为确保产业的健康与安全，完善法律法规、制定相关标准、探索新的监管模式和监管技术手段是当务之急。

（五）网络空间越来越成为主权纷争重要战场

近年来国际局势复杂多变，与国家主权相关的内部司法、行政与外部独立的主权争端增加。世界上部分地区局势紧张，大国关系错综复杂，一些国家政局波动；国家的崛起、发展模式的选择及其导致国际格局的变动，成为国际争论的热点。金融危机的深层次影响进一步显现。虽然不同文明和发展模式之间相互学习、相互交流借鉴的趋势更加明显，但与此伴随的是国际间的冲突、文化渗透的加剧。

国际局势复杂多变，与国家利益相关的网络信息安全威胁更趋多样复杂，网络空间以其特有的方式，加剧了国家主权纷争。网络空间冲突是国际地缘政治勒索的一种新的形式，网络空间的间谍活动冲突成为国家之间经济和军事竞争新的方式，网络空间的攻击手段可作为对其他国家进行精确的攻击和惩罚的手段，网络空间的渗透对文化与价值观念的演变都发挥着重要的作用，网络舆论日益表现出强大的危机诱发和危机传导能力。因此，国际关系、国家利益部分转移到网络空间并呈交织冲突之势，网络空间越来越成为主权纷争的重要战场。